Heibonsha Library

〔増補〕南京事件論

平凡社ライブラリー

Heibonsha Library

[増補]

南京事件論争史

日本人は史実をどう認識してきたか

笠原十九司

平凡社

本著作は二〇〇七年に平凡社新書として刊行された内容に
大幅な増補・改訂を加えたものである。

目次

第二章　東京裁判——「論争」の原点

第六章　一九九〇年代後半——「論争」の変質……221

はじめに

本書では、南京大虐殺事件の略称として南京事件を使う。南京事件はほかには南京大虐殺、南京虐殺事件、南京虐殺などとも称される。

本書のタイトルである「南京事件論争史」の「南京事件論争」あるいは南京大虐殺論争は、いわゆる「アウシュヴィッツとアウシュヴィッツの嘘」をめぐって展開された「ホロコースト論争」と、第一次世界大戦時のオスマントルコによる「アルメニア人虐殺」をめぐって展開されている論争とともに、「世界三大虐殺論争」の一つに数えることができよう。筆者はかつて、戦後の日本とドイツとトルコの政府がそれぞれの虐殺史にたいして、どう対応してきたかを比較し、日本はトルコとドイツの間にあると論じたことがある（拙稿「南京事件70年の日本と世界」『歴史学研究』第八三五号、二〇〇七年一二月）。

「南京事件論争」は、通常の学問論争、歴史学論争とは性格も様相も異なった、しかも長期にわたって展開されたきわめて特殊な論争ということができる。歴史事実をめぐる普通の学問論争、歴史学論争ならば、歴史事実を証明する史料や証言の発掘によって、ほぼ結着がつくからである。しかし、「南京事件論争」の場合、本書で明らかにしたように、南京事件が歴史事実であることについては、学問的、歴史学的にはすでに結着がついていながら、世間一般には「論争は継続中」と受け取られている。一九七〇年代に開始された「南京事件論争」が、構図や性質、内実を変えながらも長期にわたり、現在にいたるも解決をしていないような状況を呈しているのは、南京事件が日本国内において、日中戦争を侵略戦争であったと批判的、否定的にとらえるか、「正当な戦争」あるいは「正義の戦争」であったと肯定的に見るかという日本人の戦争認識の鍵となる象徴的事件になってしまい、いっぽう中国においては、日本の中国侵略を象徴する大規模な残虐・虐殺事件と見なされ、日本人との認識の相異が教科書問題やナショナリズムの対立を生む象徴的事件になっており、学問的な問題を超えた政治問題、外交問題にもなっているからである。さらに、日本国内において、南京事件を否定する右翼政治勢力が言論報道抑圧のための脅迫・威圧行動をとることによって、自由な学問論争が阻害され、あるいは学校教育の現場においても、南京事件を教えることがタブー視される傾向を助長しているからである。

本書では、戦後日本における南京事件研究の状況と同事件をめぐる論争、ならびに同事件にたいする日本人の問題関心の経緯を、日本社会ならびに日本人の戦争認識・歴史認識の問題と関連させ、さらに日本の政治・社会構造との関連にも注目しながら、総合的、客観的な分析を試みた。

本書の中心的なテーマはサブタイトルにした「日本人は(南京事件の)史実をどう認識してきたか」ということであり、その含意として「日本人はなぜ(南京事件の)史実を認識してこなかったのか」という問いである。

本書では、南京事件の発生当時から、敗戦直後の東京裁判における南京事件の検証と有罪判決を経て、その後一九七〇年代に開始された南京事件論争の展開を中心にして、現在にいたるまで日本人が南京事件をどう認識してきたのかを通史的に整理して、時代時代の特徴を考察した。そのさい、日本人の戦争認識のありかたの象徴にもなっているので、時代時代の日本人の戦争認識の変遷についても歴史背景として整理検討した。さらに南京事件論争の政治的構造を明らかにしながら、日本ではなぜかくも長期にわたり論争といわれる状況がつづいているのかについても考察した。

なお、二〇〇七年に新書で刊行された旧版『南京事件論争史』の記述が、二〇〇七年については終章で少し言及して終わっていたのを、本書では改めて二〇〇七年を詳述し、それ以降現在にいたる記述を追加して『増補　南京事件論争史』とした。具体的には、七章から九章を加筆し、さらに旧版の「序章」と「終章」を全面的に書き改めて「はじめに」と「おわりに」とした。当然ながら巻末の［年表］南京事件関係の書籍の出版についても追加した。

南京事件をめぐる論争史をまとめた本書において、そもそも南京事件とはどういう事件であったかを理解しておくことが大切なので、三〇年以上の長期にわたり論争に関与してきた筆者の研究成果をコンパクトにまとめて、記述しておきたい。

1 南京大虐殺事件（南京事件）とは

一九三七年から開始された日中戦争の初期、当時の中国の首都南京を占領した日本軍が、中国軍の兵士・軍夫ならびに一般市民・難民に対しておこなった戦時国際法や国際人道法に反した不法、残虐行為の総体である。

一九三七年七月七日に北京近郊の盧溝橋事件から始められた日中戦争は、八月九日に海軍が謀略で仕掛けた大山事件により上海へと広がった。中国軍の強い抵抗によって苦戦した日本軍は、一一月五日に第一〇軍を杭州湾に上陸させ、ようやく上海を制圧した。陸軍参謀本部は南京に向けた奥地への戦線拡大に反対であったが、中支那方面軍司令官の松井石根《いわね》大将と第一〇軍司令官柳川平助中将は、当時蔣介石が率いる中国国民政府の首都南京を攻略すれば、中国は屈伏し、親日政権を樹立できると考え、参謀本部の統制に従わずに、南京進撃を開始させた。

食糧補給や輸送、軍装備などを無視した無謀な作戦により、各部隊は食糧を現地略奪、民家を占拠しての宿営などをおこないながら、南京に進撃していった。日本も批准していたハーグ陸戦条約では、捕虜や投降兵の殺傷を禁じていたが、そのことは日本軍部隊には徹底されていなかった。激戦が続くなか、日本兵は中国兵に対して強い敵愾心、報復心をいだき、当時の日本人がもっていた中国人に対する蔑視意識と相まって、中国兵捕虜や投降兵、敗残兵の虐殺が広範におこなわれた。南京攻略を目ざして、徒歩による強行軍を強いられたため、日本軍部隊の軍紀は乱れ、女性を強姦、輪姦する婦女凌辱事件と、食糧・物資の略奪や、人家を放火・破壊する不法事件が多発した。しかし、兵士たちの不法行為を取り締まる憲兵はわずかしかいなかった。

日中全面戦争へ本格的に移行した日本は、一一月二〇日に宮中に大本営を設置、一二月一日、大本営は南京攻略を正式に下令した。以後、中支那方面軍四個師団と数支隊を加え、総兵力一六万とも二〇万ともいわれた中支那方面軍の大軍が、南京の中国軍に対する包囲殲滅作戦を展開した。

南京は国民政府の首都として、当時、城壁の内部と周辺からなる市部人口百余万、近郊農村と県城からなる県部人口一三〇万人をかかえた大都市であり、南京攻略戦の戦域には、市部と農村を含む県部をあわせて、一〇〇万を超える住民や難民が残留していて、南京攻略戦と占領後の残敵掃討戦の犠牲になった。

南京事件は、日本の大本営が南京攻略を下令し、中支那方面軍が南京戦区に突入した一九三七年一二月四日前後からはじまる。日本軍部隊は、南京近郊の農村地域において、農作物や食糧を略奪、家畜を殺害して食べ、宿営した農家を移動するさいに放火した。村の成年男子は便《べん》衣兵《いへい》（民間服の中国兵）や敗残兵と見なされて殺害され、隠れているところを発見された女性は強姦、輪姦されたあげくに、日本軍憲兵に通告されないよう、証拠隠滅のために殺害された。輜重部隊をともなわなかった部隊は、農民を拉致、連行して使役した。

第二段階は、南京城内と城壁周辺区においておこなわれた。一二月一二日深夜に南京は陥落し、一三日から日本軍は「残敵掃討」を開始した。中国軍兵士や市民はパニックに陥り、長江を渡って逃げようと埠頭のある下関《シャーカン》へ殺到したが、日本軍はここを制圧し、投降してきた中国兵らを次々殺害した。折から長江を遡上してきた海軍の軍艦が、渡江して逃げようと川面に漂う中国兵や市民の群を機銃で殺害した。南にある中華門外でも投降勧告にしたがって収容された多くの中国兵が殺害された。

第三段階は、一二月一四日から一六日にかけておこなわれた。日本軍は一七日に入城式をおこなうことを決定、それまでに残った中国軍を徹底的に掃蕩しようと、市街地を虱潰しに探して殺害していった。多くの成年男子が軍服を脱ぎ捨て、民間服に着替えた「便衣兵」とみなされて殺害された。欧米人が管理して市民、難民を収容した「南京安全区」にも入り、兵士か民間人かを明確に区別しないまま多数を連行して殺害した。日本軍は「捕虜はつくらない」という上部の命令で、長江沿岸において、捕虜、投降兵、敗残兵を数千、数百の集団で次々に殺害し、死体を長江に流した。城内の大掃蕩作戦において、日本兵は「花姑娘（若い娘）探し」をおこない、民家に隠れていた女性を探しては強姦、輪姦した。

第四段階は、入城式以後、長期にわたった軍事占領期間におこなわれた。日本軍は市民にまぎれこんでいる中国兵を摘発するため「兵民分離」と称して市民登録をおこない、元兵士の疑いをかけた多くの成年男子を連行して、下関などで殺害した。女性を拉致して、部隊へ連行、炊事・洗濯に使役しながら強姦、輪姦するケースも頻発した。長期駐留した日本兵による商店、倉庫、民家からの食糧略奪が横行、略奪後の証拠隠滅のための放火も多発した。

大本営が中支那方面軍の戦闘序列を解いた三八年二月一四日が南京作戦の終了にあたるが、南京における残虐事件はその後も続いた。南京事件の終焉は、日本軍の残虐行為が皆無ではないまでもずっと少なくなった三月二八日の中華民国維新政府（中支那派遣軍が工作した傀儡政権）の成立時と考えることができる。

南京事件発生の区域は、南京城区とその近郊の六県を合わせた行政区としての南京特別市全域であり（中国の特別市は省と同レベルで中央政府に直属する）、それは南京攻略戦（中国にとって南京防衛戦）の戦区であり、南京陥落後における日本軍の占領地域でもあった。

南京事件は、事件当時南京に残留していた外国人記者や大使館員、さらには難民や市民の救済にあたった南京安全区国際委員会のメンバーたちによって海外に報道され、国際世論は、日本軍の残虐行為を厳しく批判した。しかし、日本では、厳しい報道管制と言論統制下におかれ、南京事件の事実は報道されず、南京攻略戦に参加した兵士の手紙や日記類も厳しく検閲された。

南京事件を報道した海外の新聞や雑誌は、内務省警保局が発禁処分にしたり削除などして、日本国民にはいっさい知らせないようにしていた。

2 歴史事実はどのように解明されてきたか

日本において南京事件について最初に書かれた歴史書は洞富雄『南京事件』(新人物往来社、一九七二年)である。洞は、最初に南京事件の研究を本格的に進めた日本史の歴史学者である。同書は、東京裁判関係資料を基本にして、さらに南京安全区国際委員会の記録文書などを使って、南京事件における「無辜の南京市民にたいする残虐行為」について、敗残兵狩り、無差別虐殺、婦女暴行、略奪・放火などの実態を記述した。

朝日新聞記者の本多勝一が、日本人記者として戦後初めて、南京事件の被害者から聞き取りをおこない、その被害証言を収録した『中国の旅』(朝日新聞社、一九七二年)は、日本人に衝撃を与え、南京事件を認識させるうえで大きな影響をおよぼした。

陸軍士官学校出身の旧軍将校の親睦団体偕行社のメンバーが編集委員会を組織して、南京戦史編集委員会『南京戦史資料集』(偕行社、一九八九年)と同『南京戦史資料集Ⅱ』(偕行社、一九九三年)を発行した。同資料集には、日本軍中央の公式記録と南京作戦に参加した司令官・参謀・師団長クラスの日記および各部隊の陣中日誌、戦闘詳報、各将兵の陣中日記などが収録されている。同資料集の出現によって、南京事件を上海から南京への進撃と攻略、ならびに占領と具体的な歴史展開に即して解明することが可能になった。井口和起・木坂順一郎・下里正樹編『南京事件　京都師団関係資料集』（青木書店、一九八九年）、小野賢二・藤原彰・本多勝一編『南京大虐殺を記録した皇軍兵士たち――第十三師団山田支隊兵士の陣中日記』（大月書店、一九九六年）により、師団ごとの虐殺行為の実態が明らかになった。

犠牲者数の問題については、南京攻略戦に参加した日本軍部隊の公式記録（戦闘詳報、陣中日誌など）が戦争直後に焼却処分されたため、残っているのは、全部隊の三分の一程度であること、南京は日本の敗戦まで長期にわたり日本軍の占領下にあったため、中国政府や中国人機関が犠牲者調査を実施できなかったことなどのため、正確な調査、統計資料は存在しない。したがって、南京事件の全体の犠牲者数は、利用できる残存記録資料を使って概数を推定する以外に方法はない。また南京事件の時期や発生地域をどこに設定するか、中国兵の殺害されかたのどこまでを不法殺害と見るかによっても被虐殺者の算定は異なってくる。

現在、中国人研究者もふくめて、「三〇万人虐殺説」を主張する歴史研究者はほとんどいない。日本の研究者では、筆者が「十数万から二〇万人」、秦郁彦が「約四万人」、原剛が「二万人余り」という被害者の概数推定をおこなっている。

3 戦後処理としてどう裁かれたか

連合国が日本の重大戦争犯罪人(A級戦争犯罪人)を裁いた極東国際軍事裁判(東京裁判)において、一般市民に対する虐殺など非人道的な犯罪(人道に対する罪)として唯一南京事件が裁かれた。国際検察局によって南京事件を戦争犯罪として立証するための膨大な証拠資料と証言が収集され、法廷では一〇人の証人の法廷尋問がおこなわれた。

東京裁判の判決文の「第八章 通例の戦争犯罪」の「南京暴虐事件」に、南京事件の経緯と概要が記述され、中国軍民(兵士と民間人)の犠牲者数について、「日本軍が占領してから最初の六週間に、南京とその周辺で殺害された一般人と捕虜の総数は、二〇万以上であった」と判定された。そして、松井石根中支那方面軍司令官が戦争法規違反の不作為の責任を問われて死刑となった。

東京裁判における南京事件の膨大な資料は、洞富雄編『日中戦争 南京大残虐事件資料集第1巻 極東国際軍事裁判関係資料編』(青木書店、一九八五年)に収められている。

中華民国国民政府国防部戦犯法廷(南京軍事裁判)においても南京事件は裁かれ、四人の将校が死刑となった。同裁判の判決書では、「捕らえられた中国の軍人・民間人で日本軍に機関銃で集団殺害され遺体を焼却、証拠を隠滅されたものは、一九万人余りに達する。このほか個別の虐殺で、遺体を慈善団体が埋葬したものが一五万体余りある。被害者総数は三〇万人以上に達する」とされた。現在、中国政府が南京大虐殺犠牲者数「三〇万人以上」を公式見解にしている根拠は、この判決書による。

4　南京事件をめぐる裁判訴訟とその結果

家永教科書裁判

東京教育大学教授であった家永三郎は、執筆した高等学校歴史教科書『新日本史』(三省堂)の脚注で「日本軍は南京占領のさい、多数の中国軍民を殺害し、日本軍将兵のなかには中国婦人をはずかしめたりするものが少なくなかった。南京大虐殺とよばれる」と記述したところ、教科書検定によって不合格とされた。家永はこれを不服として、一九八四年一月に提訴した教科書裁判・第三次訴訟の争点のひとつを「南京大虐殺」と「日本軍の婦女暴行」とした。家永教科書裁判・第三次訴訟の第一審(東京地方裁判所)の判決(一九八九年一〇月三日)は、教科書検定意見を違法と認定せず、家永側の敗訴となった。

第二審の控訴審では、筆者が意見書「世界に知られていた南京大虐殺」を提出、一九九一年四月二二日に東京高等裁判所の法廷に立って証言した。同高裁の川上判決（一九九三年一〇月二〇日）では、「南京大虐殺」および「日本軍の婦女暴行」に関しては教科書検定が違法であったと判定した。最高裁の大野判決（一九九七年八月二九日）により、「南京大虐殺」および「日本軍の婦女暴行」に関する教科書検定の違法が確定した。

家永教科書裁判において南京事件の史実認定がなされた結果、以後、南京大虐殺、南京虐殺、南京大虐殺事件、南京事件などの呼称で、中学校、高等学校のすべての歴史教科書において南京事件が記述されるようになり、その記述も改善された。

名誉毀損裁判

南京虐殺事件のさい、強姦未遂にあい、殺害されかけて一命をとりとめた李秀英は、中国において「幸存者」（中国語で幸いにも生き残った被害体験者の意味）と呼ばれて証言活動をつづけ、市民団体の招きで日本にも来て被害体験の証言をおこなった。これにたいして松村俊夫『「南京虐殺」への大疑問』（展転社、一九九八年）は、彼女を「ニセ者」証言者と書いた。このために李秀英は深い心の傷を受け、一九九九年に松村俊夫と展転社を名誉毀損で告訴した。東京地裁、東京高裁、最高裁とすべて李秀英の被害事実を認定し、二〇〇五年一月に彼女の勝訴が確定した。しかし、彼女が受けた精神的ショックは大きく、心身の異常をきたすようになって、勝訴確定の一カ月前に亡くなってしまった。

ついで、南京事件被害者の夏淑琴が二〇〇六年、東中野修道『「南京虐殺」の徹底検証』（展転社、一九九八年）の著者と出版社を名誉毀損で訴えた。夏淑琴は、一九三七年一二月一三日に南京城内に侵攻してきた日本軍によって、父母、祖父母、姉妹の家族七人を殺害され、当時八歳だった彼女は四歳の妹と二人だけで生き残った。夏淑琴は李秀英と同じく「幸存者」として来日、市民集会などで証言活動をおこなっていた。東中野は、証言活動をしている夏淑琴は「幸存者のヒロイン」に仕立てられただけで、被害者とは「別人」であると書いたのである。

夏淑琴の名誉毀損裁判は二〇〇九年二月五日、最高裁で勝訴が確定、被告に慰謝料など四〇〇万円の支払いを命じた。東中野は南京大虐殺否定の著書を多く書き、現在でも南京大虐殺否定派が盛んに利用している。

南京大虐殺否定派の弁護士の高池勝彦、稲田朋美（その後国会議員となり、自民党政調会長、防衛大臣を歴任し、第四次安倍晋三改造内閣の自民党筆頭副幹事長・総裁特別補佐）らが原告訴訟代理人となって、本多勝一『中国の旅』（朝日文庫、一九八一年）の「百人斬り競争」の記述が、二人の将校の遺族の名誉を毀損したとして、二〇〇三年四月に本多勝一と朝日新聞社、毎日新聞社を提訴した。いわゆる「百人斬り」裁判は、前述の名誉毀損裁判と性格が異なる。

「百人斬り」裁判は、南京大虐殺否定派がもてる力を総動員して裁判に臨んだが、二〇〇六年の最高裁の判決によって原告側の敗訴が確定、「百人斬り」論争ならびに南京大虐殺論争に、司法による結着がつけられた。

5　なぜ南京事件の記憶・認識が国民に共有されないのか

二〇〇六年一〇月に訪中した安倍晋三首相が胡錦濤国家主席に提案し、翌月に麻生太郎外相と李肇星外交部長との会談において実施枠組みが決定された、日中両国政府の歴史共同研究（二〇〇六年一二月〜二〇〇九年一二月）の報告書が、二〇一〇年一月に公表された。その『日中歴史共同研究・第一期報告書』収録の日中双方の研究委員の報告に、それぞれ二頁にわたり、南京事件が歴史事実として詳述された（報告書は勉誠出版から二〇一四年に出版）。すでに学問的結着がついていた「南京大虐殺論争」に、日中政府間で結着がつけられたかたちになったが、その後の安倍政権が、日中歴史共同研究の結果を無視し、さらに、南京事件否定論を公然と主張し、教科書検定をとおして南京事件の記述を制限するようになったのは、国際的信義にもとる対応といえる。

現在インターネットの外務省ホームページで、「南京大虐殺」について、「日本政府としては、日本軍の南京入城（一九三七年）後、（多くの）非戦闘員の殺害や略奪行為等があったことは否定できないと考えています」と記しているように、南京大虐殺が歴史事実であったとするのが日本政府の公式見解である。但し、二〇一三年にはあった「多くの」が、現在のホームページで削除されてしまった。

南京大虐殺は歴史事実であったことが、政府の公式見解となり、歴史学の定説として歴史辞典、百科事典類にも記述され、中学校・高等学校の歴史教科書のほとんどに記述されているにもかかわらず、それが日本国民の記憶・歴史認識として共有化され、定着していないのが現実である。歴史学では定説となっている歴史事実が、国民の共通認識とならず、逆に歪曲され、さらには「南京大虐殺はなかった」「南京大虐殺は中国やアメリカのプロパガンダ」などという南京大虐殺否定説が公然と国民の間に流布されて影響力をもっている日本社会は、民主主義社会としては成熟しているとはいえず、歴史事実、歴史の真実を歪め、否定する歴史修正主義が横行していることにおいて、市民社会としてはかなり危うい状態といえる。

しかも、本書で詳述するように、二〇一〇年代に入って、歴史修正主義者が多数を占める安倍内閣によって、歴史学の成果を無視し、国際的な批判を無視して、政府与党の側から南京事件否定論が流布されるようになった。そのため二一世紀になって、ナチ・ドイツ時代の「負の遺産」を清算し、基本的に「過去の克服」を達成したドイツ政府との差が鋏状に大きくなっていくばかりである。ドイツでは、ナチ不法と侵略戦争の細部を照らす実証的な研究が歴史学者の手で進められ、その成果は被害者の補償政策や歴史教育にも活かされている。ドイツの学校では歴史教科書がナチ時代の記述に多くの紙数を割き、ナチ体制下の不法の実態を詳しく教える一方で、フランス、ポーランドなど旧交戦国との間だけでなく、イスラエルとの間にも歴史認識と相互理解と教科書改善のための共同作業が蓄積されている。ドイツでは「アウシュヴィッツはなかった」「アウシュヴィッツの嘘」に類する宣伝活動にも厳しい刑法の網がかけられている。安倍政権の閣僚が「南京大虐殺はなかった」「南京大虐殺の嘘」を公言してはばからない日本の政治とは雲泥の差である。

いっぽう中国において、日中戦争の残虐な侵略的性格を象徴する事件として歴史の教訓とするために、一九八五年に南京市郊外に「侵華日軍南京大屠殺遇難同胞紀念館」が建てられた。また中国政府は、日本の文科省が歴史教科書の南京事件の記述を削除させたり、政界やメディアの一部が意図的に南京大虐殺否定説を流布している日本の状況に対抗する意味もあって、二〇一四年から一二月一三日を「南京大虐殺犠牲者国家追悼日」として、国家記念行事の日に定めた。

南京事件認識をめぐる日中両国民の齟齬と対立が、日中歴史認識の軋轢と摩擦の象徴となっている現状をどう打開してゆくか、日中政府と国民に課せられた大きな課題である。

本書では文献史料を引用する際に、読みやすくするために、片仮名は平仮名に、旧かなづかいは新かなづかいに、旧漢字は現代漢字に、当て字的な漢字は平仮名にするなど、表記を改めている。また、明らかな誤字、誤植についても直してある。人名についてはすべて敬称を省略させていただいた。

第一章 「論争」前史

1　南京事件を知っていた政府・軍部指導者

発生と同時に報告された情報

南京事件が発生した日中戦争当時ならびにアジア太平洋戦争時には、政府や軍部が厳しい報道・出版・言論の統制と弾圧を加え、日本軍の残虐行為については「皇軍の威信を失墜する」（『出版警察報』）として日本国民に知らせないようにしていたために、一般国民が南京事件について知ることは困難であった。しかし、情報を統制する立場にあった政府や軍部の上層の人たちは知っていた。

南京事件の情報は発生と同時に、南京の日本総領事館から外務省に報告が送られ、さらに陸軍省、海軍省当局に伝えられた。当時外務省の東亜局長であった石射猪太郎《いしい》は、戦後の一九四七年に東京裁判に弁護側証人として出廷した際に、こう供述している。

> 〔一九三七年〕一二月一三日頃、わが軍が南京に入城する、そのあとを逐《ママ》って、わが南京総領事代理（福井淳氏）も上海から南京に復帰した。同総領事代理から本省への最初の現地報告はわが軍のアトロシテーズに関するものであった。この電信報告は遅滞なく東亜局

から陸軍省軍務局長宛に送付された。当時、外務大臣はこの報告に驚きかつ心配して、私に対し早く何とかせねばならぬとお話があったので、私は電信写はすでに陸軍省に送付されていること、陸海外三省事務当局連絡会議の席上、私から軍当局に警告すべきことを大臣にお答えした。

その直後、連絡会議が私の事務室で行われ〔中略〕、その席上、私は陸軍省軍務局第一課長にたいし右アトロシテーズ問題を提起し、いやしくも聖戦と称し皇軍と称する戦争においてこれは余りヒドイ、早速厳重措置することを切実に申し入れた。同課長もまったく同感で、右申し入れを受け入れた。

その後いくばくもなくして在南京総領事代理から書面報告が本省へ到着した。それは南京在住の第三国人で組織された国際安全委員会が作成した我軍アトロシテーズの詳報であって、英文でタイプされてあり、それをわが南京総領事館で受付け、本省に輸送してきたものである。私は逐一これに目を通し、その概要を直ちに大臣に報告した。そして大臣の意を受けて、私は次の連絡会議の席上、陸軍軍務局第一課長にその報告書を提示し、重ねて厳重措置方を要望したが、軍はもはやすでに現地軍に厳重に云ってやったとの話であった（洞富雄編『日中戦争　南京大残虐事件資料集　第1巻』青木書店、一九八五年）。

アトロシテーズ（残虐行為）の意味について、弁護人に問われた石射は「それは南京に入城したわが軍による強姦・放火・掠奪というようなことを含んでおりました」と説明している。拙著『南京難民区の百日――虐殺を見た外国人』（岩波現代文庫）に詳述したように、南京安全区国際委員会から南京の日本大使館宛に日本軍の残虐行為に関する詳細な記録が提出され、それが東京の外務省に報告されていた。

当時南京の日本総領事館に駐在して、それらの記録を東京の外務省に報告していた外交官の一人、岡崎勝男（当時無任所の総領事、戦後吉田内閣の外務大臣となる）は、戦後東京裁判に関連した国際検察局の尋問調書のなかで、南京安全区国際委員会からほとんど毎日のように報告がなされ、外務省出先機関は、その報告の概要を本省に打電し、報告そのものも本省に郵送したと述べている。当時南京日本総領事館の外交官補であった福田篤泰《とくやす》（戦後池田内閣の防衛庁長官となる）は、同じく国際検察局の尋問調書のなかで、東京の大本営から松井石根中支那方面軍司令官に兵士を罰するように厳しい命令が届いた結果、一九三七年一二月末か翌年一月の初め、ある陸軍大佐が日本大使館にやってきて福井淳南京総領事代理にたいして、大使館を焼き払ってやると脅迫したことがあると述べている（粟屋憲太郎・吉田裕編集・解説『国際検察局（IPS）尋問調書』日本図書センター、一九九三年、当日南京に日本大使は駐在しなかったが、日本大使館の建物はあり、総領事が使用していた。なお総領事館の建物も別にあった）。

ある大佐が日本大使館に脅迫にきた「大本営からの命令」というのは、参謀総長閑院宮載仁《かんいんのみやことひと》親王から中支那方面軍に一九三八年一月四日付で下達された訓示と思われる。同訓示は中支那方面軍参謀長塚田攻少将から「軍紀風紀に関する通牒」と題して各部隊に下達された。それは「軍紀風紀において忌まわしき事態の発生近時ようやく繁を見、これを信ぜざらんと欲するもなお疑わざるべからざるものあり。惟《おも》うに一人の失態は全隊の真価を左右し一隊の過誤もついに全軍の聖業を傷つくるに至らん。〔中略〕軍紀を厳正にし戦友相戒めてよく越軌粗暴を防ぎ、各人みずから矯《ため》て全隊放縦を戒むべし」という厳しい内容であった（『続・現代史資料［6］軍事警察』みすず書房、一九八二年）。この訓示からも、参謀本部が南京で非法犯罪事件が発生していたことを掌握していたことがわかる。先のある大佐は、南京の日本領事館員が日本軍の非法犯罪事件を中央に報告したからだと脅迫に来たのである。

外務大臣であった広田弘毅《こうき》が、南京で発生した残虐事件の詳細な情報を得ていたことは、東京裁判の弁護団による「広田弘毅氏最終弁論」によっても確認できる。

外務省は日本陸軍に依り南京において犯されたいわゆる残虐行為にたいし「二組」になった多数の苦情処理を受領した。〔中略〕外務省はこれらの苦情を「額面」どおり受け取った。そして広田の命に依り陸軍省の関係局に強い抗議を提出する措置をとった。〔中略〕さらに広田は杉山陸相に対し、直接警告を与えた。この手続きは外務省に依り繰返しとられた。〔中略〕しかして統帥部は他の申し入れをする以外、さらに一九三八年一月、調査を為しかつ軍紀を強化せしむるため、当時参謀本部の部長であった本間〔雅晴〕少将を現地に派遣した。〔中略〕在東京米国大使館より国務省宛に発せられた電報もまた残虐行為と称せられるものならびに第三国およびその国民の財産に対する干渉を停止せしめるため、外務省は実際に処置を講じたという事実を確認している。（洞前掲書）

当時南京日本大使館の参事官であった日高信六郎は、南京戦の最中は上海にいたが、南京陥落後は何回か南京を訪れ、上海で松井石根大将とも会い、さらに日本に帰国して広田外相に南京事件について直接報告したことを、東京裁判の法廷で朗読された宣誓口供書においてこう述べている。

松井軍司令官が南京攻撃の為、上海を出発された後、最初に私が話をしたのは、翌年〔一九三八年〕一月一日、上海においてでありますが、その際、同将軍は部下の中に悪いことをしたものがあったことを始めて知ったといって、非常に嘆いておられました。私は同将軍が真実その頃までかかる事実が存在したことを知っておられなかったものであるとの印象を得ました。〔中略〕私自身も数回南京に行きましたが、そのたびごとに総領事館の報告を聞き、実際の様子を現在留外国人の話も聞き、外務省に報告しました。また昭和十三年〔一九三八年〕の一月下旬、一時帰朝した際には広田外務大臣や外務省の幹部に口頭で報告し指図をうけました。その時の話によると東京では出先からの報告を受けると軍の注意を喚起していたそうであります。その結果、軍の中央から出先の軍へ指令があったことは前に申したとおりでありますが、その他にも二月の初に当時参謀本部の部長でありました本間少将が南京に出張されたことを知っています。同将軍が私に話したところによれば、その用件は外国関係の問題が主であったのですが、中国人関係のこともその要件のなかにあったということであります。（洞前掲書）

東京裁判において唯一文官としてA級戦犯で処刑された広田弘毅を悲劇の人物として描いた、城山三郎『落日燃ゆ』（新潮文庫、一九八六年）には、上記のことがこう書かれている。

現地から詳細な報告が届くと、広田はまた杉山陸相に抗議し、事務局連絡会議でも陸軍省軍務局に、強い抗議をくり返し、即時善処を求めた。このため、参謀本部第二部長本間雅晴少将が一月末、現地に派遣され、二月に入ってからは、松井最高司令官・朝香宮《あさかのみや》軍司令官はじめ八十名の幕僚が召還された（とくに懲戒措置とはことわらなかったが）。

朝香宮は、わざわざ外務省に広田を訪ね、堀内外務次官立会いの下で、「いろいろ御迷惑をおかけしました」と、広田に詫びた。

陸軍中央の事件への対応

当時陸軍省軍事課長であった田中新一大佐は、詳細な『支那事変記録』を記していたが、そのなかに一九三八年一月一二日の陸軍省局長会報において、中国戦線から帰国した陸軍省人事局長阿南惟幾《あなみこれちか》少将は、中支那方面軍の軍紀について、「軍紀風紀の現状は皇軍の一大汚点なり。強姦、略奪たえず、現に厳重に取締りに努力しあるも部下の掌握不十分、未教育補充兵等に問題なおたえず」と報告したと記している。そして、田中大佐自身も、軍紀・風紀問題について、「陸軍内部における多年の積弊が支那事変を通じて如実に露呈せられたものとみるべく、その百弊醞《うん》醸の深刻さに改めて驚かされる次第なり」と「所見」を記していた（『支那事変記録　其の四』防衛研究所図書館蔵）。

また、当時陸軍省兵務局防諜班長であった宇都宮直賢《なおかた》少佐は、一九三七年一二月まで上海在勤陸軍武官補佐官として南京攻略戦の前の上海戦（第二次上海事変）の現場で軍特務部兼報道部員として対外的な渉外業務にたずさわっていたが、南京陥落直前に東京に転任になった。宇都宮の回想録『黄河・揚子江・珠江――中国勤務の思い出』（非売品、一九八〇年）は、陸軍中央が南京事件にどう対応したかを記している。

南京の暴行残虐事件についても私は帰京後に聞いた。〔中略〕私は参謀本部の本間（雅晴）第二部長、渡（左近）支那課長、米（アメリカ）班の西（義章）班長以下に会ってこれらの事件の対策についての諮問におよばずながら応えいろいろ進言した。
米班長で大本営参謀の西中佐（三一期、陸大同期）が実地調査のため直ちに南京へ急行することとなり、広田大佐と協同して事件の究明と解決に努力した。次いで杉山陸相の要請で、本間第二部長も急遽南京に向かい事情調査を実施することになった。
南京の暴行虐殺事件のニュースについては、日本側はこれを発表することを禁止したが、全世界に知れわたって轟々たる非難の的となったことはまことに遺憾千万だった。〔中略〕ずっと後で広田大佐と軍渉外部長を交代した際、談たまたま南京虐殺事件におよんだ時、大佐は「中国側の宣伝による中国人の殺害された数はまったく天文学的であり、過高断面《ママ》の表現もよいところだったが、私が南京駐在の日本領事たちと現地ではっきり見聞したところでも、多数の婦女子が金陵大学構内で暴行され、殺害されたことは遺憾ながら事実であり、実に目を蔽いたくなる光景だった」と語った。

南京事件の実相が軍部中央に明らかになるにともない、中支那方面軍の軍紀粛正のため、松井石根軍司令官の更迭が考えられるようになり、教育総監畑俊六大将は、杉山元《はじめ》陸相にそのことを進言したと、一九三八年一月二九日の日記に記している。

支那派遣軍も作戦一段落と共に軍紀風紀ようやく頽廃、掠奪、強姦類のまことに忌わしき行為も少なからざる様なれば、この際召集予后備役者を内地に帰らしめ現役兵と交代せしめ、また上海方面にある松井大将も現役者をもって代らしめ、また軍司令官、師団長等の召集者も逐次現役者をもって交代せしむるの必要あり。この意見を大臣に進言いたしおきたる。(『続・現代史資料［4］陸軍　畑俊六日誌』みすず書房、一九八三年)

大本営は、一九三八年二月一日に南京に到着した本間雅晴参謀本部第二部長の調査結果を受けて同二月一四日、松井石根の中支那方面軍司令官を解任して日本へ召還し、新たに編制された中支那派遣軍司令官に畑俊六大将を任命した。陸軍中央は、松井石根の不作為による南京事件の発生を知って、内部処置のかたちで解任したのであるが、その責任は不問に付し、国民にはその事実を隠蔽しつづけた。

ただし、松井石根軍司令官らの責任を不問にしたことについては、陸軍中央部内にも不満が残った。田中隆吉が一九三九年一月に兵務局（軍紀・風紀を担当する部局）兵務課長になって以後、南京事件に関連して憲兵隊の調査報告書の提供も受けて、松井大将らを軍法会議にかけて裁くよう提案したが、参謀総長らに反対されたという(粟屋憲太郎ほか編『東京裁判資料　田中隆吉尋問調書』大月書店、一九九四年)。

いっぽう、松井石根自身は、帰還命令にたいして不満で、「予は心中きわめて遺憾にしてまた忠霊にたいしても申し訳なきしだい」と日記（一九三八年一月三一日）に記し、さらに「予の離任はじっさい自負にあらざるも時機尚早なることは万人の認むるところなるべきも」（同二月一〇日）と書いている（「松井石根大将陣中日記」『南京戦史資料集Ⅱ』偕行社、一九九三年）。ただし、松井も南京事件が国際的な非難をあびて、自分の更迭につながるであろうことは認識していたとみえ、三八年二月七日に挙行した慰霊祭の終了後、全隊長を集めておこなった訓示で、悲憤の心中を吐露した。上海派遣軍参謀課長であった飯沼守少将は、松井が「南京入城の時は誇らしき気持ちにて、その翌日の慰霊祭またその気分なりしも、本日は悲しみの気持ちのみなり。それはこの五〇日間に幾多の忌まわしき事件を起こし、戦没将士の樹てたる功を半減するにいたりたればなり、何をもってこの英霊に見えんや」と訓示したと日記に記している（「飯沼守日記」『南京戦史資料集』偕行社、一九八九年）。

松本重治『上海時代（下）』（中公新書、一九七五年）に、一九三七年一二月一八日の慰霊祭で松井石根大将が「おまえたちは、せっかく皇威を輝かしたのに、一部の兵の暴行によって、一挙にして、皇威を墜してしまった」と「老将軍は泣きながらも、凛として将兵らを叱っている」と書いているのは、三八年二月七日の慰霊祭と混同しているようである。

松井の一二月一八日の日記には「往時のごとく声つまり涕泣《ていきゅう》禁じあたわざるごときことなく、何だか一層の勇気と発奮心おこり（中略）英霊かく予を激励するものか感また無量なり」と入城式の翌日の興奮さめやらぬ得意の気持ちを記している。それが二月七日の日記には「さきのもの（一二月一八日の慰霊祭）は戦勝の誇と気分にてむしろ英霊にたいし悲哀の情少なかりしも、今日はただただ悲哀そのものにとらわれ責任感の太く胸中に迫るを覚えたり。けだし南京占領後の軍の諸不始末とその後地方自治、政権工作などの進捗せざるに起因するものなり」と書いている。南京を占領した中支那方面軍の部隊が南京事件を引き起こして国際的な非難をあび、松井が軍司令官を解任されることになったことの無念さから、二月七日の慰霊祭で「泣いて怒った」のである。

日本に帰還した松井が、「駅頭市民の歓呼は軍部の取り扱いに比し、すこぶる熱狂、感謝的なるを認む」と日記（二月二五日）に書いているように、マスメディアは南京を陥落させた凱旋将軍として報道し、天皇も大軍功の殊勲者として勅語を与えた。南京事件のことも、松井の軍司令官の解任についても、国民にはいっさい報道されなかった。

再発防止の方策

松井が軍部の取り扱いにたいする不満を日記に書いているように、南京事件のような不祥事を引き起こし、国際的な批判をあびることになった松井にたいする軍中央の対応は冷淡であったと思われる。そして、軍中央は、日本軍部隊がそのような皇軍の威信を失墜するような事件の再発防止のために力を入れた。

一九三八年七月に教育総監部本部長安藤利吉の名で配布された『事変の教訓　第四号　歩兵訓練の部』には「今次事変において各種忌まわしき事件を惹起し、とくに国際問題にふれ、せっかく敵首都攻略の偉大なる戦果を得ながらも、一小事件によりて皇軍の威信を傷つけたるがごときは、必ずしも全部この範囲の精神教育の責を負うところにあらざれども、少なくとも国際常識などのきわめて簡単なる教育が不徹底なりしによることは、これを蔽うべくもあらず」と記されている。国際的に非難をあびた南京事件のような不祥事の再発を防止するため、国際法的な常識についての教育を徹底する必要がある、というのである。

教育総監部は、陸軍士官学校、幼年学校、歩兵学校、砲工学校などの所轄学校を統轄し、陸軍軍隊の教育錬成を統括した教育総括機関であった。

一九四三年に中支那派遣軍憲兵隊教習隊長が作成した『軍事警察勤務教程』の「第四章　中支における軍人軍属非違犯罪の趨向」には、「支那事変勃発初頭すなわち南京陥落直後の頃においては、中支における軍人軍属の犯罪非行はすこぶる多く、とくに対上官犯など悪質軍紀犯をはじめ、辱職、掠奪、強姦などの忌まわしき犯罪頻発せるが、その後上司の指導よろしきを得たると、将兵の自覚とによって漸減し」と記されている。中支那派遣軍司令部は、その前身である中支那方面軍が犯した南京事件を軍紀・風紀紊乱《びんらん》の教訓として、語り伝えていたことがわかる。

昭和天皇の末弟の三笠宮崇仁《たかひと》が自叙伝『古代オリエント史と私』（学生社、一九八四年）に「一九四三年一月、私は支那派遣軍参謀に補せられ、南京の総司令部に赴任しました。そして一年間在勤しました。その間に私は日本軍の残虐行為を知らされました」と記しているのは、南京に総司令部をおいた中支那派遣軍の幹部の間では、南京事件について語り伝えられていたことの例証であろう。

日本軍当局が南京事件の国際的反響の大きさに衝撃を受け、その再発防止に苦慮したのは、一九三八年八月に大本営から攻略命令が出された武漢攻略戦の時であった。第一一軍司令官として作戦を指揮することになった岡村寧次《やすじ》中将は、同年七月一三日のこととして、こう記している。

中支戦場到着後先遣の宮崎参謀、中支那派遣軍特務部長原田少将、杭州特務機関長萩原中佐などより聴取するところによれば、従来派遣軍第一線は給養困難を名として俘虜の多くはこれを殺すの悪弊あり。南京攻略時において約四、五万に上がる大殺戮、市民にたいする掠奪強姦多数ありしことは事実なるがごとし。最近湖口付近において捕獲せる中国将校は、われらは日軍に捕えらるれば殺され、後方に退却すれば督戦者に殺さるるにより、ただ頑強に抵抗するあるのみと言えりという。(『岡村寧次大将陣中感想録』厚生省引揚援護局、戦史史料其の三、一九五四年)

さらに、稲葉正夫編『岡村寧次大将資料　上巻——戦場回想編』(原書房、一九七〇年)には「南京事件の轍《てつ》を覆《ふ》まないための配慮」と題した岡村のつぎのような回想がある。

十月十一、十二の両日、私は幕僚をともない、北岸の広済に第六師団を訪問した。〔中略〕もう一つの重大な目的は、近く漢口に進入するに際し、南京で前科のある第六師団をしていかにして正々堂々と漢口に入城せしむるかを師、旅団長と相談するにあった。ところが、稲葉師団長と第一線を承わる牛島旅団長〔後の沖縄の軍司令官〕は、すでにこのことに関し成案を立てていた。両氏が言うには「わが師団の兵はまだ強姦罪などが止まないから、漢口市街に進入せしむるのは、師団中もっとも軍、風紀の正しい都城連隊〔宮崎県〕の二大隊にかぎり、他の全部は漢口北部を前進せしむる計画で、前衛の連隊を逐次交代し、漢口前面に到達するときには必ず都城連隊を前衛とするようにする」と。

中支那派遣軍は一九三八年一〇月下旬に武漢を攻略するが、占領にさいして以下のような「武漢進入に際し軍参謀長の注意事項」（昭和十三年十月二十四日発）を下達した。

一、第三国権益を尊重し絶対に被害をおよぼさざるを要す。〔後略〕
二、無益の破壊、放火を厳に戒むるとともに不注意あるいは敵の謀略による火災の予防に深く注意を要す。〔後略〕
三、各種不法行為、とくに掠奪、放火、強姦などの絶無を期するを要す。

皇軍の武漢進入にあたりては、その一挙一動に世界人士の耳目集中すべし、まさに皇威を宣揚し皇軍の真姿を理解せしむべき絶好の時機なり。しかれどもいっぽう、一人の過誤失態は全軍の名において喧伝せらるべきをもってその進止はとくに一段の戒慎を加うべし。もしそれ前述の非違を敢えてするものあらば皇軍の名誉のため寸毫《すんごう》の仮借なく臨むに厳罰をもってすべし。

しかして既往の経験に徴するに各種非違は軍隊の緊張せる進入直後の時機よりもむしろ若干日経過したる後において発生の機会多かるべきをもって、時日の経過とともに監督をゆるめざるを要す。（防衛庁［当時］防衛研修所戦史室『戦史叢書　支那事変陸軍作戦（2）』朝雲新聞社、一九七六年）

中支那派遣軍の右の注意事項、とくに三は、明らかに南京事件の国際的影響を強く意識していることがわかる。さらに「既往の経験に徴するに」というのは南京事件の経験、すなわち南京における日本軍の強姦や略奪、放火が一二月一七日の南京入城式後の兵士たちの休養期間に多発したことを指していることも明らかである（拙著『南京事件』岩波新書、ならびに同『南京難民区の百日』岩波現代文庫参照）。中支那派遣軍司令官の畑俊六大将は、南京事件の発生を知って中支那方面軍司令官の松井石根大将の更迭を進言した人物である（前述）。中支那派遣軍司令部も「南京事件の轍を履まないため」に軍紀引き締めに努力した結果、武漢攻略戦においては、占領後もふくめて、南京事件のような「大暴虐事件」が起こらなかったのは、『岡村寧次大将資料』に「漢口入城に事故が無かったのは、はなはだ好かったと嬉びあった」と記しているとおりである。

2 南京事件はなぜ記憶されなかったか

厳格な言論報道の検閲と統制

日本の政府・軍部指導者たちは、南京事件の発生当時から情報をえて対応したが、その情報は日本国民には厳格に知らせないようになっていた。拙稿「日中戦争時における日本人の南京虐殺の記憶と「忘却」上」(『研究誌 季刊中国』八四号、二〇〇六年三月)、「同、下」(同前、八五号、二〇〇六年六月)に詳述したように、内務省を中心に新聞・雑誌・ラジオなどの言論報道統制を徹底して、南京事件のような日本軍の侵略行為、残虐行為などの事実を国民に隠蔽するようになっていた。陸軍省、海軍省においても新聞班が設置され「新聞掲載事項許否判定要領」にもとづいて「わが軍に不利なる記事写真」は厳しく検閲して報道させなかった。

内務省警保局は、日本のマスメディアが南京虐殺を報道するのを厳しく取り締まっただけでなく、アメリカを中心に世界で広く報道され、国際的な批判を巻き起こした外国の新聞・雑誌の南京虐殺報道を発売禁止あるいは削除させ、日本国民には知らせないようにしていた。内務省警保局図書課『出版警察報』（不二出版より復刻版）の「外来出版物取締状況」には、南京事件に関連して発禁処分にした新聞、雑誌、書籍のリストがある。中園裕『新聞検閲制度運用論』（清文堂出版、二〇〇六年）によれば、外務省情報局も外交事項に関する新聞法を発令して南京大虐殺事件の検閲に介入していたのである。外務省は南京事件についての膨大な情報を入手しながら、国民への報道は封じ込めて隠蔽したのである。

日本の軍隊においては、「陸軍刑法」の「第九九条　戦時または事変に際し軍事に関し造言飛語をなしたる者は三年以下の禁固に処す」という条文があり、「海軍刑法」の第一〇〇条にも同じ条文がある。日本軍＝天皇の軍隊＝皇軍は、軍紀厳粛で「聖戦」を遂行しているという大義名分の「建前」があったから、兵士がそれと違う「現実」の違法、残虐行為を語ることは「造言飛語をなしたる者」とされた。戦場の兵士から銃後の国民に送られた情報は、厳格に統制され、検閲がおこなわれた。

南京戦に従軍した兵士が戦地から故郷に送った手紙は、各部隊の上官による検閲がなされたのち、現地の軍司令部が管轄する野戦郵便局が検閲をおこなった。兵士が戦場でつけた日記類も上官や軍当局の検閲を受け、とくに日本国内への帰還に際しては、厳格な検閲を受け、「皇軍の威信を失墜する」ような「現実」を書いたものは、陸軍刑法違反で処分される対象になった。また、南京戦に参加し、南京虐殺の現場を体験した兵士たちが日本に帰還したあとは、厳しい箝口《かんこう》令がしかれ、憲兵司令部からは全国の憲兵隊へ、内務省警保局からは全国の警察や官庁にたいして、帰還兵の言論取り締まり強化が指示された。

いっぽう、南京戦に従軍し、南京事件の現場を体験した兵士たちが、兵営内や部隊内で強姦、殺害、放火、略奪などの行為を語り合い、自慢し合うことは放任、黙認されていたが、それを部隊の外へ漏らし、とくに銃後の国民に伝え、語り、知らせることは厳しく検閲され、取り締まられ、違反者は陸軍刑法で処罰された。皇軍の不名誉と思われることは外部に漏らさないという軍隊の身内意識は、逆の心理として、家族や国民に知られたりしなければ、中国戦場ではどんな残虐行為をしてもかまわないという「旅の恥はかき捨て」という集団犯罪意識になっていったことは、拙稿「日本兵はなぜ性暴力をはたらいたのか――日本軍の構造的特質」（『南京事件と日本人』柏書房、二〇〇二年）に詳述したとおりである。

石川達三『生きてゐる兵隊』への弾圧

こうした軍隊の身内話を国民に伝え、公刊した場合どうなったか、というのが石川達三『生きてゐる兵隊』への弾圧事件であった。当時三二歳の新進気鋭の作家であった石川達三は、南京戦を取材に行き、一九三八年一月五日から八日間にわたり、南京の警備で駐屯していた第一六師団佐々木支隊の将兵たちから精力的に聞き取りをおこなった。上海でも四日間の取材をおこなったあと、帰国した石川は『生きてゐる兵隊』を一気に書き上げ、編集者による自己規制の伏せ字を付したうえで『中央公論』一九三八年三月号に掲載した。しかし、配本の翌日に内務省から発売禁止にされた。石川は警視庁に連行され、編集・発行・印刷人とともに「新聞紙法違反」で起訴され、石川は禁錮四ヵ月、執行猶予三年の判決を受けた。「皇軍兵士の非戦闘員殺戮、掠奪、軍規弛緩の状況を記述したる安寧秩序を紊乱する事項」を執筆したというのが判決理由であった。石川自身予想しなかった厳罰に動揺し、その後は時局便乗的な「武漢作戦」(『中央公論』一九三九年一月号)を執筆し、海軍報道部員として活躍するまでになる。

石川は部隊の兵営内では語れる残虐行為も、国民には知らせてはならないという軍隊の内と外とを使い分ける不文律が、刑罰にあたるほど厳格だとは予想していなかったと思われる。石川は将兵たちが得意になって語ったと思われる残虐行為の体験を聞き取って、戦場心理をふくめてそのまま『生きてゐる兵隊』に書いたのである。彼には、それが南京戦場において「生きてゐる兵隊」の実像を国民に伝えることになり、国民に「非常時」といわれた時代現実を認識させることになるという思い込みがあった。しかし、彼の信念は弾圧され、この弾圧は見せしめとなって、その衝撃は他の作家やマスメディアにも波及し、戦時中の文芸界やジャーナリズムが南京事件に関連したものを発表することを回避させる役割をはたした。

日本軍の部隊内で語られていた兵士たちの南京事件の体験を、国民に語れば処罰されるという、「内」と「外」とを使い分ける構造は、政府・軍部の指導者間では周知の南京事件の情報を国民には隠蔽して知らせないという、「官」と「民」とを厳密に区別(差別)する構造と共通する。軍隊にかぎらず、日本社会においては、「身内」「仲間」「内部」と称する内なる組織、集団、社会においては、構成員の非行、不法行為、罪過はなれ合い的に黙認、放任されるいっぽうで、これを内部で批判、摘発したり、さらには外部社会に漏らしたり、公表したりした場合は、裏切り者として犯行者以上の制裁を受けかねないという集団的・社会的規範が伝統的に存在する。

以上のような戦時中の日本社会の南京事件を報道させない、語らせない、知らせないという厳格な言論報道統制のために、多くの国民は南京事件をリアルタイムで知らされ、衝撃を受けるという歴史体験をしなかった。そのため、多くの国民は歴史実感をともなった南京事件の記憶をもたなかったのである。このリアルタイムの体験にもとづく記憶がないことの意味は深刻で、戦後になって南京事件を事実として認識することに関心を示さず、あるいは認識することに違和感、抵抗感を覚える心理につながることになる。このことは、戦時中のドイツでは、国内の各地にユダヤ人などの強制収容所があり、なんらかのかたちでユダヤ人迫害の事実を見聞した歴史体験をもったドイツ国民と大きく違うところである。

徹底した証拠の焼却、隠滅

一九四五年八月一四日、日本がポツダム宣言を受諾し連合国に無条件降伏することを決定、翌一五日に天皇が戦争終結の詔書を放送してから、八月二八日に連合軍先遣部隊が厚木飛行場に到着したのを皮切りに、連合軍が日本各地に進駐するまで、ほぼ二週間の「空白期間」があった。ポツダム宣言に「われらの俘虜を虐待せる者をふくむいっさいの戦争犯罪人にたいしては、厳重なる処罰を加えらるべし」とあるように、連合国による戦争責任追及がおこなわれることを覚悟した政府と軍部は、閣議決定にもとづいて、証拠隠滅のためにいっさいの関係書類を焼却することを命じた。

吉田裕「敗戦前後における公文書の焼却と隠匿」（同『現代歴史学と戦争責任』青木書店、一九九七年）が明らかにしたように、陸海軍の中央機関、政府の各省庁、さらに市町村の役所・役場にいたるまで、軍事関係文書の焼却が命じられた。一番徹底したのが陸軍で、参謀本部総務課長および陸軍省高級副官から、全陸軍部隊にたいして、機密書類焼却の命令が下達された。憲兵司令部からは八月一四日・一五日の両日と八月二〇日にわたり各憲兵隊にたいして秘密書類の焼却を指示する周到ぶりであった。軍部からは各新聞社にまで戦争に関する記録写真を焼却すべしという圧力が加えられた。

軍部と軍隊では、公文書、公的記録の焼却と隠滅が大規模におこなわれ、陸海軍の中央官庁から現地軍の末端部隊まで、徹底して証拠隠滅がはかられた。南京戦を遂行した中支那方面軍（上海派遣軍と第一〇軍）に編制された連隊の総数は七〇を超えるが、連隊の公式記録である「戦闘詳報」が防衛省防衛研究所戦史研究センターに所蔵されているのは約三分の一にすぎない。南京事件を引き起こした中支那方面軍の部隊が組織的に部隊記録の焼却、隠滅をはかったために、南京事件の全体像、とくに犠牲者の数を解明するうえで大きな障害になっている。

外務省は早くも八月七日に「じゅうぶん早きにおよんで全部を焼却す」という方針を決め、「極秘記録」をはじめ外交記録の多くを「非常焼却」した。南京の日本総領事から外務省に送信された南京事件に関する膨大な文書や、世界各国の日本大使館あるいは領事館から送られた南京虐殺に関する各国の報道や批判の報告、さらにアメリカ、イギリス、ドイツなどの政府から寄せられた南京事件に関した問い合わせと警告、注意の文書など、南京事件に関する外交文書のほとんどを「非常焼却」してしまった。筆者は、外務省の外交史料館で、南京虐殺にかかわる記録文書綴りの表紙だけあって、中身が焼却あるいは隠匿されたものを実際に見たことがある。

内務省は、戦時中の言論・思想・報道統制と弾圧の中心となった省庁であっただけに、連合国による追及を予想して、公文書焼却に懸命となった。当時、官房文書課事務官であった大山正は「内務省の文書を全部焼くようにという命令が出まして、後になってどういう人にどういう迷惑がかかるかわからないから、選択なしに全部燃やせということで、内務省の裏庭で、三日三晩、炎々と夜空を焦がして燃やしました」と回想している〔吉田前掲論文〕。戦時中の内務省官僚として、鹿児島県の特別高等警察〔特高〕課長に就いたこともある奥野誠亮《せいすけ》は、敗戦時内務省地方局にいて、「戦犯にかかる恐れのあるような書類は処分しろと〔中略〕私も戦犯にされるおそれのあるような公文書を処理しろと指令を書きました。〔中略〕私も直接、名古屋の中部地方総監へ行きました。公文書を焼けといったものだから、方々から炎がいっぱい上がっていましたね」と回想している（奥野誠亮『派に頼らず、義を忘れず――奥野誠亮回顧録』PHP研究所、二〇〇二年、奥野は一九六三年から四〇年間自民党国会議員となり、閣僚を歴任。本書二二二、二二九頁参照）。

日本の敗戦直後、連合軍占領までの「空白期間」に乗じた、政府、軍部、軍隊の大規模かつ徹底した公文書記録の焼却、隠滅の結果、南京事件を立証する系統的な公文書史料が抹殺されてしまった。このことは、次章で述べる極東国際軍事裁判（東京裁判）における国際検察局の南京事件立証のあり方にも影響を与えることになった。さらに歴史学的に、南京事件の全体像を解明するうえで大きな史料的制約になるとともに、日本国民のなかに、「南京事件を証明する日本側の公的史料はないのだから、虐殺はなかった」「外国人の記録や文献は反日プロパガンダ、敵国の謀略宣伝である」といった類の南京事件否定説を受容する意識を醸成する要因になっていった。

なお、南京事件に関する公文書の焼却と隠滅については、拙稿「南京虐殺の記憶と歴史学――敗戦直後の日本国民の「忘却」の構図」（笠原十九司・吉田裕編『現代歴史学と南京事件』柏書房、二〇〇六年）に詳述したので参照されたい。

第二章　東京裁判

――「論争」の原点

1　なぜ南京事件が裁かれたのか

連合国が日本の重大戦争犯罪人（A級戦争犯罪人）を裁いた極東国際軍事裁判（東京裁判）は、一九四六年五月に開廷し、約二年間にわたり審理がおこなわれた後、四八年一一月に判決が下された。東京裁判において、一般市民にたいする虐殺など非人道的な戦争犯罪（人道に対する罪）として唯一南京事件が裁かれ、中支那方面軍司令官だった松井石根が「違反行為阻止怠慢」の罪、すなわち「不作為の責任」で死刑判決を受け、刑を執行された。松井石根は南京事件だけが訴因であったが、侵略戦争の計画、準備、開始、遂行などの「平和に対する罪」に問われた広田弘毅は、南京事件当時の外相として虐殺事件にたいする「不作為の責任」も有罪とされた。

本章においては、東京裁判において南京事件がなぜ裁かれたのか、どのような審理がなされ、判決は何を明らかにしたのか、当時の日本国民は南京事件をどう認識して、どう東京裁判の判決を受けとめたのか、などについて事実にもとづいた整理をしておきたい。というのは、一九七〇年代以降に展開される南京事件論争において、南京事件を否定する論者は、東京裁判における審理と判決を否定し、「南京事件は東京裁判ででっち上げられた」と主張するからである。

東京裁判は、対日戦に参加した大国と小国、合計一一ヵ国が国際検察局を組織して、国家指導者たちが、戦時中日本軍がおこなった大量虐殺、捕虜虐待、強姦その他のさまざまな残虐行為にどのような関与をしたかを解明し、個人責任のある者を処罰しようとした。そのなかでなぜ南京事件が裁かれたのだろうか。

第一には、現行の日本の歴史教科書に記述されているように、南京事件は発生当時から外交筋や報道関係者を通じて世界に報道され、国際的な非難を巻き起こし、日中戦争における日本軍の残虐事件の象徴として各国に知られていたからである。とくにアメリカにおいて広く報道されたことは、南京事件調査研究会編訳『南京事件資料集　①アメリカ関係資料編』（青木書店、一九九二年）に収録された諸資料に明らかなとおりである。国際連盟においても、一九三八年二月一日の理事会において、中国代表の顧維鈞が南京虐殺を報じる『ニューヨーク・タイムズ』『ロンドン・タイムズ』の記事を紹介しながら、「南京で日本兵によって虐殺された中国人市民の数は二万人と見積もられ、その一方で、若い少女を含む何千人もの女性が辱めを受けました」と日本を批判していた（石田勇治編集・翻訳『資料　ドイツ外交官の見た南京事件』大月書店、二〇〇一年）。

第二には、戸谷由麻《とたにゆま》「東京裁判における戦争犯罪訴追と判決」（笠原・吉田編前掲書）が指摘するように、終戦前後、連合国側は日本軍による戦争犯罪の証拠集めに奔走したが、日本軍がすでに公文書類の焼却、隠匿をはかったことや、年月の経ったこともあり、あらためて現場を訪れて犯罪の物的証拠を収集したり、被害者や目撃者を探して供述をとるのは非常に困難な作業であった。しかし、南京事件は例外的で、南京在住の外国人、被害者、記者、外交官、また日本兵によっても、残虐行為の状況が事件発生当初から記録されていた。検察側は南京事件立証のため、事件当初から状況を綿密に記録してきた南京安全区国際委員会のメンバーの文書、欧米諸国の在華外交筋報告書、南京在住の一般市民被害者・目撃者による宣誓口供書など豊富な証拠を提出することが可能だったのである。

　第三には、戦争犯罪立証は国際検察局の分担によっておこなわれ、そのなかでアメリカと中国の合同による中国チームが南京事件の立証を集中的におこない、殷燕軍《いんえんぐん》、川島真、伊香《いこう》俊哉、それに筆者の研究が明らかにしてきたように、中国国民政府は一九四三年に「敵人罪行調査委員会」を組織して、南京事件を重視して、調査と資料集めを開始していたので、証拠集めの作業は比較的容易だったからである。

　伊香が明らかにしたところによれば、国民政府の当局は一九四四年の段階で、南京事件の責任者として、松井石根中支那派遣軍司令官、朝香宮鳩彦《やすひこ》上海派遣軍司令官、谷寿夫《ひさお》第六師団長、天谷直次郎南京警備司令官をマークしてその資料を作成していた。同四四年、国民政府は抗戦損失調査委員会を設置して、対日賠償請求のための活動を開始、日本の降伏とともに、南京事件の被害調査に本格的に着手し、事件当時南京にいて中国に残留していた外国人宣教師にたいする聞き取りを進めるとともに、アメリカなどに帰国した者にたいしては外交ルートを通して情報入手につとめた。南京市民の被害については、南京市政府を通じて個別調査をおこない、中央政府からも特別に人員を派遣して聞き取り調査をおこない、被殺害者記録、賠償額なども算出していた。

中国チームは国民政府がすでに調査収集していた証拠資料、ならびに調査掌握していた被害証言者に依拠して、南京事件の犯罪立証に十分に自信があった。東京裁判には、中国代表として、向哲濬《てつしゅん》、劉子健の二人の検察官が国際検察局のメンバーになっている。

南京事件の訴因

南京事件が東京裁判においてどのように審理され、どのような判決が出されたかについては、洞富雄編『日中戦争　南京大残虐事件資料集　第1巻　極東国際軍事裁判関係資料編』が日本文速記録をもとに体系的に編集されているので、だいたいの内容がわかるようになっている。

論文では、膨大な国際検察局（ＩＰＳ）尋問調書と英文公判記録とを読破して、東京裁判における南京事件の審理の全体とその歴史的意義を考察した、前掲の戸谷由麻の論文が参考になる。本章は主として以上の二つの文献によっている。なお、冨士信夫『「南京大虐殺」はこうして作られた』（展転社、一九九五年）は、東京裁判における南京事件関係の審理経過を日本文速記録をもとに丁寧に整理しており、筆者と東京裁判の評価は違うが、参考になる。

東京裁判は直接の根拠法である極東国際軍事裁判所条例（一九四六年一月、連合国軍最高司令官マッカーサーが公布）にもとづき「平和に対する罪」「通例の戦争犯罪」「人道に対する罪」により裁かれた。南京事件は、「通例の戦争犯罪」および「人道に対する罪」として裁かれ、「南京暴虐事件」と呼称された。「通例の戦争犯罪」は、日本も中国も加盟していた「陸戦の法規慣例に関する条約」（ハーグ陸戦条約）に違反して、捕虜、投降兵、一般市民を殺害した罪の命令ないし防止義務不履行（不作為）の責任が問われた。「人道に対する罪」はナチ・ドイツを裁いたニュルンベルク裁判の条例で明確に定義された「戦前または戦時中のすべての一般住民に対する殺人、殲滅《せんめつ》、奴隷化、強制的移送その他の非人道的行為、もしくは政治的・人種的または宗教的理由にもとづく迫害」である。南京事件における非戦闘員の殺害、非人道的行為などの犯罪責任が問われたのである。

東京裁判の審理は、一九四六年七月から検察側の立証段階が開始された。そして四七年五月から弁護側の反証段階に入り、同年一〇月から個人弁論段階、四八年二月から検察側の最終論告、同年四月から弁護側最終弁論がおこなわれ、同年一一月一二日に判決が下されるまで、二年余にわたり膨大な審理がおこなわれた。また、国際検察局によって南京事件を戦争犯罪として立証するための膨大な証拠資料と証言が収集され、法廷では一〇人の証人の法廷尋問がおこなわれた。東京裁判全体で戦争犯罪立証段階に関連して出廷した証人の総数は四十余人、四分の一が南京事件のためだけに召喚されたことから、国際検察局がこの残虐事件を重視していたことがわかる。

2　どのように審理されたか——「松井石根獄中日誌」より

松井石根が巣鴨拘置所で書いた全四冊の「獄中日誌」（一九四六年三月〜四七年一二月）が陸上自衛隊板妻駐屯地資料館に所蔵されている。おそらく連合国軍最高司令官総司令部（GHQ）や国際検察局などの検閲の可能性も意識した記述になっていると思われるが、それでも松井がどう証言を聞き、南京事件をどのように認識していたかを判断する材料にはなる。以下に東京裁判における南京事件関係の裁判の記録と松井の「獄中日誌」を照合させながら、審理の経緯と内容を整理してみたい。

松井石根自身が「獄中日誌」とタイトルをつけた日誌の第一巻は、一九四六年三月五日、松井は「米軍某大佐」と書いているが、国際検察局のT・H・モロー検察官から調書作成のための尋問を受けた内容の記述から始められている。モロー検察官は前述した中国チーム担当者として中国へ赴き、現地で資料や証言の調査をおこない、南京事件の惨状に衝撃を受けていた。二カ月後の五月一日の日誌には、起訴状を読んだ松井が、自分の訴因が南京事件だけであることから、反論してなんとか対応できると思っていたことが書かれている。

しかし、六月になって検察側の証人として、南京安全区国際委員のベイツやジョージ・フィッチと数名の中国人証人が写真や統計をもって南京を出発したという新聞報道がされると、「いかなる資料を有するや不明なれど」と多少動揺が見え、「南京事件の審理に際しては、派遣軍の幹部を召喚するのやむなきにいたるべく、朝香宮殿下の御為にも累をおよぼすこともあり得べしを憂う。それにつけても飯沼等の犠牲的決意を希望すること切なり」(六月一〇日付)と記している。

飯沼とは上海派遣軍参謀長として最初は松井に、中支那方面軍の編制後には朝香宮のもとにあった飯沼守少将のことで、松井は南京事件といわれる不祥事があったことは知っていたが、それは師団長以下の部隊がおこなったことであり、責任も彼らにあるはずという彼の認識が「派遣軍の幹部の召喚」といういい方からうかがえる。上海派遣軍司令官だった朝香宮にも累がおよぶことを考えながら、それを阻止すべく部下の飯沼守らの「犠牲的決意」を希望するというのである。

一九四六年七月から検察側の立証段階の審理が始まり、ロバート・O・ウィルソン(南京金陵大学病院の医師として南京事件の被害者を治療)、許伝音(南京大学卒業後、イリノイ大学に留学、慈善団体紅卍字会《こうまんじじかい》の副会長で南京安全区国際委員会の中国人メンバー、通訳として活躍)、マイナー・S・ベイツ(金陵大学歴史学教授、南京安全区国際委員)が証人として法廷に立ち、彼らは英語が話せるので裁判長、検察官、弁護人との間に直接尋問と応答をおこなった。さらに南京事件の被害者として、尚徳義(雑貨商)、伍長徳(食料品商)、陳福宝(南京市民、事件当時一八歳)、梁廷芳

（中国国民政府軍軍医）が法廷に立ち、陳述書を朗読するかたちで、簡単な証言をおこなった。

松井はこれらの証言について事前に陳述書を読んでいたが、ウィルソンやベイツの証言については、確固たるものがない、ベイツの証言は反論すればさらに相手に弁論の機会を与えるだけなので黙殺することにした、などと日記に記し、許伝音の証言については、針小棒大であると反感を書くいっぽうで、松井担当の伊藤清弁護人が、許伝音の証言には武装解除した中国兵は「市民」と認めて安全区に収容した旨があるので、中国兵の「便衣兵（民間服を着た兵士）」がいたことを暴露すればわが方に有利になると述べたと記している。松井が一番気にかけたのは梁廷芳証言で、彼は中国軍捕虜五〇〇〇人が機関銃で集団殺害された現場から生還した軍医だった。東京裁判においては、捕虜殺害が重大な戦争犯罪とされることを松井も知っていたかららであろう。梁廷芳証言にたいしては反対尋問、反証工作など大いに研究する必要があると記している（七月一〇日付）。

師団長への責任転嫁

八月八日の法廷に、前述した松井石根の尋問調書（一九四六年三月八日作成）がモロー検察官から提出され、ウェッブ裁判長の許可を得て朗読された。同調書のなかで検察官は松井にたいして、歴史家のヴィナックが書いた『現代極東史』の南京事件の叙述の情報源を知っているかと問い、中国国民政府の敵人罪行調査委員会（前述）の調査に数十万の非戦闘員が殺害され、一九三七年一二月一三日の占領直後に南京は火災と略奪にあったとあることを紹介している。

同調書において、松井は検察官が南京占領軍の軍紀が非常に悪かったことの責任が問われているのだと糺《ただ》したのにたいして、軍紀は優秀であったが、軍のなかに不埒《ふらち》な者がいて悪い行動をとったのだと答え、検察官からそれは指揮官の責任であるのになぜ兵のせいにするのかとたしなめられている。さらに検察官が朝香宮上海派遣軍司令官が明治天皇の娘婿であることを確認したうえで、「朝香宮は南京事件にたいし重大な責任があるが、皇族関係のため、ほとんどというか、全然というか、それについてかれこれいわれなかったのだという人があるが、そうかね」と問うたのにたいし、松井は朝香宮が司令官になったのは南京入城の一〇日前にすぎず「師団長が責任の当事者であると自分はいいたいのです」と答えている。

拙著『日中全面戦争と海軍――パナイ号事件の真相』（青木書店、一九九七年）に明らかにしたように、一九三七年一二月一二日に南京より上流の長江で発生した、日本海軍機によるアメリカ砲艦パナイ号撃沈事件と陸軍のイギリス砲艦レディーバード号砲撃事件について、中支那方面軍司令官であった松井石根は当初は軽視していたが、国際問題に発展して責任者の処分問題が取りざたされるようになると、知己だった『ニューヨーク・タイムズ』の記者ハレット・アベンドを呼んで、配下の野戦重砲兵連隊長の橋本欣五郎大佐（三月事件、十月事件を引き起こした右翼軍人）に両事件の責任を転嫁させるための記事を書かせようとしたことがあった。最高指揮官としての責任を免れるために部下の直接責任に転嫁しようという松井の姿勢は東京裁判においても変わらなかったようである。

モロー検察官から陣中日記のコピーの提出を求められた松井は「自宅が爆撃されて全部焼けてしまった」と答えているが、それは嘘でおそらく隠匿しておいたのであろう、現に「松井石根大将陣中日記」は『南京戦史資料集II』（偕行社、一九九三年）に収録されている。

八月八日の法廷において、松井の尋問調書の朗読が終わったあと、伊藤述史（南京事件当時の上海駐在の無任所公使）が検察側の証人として法廷に立ち、南京事件当時、外交団や外国新聞記者から受けた日本軍の残虐行為の報告を外務大臣宛に報告していたと証言した。これにたいして松井担当の伊藤清弁護人が反対尋問として、日本軍の残虐行為といわれている報告は、実は中国兵の仕業《しわざ》ではなかったのか、と質問しようとしたが、証拠資料もないことから要領をえずに、伊藤述史証人からも何も答えを得ないまま反対尋問を中止している。これは、中国兵の「便衣兵」の存在を暴露して利用しようとした伊藤弁護人の準備した戦術であったが、意味をなさずに失敗し、ウェッブ裁判長から「それは意味のない態度です」とたしなめられている（洞前掲書）。

八月一五日と一六日の二日間にわたり、ジョン・G・マギー（牧師、南京安全区国際委員）が法廷に立って、日本軍の残虐行為について詳細な証言をおこなったが、松井は一六日に激しい下痢におそわれ、レントゲン検査のため法廷は欠席し、二日目のマギーの証言は聞かなかった。法廷では八月二九日から三〇日にかけて、検察側立証が進められ、国際検察局の中国チームが中国において調査収集したルイス・S・C・スマイス（金陵大学社会学教授、南京安全区国際委員）、ジョージ・A・フィッチ（YMCA宣教師、南京安全区国際委員）をはじめ多くの南京事件目撃者、被害者の宣誓口供書、さらに南京地方裁判所検察官報告、南京地方院検察処敵人罪行調査報告、アメリカ大使館報告、在中国外交当局報告、ジョン・ラーベ（南京安全区国際委員長）「南京の状況」、埋葬団体の統計資料等々、膨大な書証類が提出され、受理されて朗読された。しかし、松井の下痢は一向に回復せず入院、ずっと法廷を欠席したまま、南京事件に関する検察側立証段階が終わるとようやく回復し、九月になって再び法廷に出席して、他の問題の審理を傍聴した感想を書いている。すでに六九歳であったこともあり、松井の体が検察側立証の全部を聞くことに拒否反応を示したかのようであった。

城山三郎『落日燃ゆ』は、「幸か不幸か、この問題の最高責任者である松井石根元中支那派遣軍最高司令官は、ちょうどこのとき、胃病のため入院中で、松井の運命をゆさぶる陰惨な証言の数々をきかないですんだ」「法廷での南京事件の証言のすさまじさを知らぬ松井は、むしろ、「松井は中国へ移され、形式的な裁判を受けるだけで、国民政府の軍事顧問に招かれるらしい」などというわさに、目を細めたりしていた」と記している。

弁護側の反証

南京事件の審理は一九四七年五月から弁護側反証段階に入った。南京事件関係の被告として、広田弘毅、松井石根、武藤章（中支那方面軍参謀副長）の三人について弁護側の反証がおこなわれた。弁護側証人として法廷に立ったのは、上海派遣軍法務官・同検察官塚本浩次大佐、中支那方面軍参謀中山寧人《やすと》少佐、南京日本大使館参事官日高信六郎の三人であった。三人の証言に共通するのは、南京において、南京事件といわれる日本軍の不法、残虐行為があった事実を認めたうえで（中山証言は事件当時ではなく戦後になって知ったとしているが）、松井石根は中支那方面軍司令官として、軍紀・風紀の遵守を厳命し、取り締まりに努力した、ということだった。松井も三人の証言が、自分が軍紀・風紀に厳格な態度でのぞみ、南京占領にさいして不法、残虐行為の発生を防ぐための最大の努力を払ったことを明らかにしようとしたことに満足した様子が日記からうかがえる。

しかし、三人の証言はいっぽうでは、松井は残虐行為の発生を知っていたこと、日本の外務大臣の広田弘毅、参謀本部の幹部も南京事件の情報を得ていたが、それを阻止、防止できなかったこと、つまり「その違背を防止する適当なる手段をとるべき法律上の義務を無視し、もって戦争法規に違反せり」という「防止義務不履行（不作為）の責任」があることを明らかにしたのである。しかし、この「不作為の責任」については、松井も弁護人側もその深刻さは認識していなかったようである。

南京事件の審理は一九四七年一〇月から個人弁論段階に入り、外務省東亜局長石射猪太郎、上海派遣軍・第一六師団参謀長中沢三夫大佐、上海派遣軍飯沼守少将が証言台に立った。

石射猪太郎は広田弘毅の弁護側証人として法廷に立ち、本書ですでに引用したように（三二頁）、広田外相は南京事件の報告を現地外交官から受けて軍部に警告、厳重措置を要求したと証言した。しかし松井にとっては石射証言は不満で、石射が南京安全区国際委員の抗議を肯定し、軍部の訓令が徹底しなかったと陳述しているのは「結局責任を軍部に帰せしむとの心算なりしならん。その結果は広田のためにも不利となり、やぶ蛇の感あり可笑なり」（一九四七年一〇月三日付）と批判している。

中沢三夫と飯沼守の証言は、多少の暴行、強姦はあったが、南京暴虐事件などといわれる事件はなかった、松井司令官は軍紀・風紀の厳正・遵守を命令し、不法行為者は厳罰に処した、という無難なものであった。

しかし、「飯沼守日記」が『南京戦史資料集』（偕行社、一九八九年）に収録されており、そこには、佐々木支隊の一中隊だけで約二万を捕虜にしたこと、海軍が長江に漂流する中国兵約一万を撃滅したこと、山田支隊が捕虜一万数千を刺殺、機関銃殺で処刑したこと、難民区に将校が率いる部隊が侵入して強姦したこと、強姦防止のために迅速に慰安所を設けるよう依頼したことなど、南京事件を証明する貴重な記述がなされている。

東京裁判における飯沼証言と「飯沼守日記」とを比較すると、東京裁判における日本軍人の証言の制約と限界がよくわかる。もしも、日本側から南京事件を証明するこのような証拠資料が提出されていれば、判決書に描かれた南京事件像もより事実に近いものとなり、日本人も受け入れざるをえないものになったのではないかと思われる。

松井石根に関する個人弁論の段階になると、松井は風邪をひき、数日間入院して一日数回のペニシリン注射を打たねばならないほど重症となり法廷を欠席、彼の証言は延期された。退院して巣鴨獄舎で数日間療養した後、一九四七年一一月二四日と二五日の二日にわたってヘンリー・G・ノーラン検察官より反対尋問を受けた。

松井の日記には、「「ノーラン」検事より反対訊問を行う。同人はカナダの大佐にて最初より南京事件につき予を訊問せし男にて、比較的優良にて上品なり。予に発する訊問もさほど悪意的ならず」（一一月二四日付）と記し、さらに「一一月二四日、二五日、自己証言」と題して別頁に、「「ノーラン」（カナダ）代将〔将校の職位〕検事立ちて反対訊問を行う。大体において公平にて冷酷なるは少なし。これに対する答弁も極めて平静、純真に行うを得たり」と比較的満足したように記し、答弁中の重要なる事項として「〔一〜三は略〕四、方面軍司令官としての部下軍紀風紀問題に関する責任ならびに職権につき詳述し、予が作戦指揮の権限を有したることを述べ、自然部下の暴行に関する責任を負うべきや否やは法律上はなはだ困難なる問題なることを述べたり。五、いわゆる南京暴行事件は調査困難にして離任まで具体的な報告を受けざりしことを説明す」と記していた。

明らかにされた司令官としての責任不履行

しかし、客観的に見れば尋問の内容は松井にとって相当に厳しいものだった。ノーラン検察官は松井の宣誓口供書から、松井が南京で日本兵による殺人、強姦、略奪、物資の強制的徴発などの暴行事件があったことを憲兵隊と南京の日本領事から聞いて知っていたことを確認する。そして、南京暴行事件（この呼称をつかって松井も応答）について松井は参謀総長・陸軍大臣に報告はしなかったが、軍中央には外務省などを通してその情報が伝えられ、参謀本部から本間少将が南京にきたのは、「日本軍が南京を占領する際に、さような暴行をおこなったことについては、非常な心配を中央部がもったことは当然であり、私もその心配をともにして、部下の軍司令官・師団長をして、その善後の処置に全力を尽さしむるように働かしむることも、当然であると思っておったのであります」と松井に答えさせている。

ノーラン検察官はさらに、松井が東京を発つ前から南京に進攻する意図をもっていたことを確認し、さらに中支那方面軍司令官として上海派遣軍と第一〇軍の指揮・監督権があったことを確認したうえで、松井の宣誓口供書に記述されていた「日本軍の残虐行為の報告を聞いて、各部隊に命じて即時厳重なる調査・処罰をなさしめた」結果についてどのような報告を受けたかを問いただし、松井に自分が司令官を離任するまで各部隊からの報告は受けていないと答えさせている。松井の司令官としての責任不履行を明らかにしたのである。

ついでノーラン検察官が、中支那方面軍司令官の職には、麾下《きか》の部隊の軍紀・風紀の維持にたいする権限と責任があったのではないか、と問うと、松井は、中支那方面軍の司令官の職権は、麾下の軍隊の作戦指導の権限だけで、各軍隊の将兵の軍紀・風紀の直接責任者は自分ではなく、自分には将兵を懲罰もしくは裁判する権利はなく、ただ全般の指揮官として部下の軍司令官・師団長に兵の厳罰や軍紀粛正を希望するよりほかに権限はなかった、それらの法的権限は軍司令官、師団長にあったのである、したがって南京における将兵の暴行事件の直接責任は軍司令官（上海派遣軍と第一〇軍の司令官）と各師団長にあるのであり、自分にはない、と弁明したのである。

「私が受けておる権限は、両軍を作戦指導するという権限である。それ以上には何もないのであります。したがって軍紀・風紀の問題に関しては、法規上いかに私の責任を糺すべきかは、これはかなりむずかしい問題でありまして、私はここにそれを明言することはできません」というのが松井が一番主張したかった本音であり、それが法廷で証言できたことで松井は満足し、その証言を誘導したノーラン検察官を悪からず思ったことは、前述の日記のとおりである。

しかし、松井の証言は、彼が中支那方面軍司令官として南京事件を阻止すべき責任とその権限を自覚していなかったこと、さらに現地軍の最高司令官として有していた軍紀・風紀粛正のための権限を行使しようという自覚もなかったことを明確にしたのであり、南京事件の訴因の「違反行為阻止怠慢」の事実があったことを自ら言明したのである。

南京事件の根本的原因

松井が中支那方面軍司令官として自分には作戦指揮以外に権限がなかった、作戦軍の犯罪行為にたいして法的責任はない、と繰り返し証言で主張しているのは、たとえそれが中支那方面軍の現実であったとしても、戦時国際法を適用して裁く東京裁判においては通用しない論理であった。拙著『南京事件』(岩波新書、一九九七年)に明らかにしたように、南京事件の根本的な原因は、松井石根や柳川平助、日中戦争拡大派の武藤章(中支那方面軍参謀副長)らが、参謀本部の統制を無視して、上海派遣軍の作戦計画になかった南京攻略を強行した無謀な作戦にあった。

中支那方面軍司令部も、現地軍の独断専行で南京攻略戦が開始されてしまったのち、速成的に編制されたもので、松井が証言しているように、同司令部は上海派遣軍と杭州湾上陸をおこなった第一〇軍との作戦を統一指揮するだけのもので、同司令部には二、三名の副官と参謀長以下七名の参謀と若干の部付将校がいるだけだった。本来備えるべき兵器部・経理部・軍医部・法務部(法務官が派遣され、軍法会議により軍刑法違反を取り締まった)はなかった。法務部がないということは、麾下の軍隊の軍紀・風紀を取り締まる正式な機関を備えていなかったことになる。南京占領後の一九三七年一二月一七日の段階で、南京城にいた憲兵はわずか一七名にすぎず、中支那派遣憲兵隊編制の動員が下ったのが南京陥落の一二月一二日、麾下の南京憲兵隊が南京に到着したのは、一九三八年一月上旬だった(全国憲友会『日本憲兵外史』研文書院、一九八三年)。

松井石根らが中支那方面軍の軍紀・風紀を取り締まるための軍編制をまったく考慮もせず、軍中央の統制を無視して、補給輸送体制も無理なまま、上海戦で消耗した軍隊に南京攻略を強行させたことが南京事件の直接的な原因になったことは、拙著で詳述したとおりである。無謀な南京攻略戦を作戦、指揮した上海派遣軍司令官、ついで中支那方面軍司令官としての松井の責任は重大であったのに、彼にはその認識がまったく欠如していたのである。

さらには、これも拙著で記したように、日本国内が過剰な南京陥落報道にわきたつなかで、功名心にはやる松井石根らが、現地の師団長らの懸念と反対を無視して、一二月一七日に皇族の朝香宮上海派遣軍司令官が参列する入城式を強行させたため、それに備えた過酷な「残敵掃討作戦」が南京全域で繰り広げられ、虐殺された軍民の犠牲をいっそう大きなものにしたのである。

ただ、これらのことは松井個人の責任というよりは、日本軍そのものの特質であった。日本陸軍、海軍の刑法を見ればわかるように、日本軍は「反乱の罪」「辱職の罪（司令官が戦わずに降伏したり、将兵の戦線離脱、職務不履行などの罪）」「抗命の罪（上官の命令に反抗して服従しない罪）」「侮辱の罪（上官を侮辱した罪）」等々、日本軍内部の強権的秩序を維持することのみを重視する法規しかなく、戦時国際法を遵守させるための軍紀、軍律の規定の作成や教育という発想が欠落していた。したがって、中国戦場において日本軍の将兵は戦時国際法については、ほとんど無知であり、司令官、指揮官たちは同法に違反してもまったくといえるほど問題にしなかった。というより戦時国際法に違反しているという自覚さえなかった。松井はそうした日本軍司令官の典型であった。

3 判決は何を認定したか

東京裁判は一九四八年二月から検察側最終論告がおこなわれ、これまで法廷に提出され、受理された膨大な書証、尋問記録などの証拠資料にもとづいて戦争犯罪としての南京事件の立証と松井、武藤章、広田の「不作為の責任」の所在の立証内容を明らかにしていった。最初に日本軍による戦争犯罪としての南京暴行事件について立証する論告がモーネン検察官によってなされた（四八年二月一九日）。

検察側が立証したのは、南京占領直後中国側の軍事抵抗がすでに終わっていたにもかかわらず、日本軍は虐殺、強姦、略奪、その他の非人道的行為を武装解除していた中国兵や市民にたいして大規模におこなった事実、そうした不法、残虐行為は少なくとも南京陥落後の六週間にわたって大規模におこなわれたという事実であった。そして、南京の日本軍による残虐行為についいて、日本政府の高級官僚や軍部指導者が事件当初から外交筋、報道関係などから詳細な情報を受けていたという事実であった。

ついで松井石根に関する論告がノーラン検察官からおこなわれた。ノーラン検察官は、南京における日本軍の残虐行為について、検察側および弁護側提出証拠を分析、提示しながら殺人、強姦、略奪、放火の事実を論証したうえで、つぎに松井の責任との関係について、日本軍の統制欠如、軍紀弛緩の実態、南京における憲兵が不十分であったこと、南京の日本大使館に苦情が持ち込まれ、外務省に送達され、松井も外務省も軍中央も暴行事件を知っていたこと、それなのに残虐行為は南京陥落後幾週間も継続した。松井は事件について調査や報告書があったはずなのにはっきりと知っていないなどの証拠を列挙したうえで、松井は麾下将兵の軍紀・風紀にたいして直接責任がないという態度をとって責任を回避しようとつとめているが、南京暴行事件について松井最高指揮官が責任を負うべきなのは当然である、と結論を述べて論告を終わった。

東京裁判は四八年四月から弁護側最終弁論がおこなわれた。マタイス弁護人が弁論をおこない、弁護側も南京事件については「いわゆる南京暴行事件」という言い方をしたが（松井石根も同様）、その事実を認めたうえで、中支那方面軍司令官であった松井石根には、俘虜および一般人の扱いについて権限がなく、南京で起こった「いわゆる南京暴行事件」を指図したり、暗に奨励したり、後になって承認、黙認したりした証拠はない。松井は犯罪がおこなわれたとき現場にはおらず、病気のため南京から一四〇キロ離れた蘇州にいたというアリバイもある。

検察側は松井の責任を明らかにする立証ができていない、と主張した。

マタイス弁護人は最後に「南京事件に関する検察側証拠に対する弁駁書」を付属書として提出、朗読しないで速記録に掲載させた。同書は検察側が提出した書証および人証（証言）の証拠価値を低めようとした弁護側の意見であったが、現在の南京事件否定論と同じことがすでにいわれているので、あらためて言及する。

判決文に反映したもの

南京事件についての弁護側最終弁論で審理は結審となり、東京裁判の判決は四八年一一月四日から裁判長により言い渡されたが、南京事件については一一日に「第八章　通例の戦争犯罪（残虐行為）」の中で「南京暴虐事件」の小見出しをつけて判決が朗読され、翌一二日に「第十章　判定」として松井石根、広田弘毅が南京事件について有罪、武藤章が無罪という個人にたいする判決が朗読された。判決文の要旨がそれぞれ翌日の『朝日新聞』に掲載されたので、当時の日本国民が知りえた判決の内容を知る意味でも以下に引用しておく。

〈南京暴虐事件〉占領後の一ヵ月の間に約二万の強カン事件が発生し、男子に対する大量殺人は、中国兵が軍服を脱ぎ捨てて住民のなかに混じり込んでいるという口実でおこなわれ、兵役年齢にあった中国人男子二万人がこうして死んだほかに捕虜三万人以上が殺された。後日の見積もりによれば、日本軍が占領してから最初の六週間に南京とその周辺で殺された一般人と捕虜の総数は二〇万以上であった。

武藤は、南京進撃の期間中松井とともにおり、この市の入城式と占領に参加した。世界で巻き起こされた世論の圧迫の結果として、日本政府は松井とその部下の将校約八〇名を召還したが、かれらは遂に処罰されなかった。（『朝日新聞』一九四八年一二月一二日）

〈松井石根〉中支那方面軍を率いて、かれは一九三七年一二月一三日に南京市を攻略した。修羅の騒ぎは、一九三七年一二月一三日に、この都市が占拠されたときに始まり、一九三八年二月の初めまでやまなかった。この六、七週間の期間において、何千という婦人が強かんされ、一〇万以上の人々が殺害され、無数の財産が盗まれたり、焼かれたりした。これらの恐ろしい出来事が最高潮にあったときに、すなわち一二月一七日に、松井は同市に入城し、五日または七日の間滞在した。自分自身の観察と幕僚の報告とによって、かれはどのようなことが起こっていたかを知っていたはずである。憲兵と領事館員から自分の軍隊の非行がある程度あったと聞いたことをかれは認めている。

本裁判所は、何が起こっていたかを知っていたという十分な証拠があると認める。これらの恐ろしい出来事を緩和するために効果のあることは何もしなかった。かれは自分の軍隊を統制し、南京の不幸な市民を保護する義務をもっていたとともに、その権限をもっていた。この義務の履行を怠ったことについて、かれは犯罪的責任があると認めねばならぬ。(『朝日新聞』一九四八年一二月一三日)

通例の戦争犯罪としての「南京暴虐事件」の判決は、検察側の立証をほぼふまえて戦争犯罪の事実認定をおこなったが、原文の文章は検察側が提出して被害者側の証拠、証言、書証をもとにした激しい表現になっており、厳密に事実をふまえていない描写もあり、日本人が読むには抵抗を感じる内容になっている。たとえば「日本兵は市内に群がってさまざまな残虐行為を犯した」「日本兵は同市を荒らし汚すために、まるで野蛮人の一団のように放たれた」「中国人の男女子どもを無差別に殺しながら、兵は街を歩きまわり、ついには所によっては大通りや裏通りに被害者の死体が散乱したほどであった」「幼い少女と老女さえも、全市で多数に強姦された。そしてこれらの強姦に関連して、変態的と嗜虐的な行為が多数あった。多数の婦女は、強姦された後に殺され、その死体は切断された」などという残虐性を過度に強調した描写である。

しかし、これを、日本軍、日本人を「極悪非道な民族」「残虐野蛮な民族」として「悪者」に「貶める」ための悪意から書かれたものと非難、反発するのではなく、判決文がこうなってしまったのは日本側にも問題があったことを認識する必要があろう。それは、一つは前章で述べたように、日本政府と軍部が南京事件に関する公文書類を徹底的に焼却し、個人の戦陣日記類を処分、隠匿してしまったため、南京事件の立証が、被害者の証言・書証にもっぱら依拠せざるをえず、判決文も被害者による告発、糾弾を反映したものになり、部分的に誇張や虚説もふくまれたものになってしまったことである。

もう一つは、日本軍部・政府の指導者が被告となって裁かれたため、日本人の証人が南京事件の事実を解明するために証言することは「利敵・裏切り行為」「身内を売る行為」とみなされる状況にあったため、日本人の証言は、南京大虐殺といわれるような大規模な殺戮はなかったなど、松井ら被告の責任の無所在を主張せざるをえないものとなり、日本側から南京事件の実態はこうであったという証言ができなかったことである。そのため、被害者側の証言、証拠をベースにした南京事件の事実が認定され、それが判決文に反映したのである。

南京事件関係で松井石根、広田弘毅、武藤章の三人が起訴状の関係訴因で訴追されていたなかで、「判定」では松井と広田が「不作為の責任」で有罪とされ、武藤は中支那方面軍参謀副長という「下僚の地位にいたので、それらを止めさせる手段をとることができなかった」として「不作為の責任」は無罪とされた。しかし、武藤は「平和にたいする罪」さらにフィリピンにおける各種残虐事件の「不作為の責任」など他の訴因で死刑の判決を受けた。

南京事件に関連して裁かれた個人の犯罪責任が妥当であったかについては、あらためて論ずるべき問題で、ここで詳論することはできないが、筆者は南京事件についてもっとも責任があるのは、武藤章、松井石根、朝香宮鳩彦、柳川平助（第一〇軍司令官）であったと思っている。

広田については、東京裁判の判事であったB・V・レーリンク（オランダ）が「私は個人的には彼は「南京大虐殺」には責任はないと考えます。なぜなら彼は事件を左右しうる立場になかったからです。したがって、私の反対意見の趣旨では彼は無罪でした」と回想しているとおりであろう（B・V・A・レーリンク＆A・カッセーゼ著、小菅信子訳『レーリンク判事の東京裁判』新曜社、一九九六年）。広田が東京裁判でいっさい自己弁護に立たないという信念で検察側立証にたいする反論、反証・弁護の証言をおこなわなかったことは、検察側の立証をすべて認めたことを意味し、裁判の被告としては致命的だった。

パール判事も認定した事件の事実

東京裁判の審理で明らかにされ、判決で認定されたことは、南京事件が史実であるということである。それは、東京裁判で弁護人をつとめた菅原裕の著書『東京裁判の正体』（復刻版、国書刊行会、二〇〇二年）に「われわれ日本人弁護団も、最初は全然彼ら（法廷で証言した被害者、目撃者）の悪宣伝で、中国軍が退却に際し常套手段としておこなう残虐行為を日本軍に転嫁しているのだ、と冷笑しながら聴いていたが、審理の進むにつれて、多少その考えを修正しなければならなくなった。もちろん彼らの主張する十中八、九は虚偽と誇張と見るべきであろう。しかし一、二割は実際にあったのではないかと、残念ながら、疑わざるをえなくなった。これは日清、日露の両役では、断じてきかれなかったことであって、日本民族としては、敗戦にもまして、悲しき事実の是認であった」と書かれているように、日本人弁護団も規模はともかくとして南京事件があった事実は認めたのである。これは松井石根も同様である。

インド代表のラダビノッド・パール判事は、東京裁判は事後法にもとづくものであるとしてその法的根拠に疑問を投げかけ、戦争における個人責任を否定、各被告の無罪を主張して、判決にも反対を表明、「パル判決書」といわれる少数意見書を提出した。同意見書は、英文で二五万語、一二三五頁の膨大なものであるが、「第六部　厳密なる意味における戦争犯罪」において、東京裁判法廷における「南京暴行事件」関係の証言、証拠などを詳細に検討して、以下のように結論している。

本件において提出された証拠にたいしいいうるすべてのことを念頭において、宣伝と誇張をできるだけ斟酌《しんしゃく》しても、なお残虐行為は日本軍がその占領したある地域の一般民衆、はたまた、戦時俘虜《ふりょ》にたいし犯したものであるという証拠は、圧倒的である。問題は被告に、かかる行為に関し、どの程度まで刑事的責任を負わせるかにある。〔中略〕

いずれにしても、本官がすでに考察したように、証拠にたいして悪くいうことのできることがらをすべて考慮に入れても、南京における日本兵の行動は凶暴であり、かつベイツ博士が証言したように、残虐はほとんど三週間にわたって惨烈なものであり、合計六週間にわたってつづいて深刻であったことは疑いない。事態に顕著な改善が見えたのは、ようやく二月六日あるいは七日すぎてからである。弁護側は、南京において残虐行為がおこなわれたとの事実を否定しなかった。かれらはたんに誇張されていることを愬《うった》えているのであり、かつ退却中の中国兵が、相当数残虐行為を犯したことを暗示したのである。〔中略〕
本官の判断では、市民に関して南京で発生したことにたいし、同人〔松井石根〕を刑事上責任あるものとするような不作為が同人にあったことを証拠は示していない。（東京裁判研究会『パル判決書［下］』講談社学術文庫、一九八四年）

パール判事は南京暴行事件の事実は立証されたと認定したうえで、しかし、刑事上の責任を問い、松井を「不作為の責任」で死刑とするのは証拠不十分のため不可能であると反対したのである。

立証目的ではなかった犠牲者数

判決に関連して犠牲者数の問題にふれておきたい。『朝日新聞』の記事、さらに洞富雄の前掲資料集第1巻にも犠牲者総数について、南京事件の事実認定の判決文は「二〇万以上」、松井の個人責任の判決文では「一〇万以上」と総数が異なるように翻訳されている。しかし、英語の原文は、前者が over 200,000 であり、後者は upwards of 100,000 となっている。後者が over 100,000 ではなく、upwards of 100,000 とわざわざ書かれているのは、「一〇万の位の上位の方 upwards」つまり「二〇万近く」と訳すべきであろう。そうすれば、二つの判決文の総数は「二〇万以上」「二〇万近く」ということになり、さほど大きな違いはない。

いずれにせよ、戸谷由麻が指摘するように、「東京裁判では虐殺の犠牲者総数を決定することは検察側の立証目的ではなく、また判事等も総数決定を事件立証の必須要素だとはみなしていなかった」ことは留意すべきであろう（戸谷由麻前掲論文）。南京事件の事実認定において、犠牲者総数は規模を認定する目安として参考になるが、「何万人以上でなければ南京大虐殺とは認定できない」という人数規定があったわけではないので、それが正確な数であるかどうかは重要視されていなかったのである。

東京裁判の法廷に犠牲者数に関する調査、記録、統計などの証拠書類が提出、受理され、それらにもとづいて、検察側最終論告の「南京攻略後、同市において殺害されたる者の総数」という小項目がまとめられている。ただし、その冒頭には「南京陥落に続いて、日本兵によって殺害された同市市民の総数を正確に定めることは不可能なことであります」と記されている。判事たちはこれらの証拠資料にもとづき、日本軍による南京市内外の犠牲者総数を二〇万前後と判断したのであろう。

検察側最終論告の証拠提示で、「一九四六年二月南京地方裁判所検事が作成したところの、南京においておこなわれた日本人戦争犯罪調査に関する略式報告書は、少なくとも三〇〇、〇〇〇名が南京において日本軍部隊により集団的に虐殺されないし個々に惨殺されたと決定しておりました」（洞前掲資料集第1巻）という箇所がある。中国国民政府国防部の戦犯軍事法廷（南京軍事裁判）の谷寿夫（第六師団長）にたいする判決書（一九四七年三月）のなかで「被害者総数は三〇万以上に達する」と書かれ、中国側の虐殺総数「三〇万人」という公式見解の根拠になっていくが、その原典が上記の報告書にあったことをうかがわせて興味深い。

松井の感慨

松井石根が一九四八年二月からの検察側最終論告、四月からの弁護側最終弁論をどう受けとめていたのか、彼の「獄中日誌」は第四巻が一九四七年一二月一三日で記述が終わり、四八年にあたる第五巻は前述の資料館に展示されていなかった。松井が日誌を書かなかったのか、それとも公開できない内容なので関係者が処分したのか、いずれにせよ松井の日誌を読むことはできない。松井の反応を知ることができるのは、死刑判決を受けたのちの四八年一二月九日、巣鴨拘置所で花山信勝教誨師にたいし、「あの南京事件について、師団長級の道徳的堕落を痛烈に指摘して、次ぎのような感慨をもらされた」ことからである。

南京事件ではお恥ずかしい限りです。〔中略〕慰霊祭の直後、私は皆を集めて軍総司令官として泣いて怒った。その時は朝香宮もおられ、柳川中将も方面軍司令官だったが。せっかく皇威を輝かしたのに、あの兵の暴行によって一挙にしてそれを落してしまった、と。

ところが、このことのあとで、みなが笑った。はなはだしいのは、ある師団長のごときは「当たり前ですよ」とさえいった。したがって、私だけでもこういう結果になるということは、当時の軍人たちに一人でも多く、深い反省を与えるという意味で大変に嬉しい。せっかくこうなったのだから、このまま往生したいと思っている。(花山信勝『平和の発見——巣鴨の生と死の記録』朝日新聞社、一九四九年)

前述したように(四一頁)、松井司令官が泣いて怒ったのは、一九三八年二月七日の慰霊祭の場であり、第一〇軍司令官の柳川平助中将は一二月の慰霊祭には参列したが、二月の慰霊祭には参列していなかった。松井の記憶には一二月と二月の混同がある。処刑を前にした松井の心情の吐露から、松井は最後まで南京事件の責任は師団長クラスにあり、自分にはなかったと思いつづけていたことがわかる。

4　否定論の原点になった弁護側の主張

東京裁判における審理過程のなかで、弁護団側は当然の任務として、検察側の立証に疑義をはさみ反論を展開した。そのまとめといえるのが、弁護側最終弁論で弁護側が法廷に提出した付属書「南京事件に関する検察側証拠に対する弁駁書《べんばく》」である。冒頭に「本書は、南京事件に関し検察側より提出せられたる書証および人証につき、法廷がその証拠価値を判定せらるる便宜のため、弁護人としての意見を弁明するものなり」と記されているように、すでに南京事件の事実は認めていた弁護団が、前掲「パル判決書」にいう「検察側の証拠にたいして悪くいうことのできることがらをすべて」開陳したものである。つまり、南京事件の事実は認めるが、被害者側の証言に疑義をはさみ、その価値を低めることで、被害者側が強調するほど大規模で深刻なものではなかったと思わせようとしたのである。

このときの弁護側の弁駁の主張の少なからぬものが、現在では南京事件そのものを否定するための根拠につかわれている。南京事件否定論者たちは、すでに東京裁判の審理において否定された弁護側の主張を相も変わらず受け売りしているのである。東京裁判における弁護側の論点が現在の南京事件否定論の原点になっていることを以下に事例をあげて指摘しておきたい。

①証人の証言は伝聞によるもので直接現場を目撃したものではない。

ジョン・G・マギーが多数の不法行為の存在を証言したが、本人が現実に目撃した事件は殺人事件一、強姦事件二、強盗事件二、計五件にすぎず、他の事実はすべて想像または伝聞である、というものである。

ブルックス弁護人が直接犯行中の現場を見たのか繰り返し尋問したのにたいし、マギーは犯罪進行中を目撃したのは五件であると厳密に答えたのである。そしてマギーは、他の中国人被害者、目撃者の報告は南京安全区国際委員会書記のスマイスが報告者の名前も記入したものであり、自分で見たものもあり、被害報告は単なる伝聞ではないと答えた。弁護人の尋問は、殺人、強姦についても犯行中の瞬間を目撃したものでなければ、他は伝聞で信憑性がないかのような極端なもので、中国人の被害届け、被害報告は信用できないという立場に立つものであり、このような弁護人の尋問にたいして裁判長から証人の信用性を弁駁するに足りないと注意されている。

②中国軍も退却にさいして殺人、略奪、放火、強姦をおこなった。死体の存在、略奪の結果だけを見て、これを日本軍の行為と断定することはできない。

松井石根担当の伊藤清弁護人が許伝音証人の証言にたいして「支那軍は都市を占領したり、また敗れて都市から逃げるときには、放火・強姦・略奪などをする習慣があることを知っていますか」と許伝音が目撃した被害状況は実は中国兵の仕業ではないのかと質問したのにたいし、彼は、日本軍が南京を占領する以前、中国兵がたくさん城内にいたが何も問題はなかった、自分が証言している残虐事件は日本軍が占領して以後に発生したものであると反論した。

さらに伊藤弁護人は、一九二七年に国民革命軍が南京を占領したときに発生した南京事件を取り上げて、中国兵は都市に入ったり、逃げたりするときに略奪、強姦をする習慣があるのを知っているかと質問、これにたいして、許は伊藤の話は事実とは違うが数件の暴行があったのは知っていると答えたうえで、日本軍が南京を占領する前まで中国兵がいたが、日本軍のような残虐行為はけっしてやらなかった、残虐行為は中国兵がいなくなって日本軍が占領した後に起こったのだと反論している。反論された伊藤弁護人は、自分は中国兵のことを聞いているのに日本兵のことをいうだけだ、と匙《さじ》を投げている。

③中国兵は便衣兵（民間服を着た兵士）、便衣隊となって南京安全区ないし南京城内に潜伏していたので、日本軍は便衣兵、便衣隊の掃討、処刑をおこなったので不法殺害ではない。

伊藤清弁護人が許伝音にたいし、難民収容所に軍人は一人もいなかったのかと質問したのにたいして、許は、難民収容所には武装したり武器をもった兵隊が一人もいなかったと断言できる、もしも兵隊を難民収容所に入れる場合は、武装解除をした後に許可した、と答えた。さらに伊藤清弁護人が許伝音にたいして、「支那兵は戦いに敗れると逃げる、逃げ損なうと武器を匿し、軍服を脱いで普通の服を着て民家に潜伏しておって、そうして隙をみて敵軍に襲いかかる、すなわち便衣隊というものになることをご存知ですか」と質問、これにたいして許証人は、中国兵が軍服を脱ぎ、武器を棄てた場合は便衣隊員とみなさないで普通の非戦闘員として扱った、彼らが集団となって公けに敵対行為をとるまでは非戦闘員と考えられる、と明確に反論している。反論され、それ以上質問できなくなった伊藤弁護人が「この証人からこれ以上真実を訊きだすことができませぬから遺憾ながらこれで私の訊問を終ります」と匙を投げている。

ブルックス弁護人がマギーに、「便衣を着ていた中国兵は、スパイ行為をしたり、サボタージュをしたり、日本の歩哨に危害を与えるとかしなかったか」と質問したのにたいし、マギーは「南京城市が占領されたあとに、南京市内ではわずか一つの事件といえどもそのようなことがあったとは聞いておりませぬ」と明確に答えている。

検察側最終論告では、「弁護側は、中国兵は武器を棄てて市民に変装したという事実を立証しようと試みました。このことが真実であってもなくても、同市陥落後は武力抵抗はなかったので、冷静のままで殺戮したことが犯罪であり、そのことにたいしていかなる根拠からも正当たることを証することができぬということを、証拠が明らかにしております」と明快に反論している。

④中国の慈善団体による埋葬資料のなかには、南京戦の戦闘で戦死した兵士の死体が集められて埋葬されたものがふくまれており、虐殺被害者数に入れることはできない。

検察側最終論告では、埋葬隊の資料は、戦闘のあった場所ではなく、虐殺のおこなわれた場所と照合し、兵士でないことを確認して死体を埋葬した資料である、と反論している。

⑤日本軍が南京を攻撃する直前の南京市内の住民は二〇万人前後であったので、城内の住民全部を殺さないと集団虐殺二〇万人にはならない。二〇万人虐殺というのは、誇大無稽の数字である。

「南京事件に関する検察側証拠に対する弁駁書」は「日本軍入城後の集団屠殺二〇余万人と称するも、当時、南京市内の住民が二〇万人前後なりしことは検察側証拠によるも明らか」なので城内の住民が全部虐殺されたことになる、と述べ、犠牲者総数推定の根拠になった埋葬隊の資料が誇大、誇張、杜撰《ずさん》で作為的な宣伝的なものであると否定している。

同弁駁書は最後に提出されたものなので検察側からの反論はないが、弁護側があげた検察側証拠というのは、アメリカ大使館報告のエスピー報告（一九三八年一月二五日）といわれるもので、南京は人口一〇〇万と見積もられていたが、日本軍占領下に二〇万人から二五万人が残留し、主として難民収容所で避難生活を送っているという内容。もう一つは南京安全区国際委員会委員長でドイツ人のジョン・ラーベによる上海ドイツ総領事宛書簡（一九三八年一月一四日付）で、安全区内に二〇万市民が生活していると述べているもの。大虐殺を免れた住民が二〇万人から二五万人という数字なのにそれを虐殺前の南京の人口と曲解して利用したものである。

否定論の原形

弁護側最終弁論で検察側の南京暴行事件の立証に反論した「所謂《いわゆる》南京掠奪暴行事件」の記述には、現在もさかんに流布されている南京事件否定論の主要な主張がほぼふくまれている。いってみれば、現在の否定論の観点と主張、論法がすでに出そろった「否定論の原形」といえる文章なので、やや長くなるが以下に抜粋で掲載する。

所謂南京掠奪暴行事件（弁護側最終弁論より）

首席検察官は、劈頭《へきとう》陳述において、日本軍の南京占領は一般人・婦女子数万にたいする組織的かつ残忍なる鏖殺《おうさつ》・暴行ならびに拷問および軍事的必要を超えたる家屋・財産にたいする放埒《ほうらつ》・無差別なる大量破壊を特徴としておって、近代戦においては匹敵する例はないと言われた。元より当時、南京において若干の不祥事が発生したが、しかしそれは猛烈な軍事行動のさいには何時でも発生するものである。

しかしてこの不祥事の責任は、全部日本軍が負担すべきものなりとの見解に基づく論断と察せられるが、それにしても南京が当時蒙った人的・物的の損害を、東京その他日本の主要都市が蒙った戦災に比すれば、物の数ではないとは証人の言うところである。ましてや広島市・長崎市において原子爆弾のために数十万の無辜《むこ》の一般人・婦女子が払いたる凄惨を極めたる犠牲に比すれば、雲泥の差と思われる。

検察側の主張するがごとき多数の犯行が日本軍のみにより犯されたりというは誣言《ふげん》である。まず、中国の南京守備軍が大将の平和的接収の申し出に応ぜず、頑強に抵抗したため、激戦が展開され、一般人・婦女子にも多数の死傷者を出したることはやむをえない。これも日本軍の犯罪行為というは不当である。なお中国には所謂便衣隊なるものがあって、敗残兵は平服を纏《まと》い、密かに日本兵に近づきこれを狙撃する。日本兵はこの便衣隊の襲撃に、上海戦いらい、非常に悩まされおりたるところ、南京戦闘における興奮と混乱せる状態により、中国人にたいする猜疑・不安の念にかられて、一般人を便衣隊と誤認・速断してこれを殺傷したることも若干あったことと想像される。しかしこれはもとより散発的に発生した不祥事である。これを計画的かつ残忍なる鏖殺というは不当である。俘虜の取り扱いを適正にするという大将の趣旨は部下将兵にもよく徹底しておったから、一、二に不心得者がその取り扱いを誤った場合があったかも知れぬが、俘虜の組織的なる鏖殺・拷問などということがあろうはずはないのである。

つぎに掠奪であるが、由来中国においては戦乱のさい、敗軍の将兵は軍服を脱ぎ捨て、一般人の服装を掠奪してこれを纏い、あるいは便衣隊となり、あるいは逃亡の便ならしむる慣習がある。現に南京陥落のさいにも、多数の中国兵は、軍服を路上に脱ぎ捨て、その替わりに一般人より常民服を掠奪・着用したのである。その掠奪にあたり、一般人を殺傷するにいたるものもあったのである。

南京市においては、当時秩序維持にあたるべき責任ある公官吏は総べて逃亡して、全市は全然、無政府状態に陥りたるため、中国人の無頼の徒はこの混乱に乗じさかんに犯罪行為をなすにいたったのである。

日本軍が南京に入りたるさいには、まさに中国兵の清野戦術により、兵営その他の宿営に当つべき適当なる家屋および備付の家具類は、あるいは焼き払われ、あるいは毀損せられおり、かつ後方より補給も間に合わざるため、日本軍は普通の民家を宿舎に使用し、道具類を徴発する必要に迫られた。しかしてたまたま、世帯主不在の家屋には、前述のごとく証明書を留めおいて、後より代金を取りに来さしむる手段を取った。この全貌を見ずして、ただ荷物を運搬するところだけを傍観して、日本人を単なる犯罪者と速断して、その旨の証拠を提供したと思われる。しかし、これはやむを得ざる便法による徴発であって、断じて集団掠奪ではないのである。

強姦の点につきては、血気旺盛の若者どもが戦闘に昂奮せるさい、過ちを犯したる者ありたるは事実にして遺憾である。しかしいわゆる強姦と認められ報告された事件のなかには、中国婦人の方から進んで日本兵に接しながら、発見されると強制されたと訴えたものも少なくない。日本軍は強姦にたいしては厳罰をもって取り締まっていたから、一、二の不心得者があったとしても、組織的に犯罪を敢行することは到底考えられないところである。

火災については、中国兵は清野戦術を実行して、退却にさいし全般的に南京城外の兵舎となり得る建築物を焼毀《しょうき》したるのみならず、城内においても諸所を焼き払ったのである。ようするに所謂「南京掠奪暴行事件」のなかには、中国の敗走兵および不逞《ふてい》市民の犯行が相当多量に混在しておったことは疑うべからざる事実である。疑問となるのは、はたしてその何パーセントが中国軍民の犯行であり、その何パーセントが日本の将兵の犯行であったかの点である。しかるに当時起こりたる犯罪行為の全部を日本兵のなしたるものなりと独断し、したがってその法律的責任を全部日本軍に負担せしめんとするは、偏頗《へんぱ》の論であるといわざるをえない。

しからば何故にこのごとく中国軍民と日本軍との双方が犯したる犯罪行為にたいして、あたかも日本軍のみが犯したるごとくいわれ、日本軍のみがその責任を問われるのであろうか、ようするにこれは巧妙にして誇大なる宣伝の結果である。由来中国人は宣伝上手であり、また、宣伝に動かされやすいのであるが、特に排日・侮日の宣伝は二〇数年来絶えず軍官民挙《こぞ》ってこれをおこない、その方法は巧妙を極めている。これに加え、排日宣伝の最初は、米英の在華学校・教会・病院などの職員によって指導された関係上、この回の不祥事件についても、日本軍に関する真偽取りまぜたる針小棒大の悪宣伝が逸《いち》早く内外に流布されたのである。

二〇数年来「仇敵」と呼び、罵詈《ばり》・誹謗をつづけたる日本軍のために、にわかに首都を占領されたる中国人およびその中国贔屓《びいき》の第三国人等が、日本軍にたいして猛烈なる悪宣伝を執拗に継続するのは当然である。かくて南京陥落当時発生せる総べての犯罪行為は、日本軍のみがなしたるものなりと宣伝され、これが中国全体にまた、世界全般に流布され、真実なるもののごとく国際的に思料された。しかしてこれが米国の東亜政策にも反映したと信ぜられる。

中国の夷《い》を以《もっ》て夷を制する宣伝外交がみごとに功を奏したのである。

東京裁判における弁護側の主張に現在にいたる否定論の原形がほぼ出そろっているといえる

ので、以後本書で言及するのに便利なように、それらを類型に分けて整理しておきたい。ただし、確認しておきたいのは、これらが東京裁判の法廷において、その事実性、信憑性をすべて否定された主張であることである。それにもかかわらず、現在も同様な否定論が繰り返し主張されているのである。

①伝聞証拠説――南京安全区国際委員の証言や記録は自分で直接目撃したものではなく被害者・目撃者の報告をそのまま鵜呑みにした伝聞証拠にすぎない。

②中国兵・中国人犯行説――中国兵が退却時に殺人、掠奪、放火、強姦さらには混乱に乗じた中国市民が掠奪や放火、強姦をおこなったのが、すべて日本兵の仕業とされている。

③便衣兵・便衣隊潜伏説――日本軍が殺害した市民というのは民間服に変装した便衣兵（ゲリラ兵）だったので不法殺害ではない。便衣兵・便衣隊が安全区に潜伏したために、一般市民が疑われて殺害されたので、責任は中国軍側にある。

④埋葬資料うさんくさい説――埋葬資料には戦死者もあり、賃金欲しさの水増し報告あり、女子・子どもの数字は捏造であるなど、誇張、杜撰で信用できない。

⑤南京人口二〇万人説――日本軍が南京を占領する前の南京市内の人口は二〇万人だった、皆殺しにでもしなければ、二〇万人虐殺にならない。

⑥戦争につきもの説――近代の戦争では都市の攻防戦と占領にあたってどこでも発生する不祥事。

⑦略奪でなく徴発・調達説――日本軍は軍票や代価を支払って徴発・調達したのであり、掠奪ではない。受け取り人の現地住民が避難・逃亡して不在だっただけである。

⑧大量強姦否定説――若干の強姦事件があったが、検察側のいう組織的な大量強姦はなかった。南京安全区国際委員会の強姦記録も伝聞であり、また中国女性の売春行為も発見されると強姦と報告されたケースもふくまれる。

⑨中国の宣伝謀略説――中国政府・国民が一体となった排日・侮日の中国特有のプロパガンダである。中国政府の常套的な宣伝外交の手段である。

⑩中国とアメリカの情報戦略説――南京在住の中国贔屓の欧米人が中国の宣伝外交のお先棒を担ぎ、アメリカもこれに与《くみ》して、世界に南京事件をあったものと流布し、日本批判を惹起《じゃっき》させた。

5　なぜ「国民の記憶」にならなかったのか

東京裁判で裁かれ、膨大な検証作業を経て、判決として日本国民に知らされた南京事件の事実が、当時の日本社会に受け入れられ、日本国民の戦争認識、歴史認識として定着していれば、一九七〇年代以降の「南京事件は事実か虚構か」といった論争は不要であったと思われる。では、なぜ「国民の記憶」とならなかったのか、その理由を考えてみたい。

南京虐殺事件の出版物

拙稿「南京虐殺の記憶と歴史学——敗戦前後の日本国民の「忘却」の構図」、同「日本の文学作品に見る南京虐殺の記憶」に記したように、戦時中発禁処分を受け、本人も起訴され禁錮刑の判決を受けた石川達三の『生きてゐる兵隊』が、一九四五年一二月、初版五万部で河出書房から出版された（現在は『生きている兵隊』として中公文庫版が出版されている）。

東京裁判のための起訴状が発表され、南京事件が裁かれたことがわかると、『読売新聞』（一九四六年五月九日）は石川達三のインタビュー記事を掲載。「裁かれる残虐「南京事件」」「河中へ死の行進　首を切っては突き落とす」という見出しの記述で石川は、「入城式におくれて正月私が南京へ着いたとき、街上は死体累々大変なものだった。大きな建物へ一般の中国人数千人をおしこめて床へ手榴弾をおき、油を流して火をつけ焦熱地獄のなかで悶死《もんし》させた。また武装解除した捕虜を練兵場に集めて実弾の一斉射撃で葬った。しまいには弾丸を使うのはもったいないとあって、揚子江へ長い桟橋を作り、河中へ行くほど低くなるようにしておいて、この上へ中国人を行列させ、先頭から順々に日本刀で首を切って河中へつきおとしたり、逃げ口をふさがれた黒山のような捕虜が戸板や机へつかまって川を流れて行くのを下流で待ちかまえた駆逐艦が機銃の一斉射撃で片ッぱしから殺害した」と見聞した南京虐殺現場の様子を語り、

「いずれにせよ南京の大量殺害というのは実にむごたらしいものだった。私たちの同胞によってこのことが行われたことをよく反省し、その根絶のためにこんどの裁判を意義あらしめたいと思う」と語っている。

石川達三はこの記事が掲載された直後の一九四六年五月一一日に国際検察局の尋問を受けているが、そのなかで一九三八年一月五日に南京に入って兵士から聞いた話をもとに『生きてゐる兵隊』を書いたと語るとともに「南京で起こったある事件を、私の本ではそれを他の戦線で起こった事として書きました。このようにして小説にしました」と述べている（粟屋憲太郎・吉田裕編集・解説『国際検察局（IPS）尋問調書』日本図書センター、一九九三年）。

石川の本は南京進撃途上の日本兵の婦女凌辱、捕虜・投降兵・敗残兵の虐殺や民間人の殺害、掠奪、放火、民間人の連行と使役などの行為がリアルに描かれているが、石川自身は上海から南京までの進撃路においては取材していなかった。南京事件中の残虐行為を進撃途上の話にして小説化したというのは納得がいく話である。

ところで、松井石根が巣鴨の獄中でこの記事を読み「九日、読売新聞に石川達三なる者談話記事あり。南京当時の暴行事件を暴露せるものなり、小説家の由、困った男なり。わざわざ問題の種を邦人中より蒔くの愚、蔑《さげす》むべきなり」と日記（一九四六年五月一〇日付）に書いている。談話の内容の真偽よりも「日本人のくせにけしからん」という意識が、身内（日本軍）の犯罪行為を他者（外国人、国際社会）に暴露するな、という軍人あるいは日本人に共通する意識として注目される。

一九四八年以降は、南京事件の審理と判決を経たこともあって、南京事件を事実として記述する書物がかなり出版されるようになった。たとえば、田中隆吉『裁かれる歴史〈敗戦秘話〉』(新風社、一九四八年)は「南京と通州の悲劇」の項で南京事件における捕虜の大量虐殺について記している。ジョセフ・C・グルー、石川欣一訳『滞日十年　上巻』(毎日新聞社、一九四八年)は一九三八年二月一〇日の日記に南京虐殺の事実を記し、石射猪太郎『外交官の一生』(読売新聞社、一九五〇年)には「南京アトロシテーズ」の項で南京虐殺のことを記している。

一九五〇年代になると南京事件目撃体験が公刊されるようになり、東京朝日新聞記者だった今井正剛の「南京城内の大量殺人」が『特集　文藝春秋――私はそこにいた、目撃者の証言』(一九五六年一二月)に掲載された(現在は、猪瀬直樹監修・高梨正樹編集『目撃者が語る昭和史5　日中戦争』新人物往来社、一九八九年に収録)。あの『文藝春秋』がといってよいだろう。さらに島田勝己「南京攻略戦と虐殺事件」(『特集　人物往来』一九五六年六月)、会津若松歩兵第六五連隊従軍作家だった秦賢助「捕虜の血にまみれた白虎部隊」(『日本週報』一九五七年二月二五日号)が掲載され、藤原審爾編『みんなが知っている――百万支那派遣軍による中国婦女子の受難』(春陽堂、一九五七年)には「南京大虐殺」の項で第一三師団が二万人の捕虜を殺害し、死体を処理したことが書かれていた。南京事件は文学作品のテーマにもなり、三島由紀夫が南京事件を題材にした短編小説「牡丹」(『文藝』一九五五年七月号)を書き、堀田善衞《よしえ》が南京虐殺そのものをテーマにした小説『時間』（新潮社、一九五五年）を著した。

以上のように当時の出版メディアの間では南京事件を歴史事実として認識するのが当然とする状況が見られるとともに、上記のような書物、雑誌が出版されても、現在のように否定説を唱える右翼・保守勢力から脅迫まがいの批判を受けることはなかった。

しかし、それでも多数の国民の間に南京事件が歴史事実として共通に認識され、国民の記憶として定着するにはいたらなかった。

国民の記憶化プランの頓挫

ドイツを占領したアメリカ軍は、ナチ時代の巧みな戦争宣伝の結果、正しい情報が欠如していると考えて、ドイツ人に罪を自覚させるためのキャンペーンに力を入れた。石田勇治によれば、一九四五年の夏、連合軍が解放したベルゲン・ベルゼン収容所のおびただしい数の犠牲者の遺体と所内の惨状を撮影した写真と記事を載せ、「これは君たちの罪だ」という文句を添えたポスターが全ドイツの都市と農村に掲示された。四五年末には、強制収容所内部のさまざまな犯罪の実態を克明に描いた『親衛隊（SS）国家――ドイツ強制収容所のシステム』を出版させ、広く読ませた。さらにナチ・ドイツを裁いたニュルンベルク裁判（一九四五年一一月～四六年一〇月）をドイツ人にナチ支配の本質を理解させ、彼らをナチズムから引き離す「再教育」の場として活用した。

ニュルンベルク裁判においては、裁判の進捗《しんちょく》状況が逐一新聞・ラジオなど統制下のメディアをつかって報道された。被告の罪状について大きな紙面が割かれ、厳重な報道統制のもとで細かな記事の一文一文にまで入念なチェックが加えられ、各新聞社は裁判報道用に紙の特別配給を受けた。さらにアメリカ軍は、ナチの残虐行為を実写したフィルムを編集した宣伝教育用の短編映画『死の挽き臼』を制作し、戦犯抑留施設、公民館、学校、映画館などでその上映を義務づけたのである（石田勇治『過去の克服――ヒトラー後のドイツ』白水社、二〇〇二年）。

東京裁判においても、その開始時期においては、連合国軍最高司令官総司令部（GHQ）は日本国民を軍国主義から引き離すための「日本人再教育プラン」を考え、NHKラジオやGHQが統制下においている全国紙を利用して進めようとした。日本の真珠湾攻撃四周年にあたる四五年一二月八日、GHQ提供の連載記事「太平洋戦争史――真実なき軍国日本の崩壊」がすべての全国紙に掲載された（一二月一七日まで）。記事の執筆は、GHQの民間情報教育局（CIE）の企画課長で、戦時中は戦時情報局（OWI）の職員として心理戦に従事した経歴をもつブラッドフォード・スミスであった。

南京事件は「支那事変」の章のなかで、かなり詳細に書かれている。「南京における悪魔」の小見出しで、日本軍は南京占領後、四週間にわたり近代史最初の残虐事件を引き起こし、男女を問わず子どもまで二万人が殺害されたと書かれ、「罪は将校たちにも」の小見出しで、敗残兵の処刑や商店からの掠奪さえ将校たちの指揮のもとにおこなわれた組織的なものであったと記され、「日本の欺瞞宣伝」の小見出しで、日本のニュースや放送は南京市民は日本軍を歓迎している、南京での殺害、掠奪は中国兵の仕業であると宣伝している、と書かれ、最後の日本軍による残虐行為こそ、中国を徹底抗戦に導く結果になったのである、と結んでいる（『朝日新聞』一九四五年一二月八日）。

ＧＨＱが日本国民に提供した最初の南京事件のイメージである。戦時中すでにアメリカ当局に知られていた情報にもとづいて記述されたと思われるが、「四週間にわたって南京は血の街と化し、切りきざまれた肉片が散乱していた」とか「婦人たちは街頭であろうと屋内であろうと暴行を受けた」といった記述に、初めて南京事件について知らされた日本人は違和感と反発をおぼえたに違いない。この南京事件のイメージが東京裁判の前にすでに報道されていたことは、「南京大虐殺は東京裁判ででっち上げられた」のではないことを示している。

ついでＧＨＱのＣＩＥは日本人を「再教育」するために、ＮＨＫラジオ番組「真相箱」を四六年二月一七日より、毎日曜日ゴールデンタイムの夜八時から三〇分間放送させた。戦時中は軍部の干渉で真相を知らなかった国民にたいして、「完全な敗北に初めて目覚めた日本国民は真相を求め——連合国最高司令部民間情報教育局宛に寄せられる種々の疑問」に答えるという番組だった。そのなかに「日本が南京で行った暴行についてその真相をお話し下さい」という質問に答えるものがあった。放送内容は、連合国最高司令部民間情報教育局編『真相箱——太平洋戦争の政治・外交・陸海空戦の真相』（コズモ出版社、一九四六年八月）で読むことができる。

放送された内容は、新聞に掲載された「太平洋戦争史――真実なき軍国日本の崩壊」の南京事件の記述と同じであるが、受ける印象がまったく異なるのは、前者の主語が「日本軍は」となっていたのが、「真相箱」では「わが軍は」となっていたためである。前者は記述の主語が外国人であるからGHQ当局が日本軍が犯した南京事件を批判する文章と思えたが、「真相箱」は日本人が「わが軍」の残虐行為を誇大に暴露し、非難するのであるから、日本人の心理からすればありえないことであり、南京事件そのものまでがアメリカ占領軍のプロパガンダであるように思わせる結果になった。「真相箱」の南京事件の放送は、日本国民に南京虐殺を記憶させて「再教育」しようと企画したのであるが、むしろ逆効果の役割をはたしたといえよう。

国民に周知されなかった裁判記録

東京裁判における南京事件関連の審理の新聞報道を見ると、ドイツにおけるニュルンベルク裁判の報道とは様相が違う。東京裁判における南京事件関連の審理について、当時の新聞がどう報道したかを『朝日新聞』について見ると、圧倒的であった検察側の証言内容については、まったくといってよいほど報道せず、逆に弁護側の反証段階の証言が比較的丁寧に報道されている。

こうした『朝日新聞』の報道からは、被害者が法廷で証言した生々しい日本軍の暴行の様子は伝えられず、読者は被害実態の凄惨さにショックを受けることもなく、したがって被害者の立場を想像して、同情することもなかったといえよう。南京事件の何人かの被害者たちが来日して法廷で直接被害体験を証言したにもかかわらず、一般の日本国民には、新聞の写真報道などで姿を見、ラジオで声を聞くなどして実在としてイメージする機会はなかったのである。それとは逆に、弁護側証人中心の報道から、検察側の立証しようとしている「南京虐殺は誇張」であり、松井石根らに責任はなかったという受け取り方をしていたところ、松井石根にたいする極刑の有罪判決がなされたことに衝撃を受け、東京裁判は「勝者の裁き」という不当、不公平感を抱くことになったとしても不思議はない。

『毎日新聞』は他の新聞にくらべて数回にわたり検察側証人の証言を報道しているが、弁護側証人の証言の報道が中心であることは『朝日新聞』と変わりない。

荒井信一が指摘するように、ニュルンベルク裁判では四二巻におよぶ公判記録と判決が公刊されたのにくらべれば、東京裁判については、アメリカ政府は、資料が広範に利用されるような措置をとらなかった（『現代史におけるアジア——帝国主義と日本の戦争責任』青木書店、一九七七年）。もしもGHQやアメリカが当初試みたような南京事件を日本国民の記憶とすることを本当にめざしたのであれば、パール判事でさえ認めざるをえなかった圧倒的な証言記録を公表し、新聞にも大々的に報道させ、日本国民に読ませるようにしたはずである。判決文でさえ、当時広く国民に全文を読ませるような措置をとらなかったのである。

「NHKスペシャル　パール判事は何を問いかけたのか——東京裁判、知られざる攻防」（二〇〇七年八月一四日放映）によれば、マッカーサーは東京裁判で日本軍の真珠湾攻撃を戦争犯罪として裁けばよいと考え、国際人道法によって日本の戦争犯罪を徹底的に裁くことには強い関心はなかったのである。彼が占領統治をスムーズにするために天皇の戦争責任を免責し、東アジアの冷戦が開始されると東京裁判にも、日本国民の「再教育」にも熱心でなくなるのは当然といえた。

ただし、東京裁判の判決文に叙述された南京虐殺像を日本国民が受け入れるべきであったかどうかは別問題である。東京裁判の判決文はあくまでも戦争犯罪の立証、すなわち多数の非武装化した中国人捕虜や一般市民が組織的あるいは頻繁に虐殺され、多くの女性が強姦されたという「事実認定」をおこなったものであり、歴史学的に南京事件の全体像を叙述したものではなかったのである。これらの判決文にもとづいた誤った南京事件イメージが事件を否定する側から強調され、「だからでっち上げ」という論になっている。

結局、アメリカはニュルンベルク裁判をドイツ国民の「再教育」の場に活用したのと違って、東京裁判を利用して日本国民を「再教育」する熱意を喪失し、不徹底なかたちで東京裁判を終わらせたのである。南京事件についても「太平洋戦争史」「真相箱」で戦時中の「敵国日本」の軍隊の野蛮性、残虐性のイメージを広めるためのプロパガンダ的な色彩をもつ南京事件像が報道、放送され、ついで東京裁判の判決文では南京事件の被害者側の証拠、証言、書証をもとにした南京事件の認定がなされたままで終わってしまった。

否定論受容の心理的基盤

ドイツと決定的に違ったのは、ドイツ国内にユダヤ人収容所があり、映像記録、文書記録があり、何よりも被害者のユダヤ人もドイツ国民であったことである。日本の場合は南京は外国であり、被害者は中国人であり、沖縄を除けば日本国土が凄惨な地上戦の戦場となったことがなかったので、軍隊が民間人を犠牲にするという戦場の修羅場の体験がなかった。当時戦争の被害者意識に固まっていた日本人にとっては、加害の現実をよほど強烈につきつけられないかぎり、南京事件を事実として実感するのは困難であったと思われる。その南京事件の事実を国民に直視させる映像記録も文書記録も日本人には提示されなかった。

また、南京戦に参加した元将兵たちも、虐殺行為の体験を語ることは、東京裁判にかけられている「皇軍」の指揮官を裏切る「利敵行為」に相当したから、日本国民は彼らから南京虐殺を見た、やったという話を公けに聞くこともなかった。むしろほとんどの帰還兵たちは南京事件を否定したので、多くの日本国民は虐殺行為をイメージするのが困難であった。いっぽうでは、南京攻略戦に参加した多くの将兵が、東京裁判に関連して自分も追及されるのを恐れ、この時期に自分の陣中日記を密かに焼却してしまったのである。

東京裁判を推進したアメリカは、当初は、東京裁判を軍国主義に冒された日本国民の「再教育」の場と位置づけて、NHKラジオや全国紙を利用して「日本人再教育プラン」に着手したが、裁判開始後急速に進行した東アジアの冷戦のなかで、日本にたいする占領政策を、初期の非軍事化、民主化という目的から離れて、しだいに日本の再軍備化と反共国家化をめざすものに転換していったため、戦争責任の究明ということ自体に熱意を失ってしまったのである。

結局、GHQならびにアメリカの南京事件を日本国民の記憶として共有させようとした「再教育」プランは頓挫した。中途半端であったために、提供された南京事件像の誇張、不自然さが逆に反発、拒否感情を誘発する結果となり、日本人のなかに南京事件をアメリカと中国を中心とする連合国のプロパガンダであるとする否定論を受容する心理的基盤を形成させたともいえる。

ただし、本章で南京事件が国民の記憶として共有されず、定着もしなかったというのは、当時の日本国民が南京事件をなかったとする否定論の立場にたったという意味ではない。多くの国民は南京事件はあったようだという漠然とした、あいまいな認識にとどまり、具体的な歴史イメージや南京事件像に裏打ちされた明確な記憶をもたなかったという意味である。そのため、後述するように、日本の戦争を肯定・美化しようとする動きが強まり、南京事件の記憶を「忘却」させようとする否定論が横行するようになると、その影響を受けることになった。

東京裁判は南京事件についても、事件の全貌を解明するために役立つ膨大な歴史資料を後世に残した。日本ではそれらの史料の全面公開が進んでいないこともあって、これまであまり歴史研究の対象にされてこなかった。東京裁判における南京事件の審理について、本章で相当の紙数を割いて記述したのは、これらの膨大な史料を精査した歴史研究を今後期待してのことでもある。

「五五年体制」のなかで

日本国民の南京虐殺の記憶が「忘却」をめざして抑圧され、沈黙を強いられるように変化するのが、一九四八年から始まり、四九年の中華人民共和国の成立を契機に急激に推進された「逆コース」の時代であり、その結果として成立した「五五年体制」の時代であった。一九五五年以前の中学校、高等学校の歴史教科書には、文部省が発行した『日本の歴史』（中学校用も高校用も同じタイトル）にも南京虐殺が記述され、その後教科書会社が発行するようになった中学社会、高校社会の教科書にも「南京暴行事件」は記述されていた。しかし、一九五五年に民主党が社会科教科書の「偏向」攻撃をおこない（第一次教科書攻撃）、同年民主党と自由党が保守合同をして自由民主党が成立した「五五年体制」のもとで教科書検定が強化され、一九五五年以降から六〇年代を通じて、南京虐殺の記述は教科書から消されてしまったのである。その経緯と政治背景については、拙稿「南京虐殺の記憶と歴史学」（前掲『現代歴史学と南京事件』所収）に詳述したので参照されたい。

しかし、これ以後も歴史書、歴史事典類には、南京事件は歴史事実として記述されていたことは、確認しておく必要があろう。たとえば、歴史学研究会編『太平洋戦争史II　中日戦争』

（東洋経済新報社、一九五三年）は、エドガー・スノー、森谷巌訳『アジアの戦争』（みすず書房、一九五六年）の南京虐殺の記述を引用して記述している。亀井勝一郎らとの「昭和史論争」を起こした遠山茂樹・今井清一・藤原彰『昭和史』（岩波新書、一九五五年）にも、注であるが同じくエドガー・スノーからの引用で記述されている。エドガー・スノー『アジアの戦争』は、ルイス・S・C・スマイスらの南京安全区国際委員会の記録や同委員らへのインタビューにもとづいて比較的詳細に南京事件を記述しており、当時の日本の歴史書の多くに引用されている。

戦後、大規模な歴史事典としてもっとも早くに編集、出版された『世界歴史事典』（全一〇巻）（平凡社、一九五六年）には、「南京事件」の項目で、わずか二行であるが「虐殺強姦掠奪事件」として記述されている。アジア史の事典として現在でもこれを超えるものが出版されていない『アジア歴史事典』（全一〇巻、平凡社、一九六一年）には「南京事件」の項で七行にわたり記述されている。家永三郎『太平洋戦争』（岩波書店、一九六八年）には、軍人や外交官の記者などの回想録や洞富雄『近代戦史の謎』（新人物往来社、一九六七年）の「南京事件」の記述を引用しながら、「南京大虐殺」として比較的詳細に記述されている。

一九七〇年代以降に出版された日中戦争の歴史書や歴史事典、百科事典類にも南京事件は記述され、むしろ記述は詳細になっていく。したがって「南京事件論争」といっても歴史学界においては、南京事件が歴史事実であることは定説になっており、本書で問題にしているような「まぼろし」「虚構」であるかどうかなどの論争は起こっていない。本書で問題にする「南京事件論争」は、初頭および前半は歴史学的あるいは学問的な論争とは異なる出版メディアの場における「論争」という性格をもっていた。

しかし、それが、二一世紀に入ると「論争」の性格と構図が全くことなる次元で展開されることになる。それは、一九九〇年代に入って戦後の「五五年体制」が崩壊し、非自民党政権がしばらく続き、社会党・自民党連立の村山富市内閣のあとに自民党政権が復活したが、二一世紀初頭には自民党に代わる民主党政権が短命ながら成立するという政権の激変を経た末に、自民党の第二次安倍晋三政権が成立し、その長期政権化によってもたらされた政治問題化された「論争」である。

増補版の本書で加筆した第七章から第九章、さらに「あとがき」において詳述するように、南京事件を否定する安倍政権にたいする筆者らの批判という構図で「論争」が展開されるようになったのである。

二〇一五年一一月に設置された安倍晋三自民党総裁の直属機関「歴史を学び未来を考える本部」(別称、自民党歴史認識検証委員会。本書三二三頁)は、本章で詳述してきた東京裁判の審理と判決を不当なものとして否定し、「南京事件は東京裁判ででっち上げられた」「日本国憲法はGHQによって押し付けられた」という歴史認識を国民に広めることを企図して設置されたのである。

第三章　一九七〇年代——「論争」の発端

一九五一年九月に開催されたサンフランシスコ講和会議には、中華人民共和国は招かれず、日本は翌年四月に台湾と日華平和条約を締結し、中華人民共和国を否定する立場をとった。さらに前年のサンフランシスコ講和条約と同時に日米安全保障条約を締結、アメリカが朝鮮戦争(一九五〇〜五三年)を契機にいっそう強化した「中国封じ込め」政策に従属して「中国敵視政策」をとるようになった。いっぽう中国においても、一九五〇年代の社会主義経済建設とりわけ五八年からの大躍進政策・人民公社政策の失敗、「一〇年の動乱」といわれた文化大革命(一九六六〜七六年)による内政の混乱がつづき、一九七二年九月の日中国交樹立まで、日本と中国の政府は敵対関係にあり、国民の往来、交流は断絶状況におかれた。

四半世紀を超えて東アジア冷戦時代がつづくなかで、吉田裕『日本人の戦争観』(岩波書店、一九九五年)が戦後の日本人の戦争観の推移を整理したように、対外的には講和条約の第一一条で東京裁判の判決を受諾するというかたちで必要最小限度の戦争責任を認めることによってアメリカの同盟者としての地位を獲得するいっぽう、国内においては戦争責任の問題を事実上、否定する、あるいは不問に付すという、対外と国内を使い分けるダブル・スタンダードの基本認識構造がつづいた。そのうえに、一九六〇年代になって戦争体験の風化と経済成長にたいする自信を背景に、東京裁判の判決を否定する林房雄『大東亜戦争肯定論(正・続)』(番町書房、一九六四年、六五年)などの本が登場するようになった。

いっぽう日本人の戦争の記憶は、空襲、原爆、引き揚げなど被害体験が中心に語られ、南京事件をはじめとする加害の記憶は「沈黙」「封印」されたままやがて「抹殺」「忘却」される傾向にあった。これにたいして、朝鮮戦争以後東アジア世界は互いに「鎖国状況」におかれ、中国や北朝鮮、韓国からも日本の侵略・加害の歴史や日本の加害責任を問うような関係にはなかった。

本多勝一『中国の旅』（朝日新聞社、一九七二年）

東アジア国際関係における日本の侵略戦争・植民地支配の記憶の「空白時代」に変化があらわれたのは、アメリカのベトナム侵略戦争の現実を見るなかで、かつての日本の戦争の侵略と加害の歴史を問い直す動きが出てきたことである。一九六六年から六七年にベトナム戦争を取材した朝日新聞記者の本多勝一は、アメリカ兵の虐殺と破壊の現場をルポルタージュ『戦場の村』（朝日新聞社、一九六八年）にまとめた。

つづいて本多は、日中戦争における日本軍の残虐行為について、「中国側の視点から明らかにする」ことをめざし、一九七一年六月から七月にかけて中国各地を取材、日本人として戦後初めて中国人被害者から聞き取りをおこない、中国戦線における日本軍の戦争犯罪の実態を明らかにした『中国の旅』を著した（一九七一年八月末から『朝日新聞』に連載、七二年に同社から単行本として出版、八一年に朝日文庫として出版）。

『中国の旅』は撫順の平頂山事件、「満州」の鉱山の「万人坑」、河北省における「三光政策」、南京事件などについて、本多が虐殺事件現場跡を訪れ、写真とともに、被害体験者の生々しい証言を紹介した。南京事件については、二日間に取材した四人の被害体験が記述されている。東京裁判の法廷において南京事件の被害者が証言した事実の詳細を知らされていなかった日本人にとって、虐殺現場において証言する被害者の体験を知ることは衝撃的であった。

いっぽう、日中国交樹立交渉で周恩来ら中国首脳が日本の中国侵略の反省を迫る厳しい態度を示し、日本政府は一九七二年九月二九日に出された共同声明の前文に「日本側は、過去において日本国が戦争を通じて中国国民に重大な損害を与えたことについての責任を痛感し、深く反省する」という文言を入れた。この日本側の反省を前提にして中国側は「中華人民共和国政府は、中日両国民の友好のために、日本国に対する戦争賠償の請求を放棄する」(第五項)と譲歩を示したのである。

日中国交樹立と日中の往来の開始にともなって、日本人の間にも、日中戦争における日本軍の侵略・加害行為を認識し、明確に反省・謝罪すべきだという戦争責任論が広まるようになった。本多勝一の『中国の旅』が多くの人に読まれたのも、こうした時代背景があった。日中国交樹立に前後して、日本人の南京事件目撃証言が、さまざまな雑誌や本に掲載されるようになった。以下にその事例を列挙してみる。

「特集・大陸中国での日本人の犯罪(一〇〇人の証言と告白)」の「隠されつづけた南京大虐殺の記録」(『潮』一九七一年八月号)/畑俊六「南京の虐殺は確かに行われたか」(『丸』一〇六号)/

「南京アトロシティー」(『別冊知性』一二号)／鈴木二郎「私はあの〝南京の悲劇〟を目撃した」(『丸』一九七一年一一月号)／太平洋戦争研究会「殺戮の現場を証言する従軍カメラマン」(『週刊アサヒ芸能』一九七一年一月一四日)／太平洋戦争研究会「南京虐殺で対立する南京攻略戦の兵士たち」(『週刊　アサヒ芸能』一九七一年一月二八日)／三留理男「中国レポート(最終回)冷酷な皆殺し作戦　南京大虐殺」(『サンデー毎日』一九七二年一一月一九日)／佐々木元勝『野戦郵便旗』(現代史出版会、一九七三年)／松本重治『上海時代(下)』(中公新書、一九七五年)。

「まぼろし説」の登場

本多勝一『中国の旅』が、日中戦争における日本軍の加害、残虐行為に目を向けさせるうえで大きな影響を与えたことに対抗するように、鈴木明というペンネームのジャーナリストが雑誌『諸君!』の一九七二年四月号に「「南京大虐殺」のまぼろし」を発表、同誌に分載された後、単行本として七三年に文藝春秋から出版された(八三年に文春文庫として出版)。

『「南京大虐殺」のまぼろし』は、『中国の旅』に紹介された証言者の一人の姜根福さん(当時四三歳)が語った話の以下の部分を取り上げて、問題を拡大したものである。証言の核心である、南京事件当時九歳であった姜根福さんの九人家族のうち、母は強姦に抵抗して赤ん坊の末弟とともに殺害され、一三歳の姉も強姦に抵抗して殺害され、父は日本兵の荷物運びに拉致されたまま行方不明（おそらく殺害された）、残された子どもたちは孤児となって悲惨な生活を送ったという被害体験の話にはなんら言及もせず、ただ姜根福さんが伝聞として語ったつぎの話だけが取り上げられた。

「これは日本でも当時一部で報道されたという有名な話なのですが」と姜さんはいって、二人の日本兵がやったつぎのような「殺人競争」を紹介した。

AとBの二人の少尉に対して、ある日上官が殺人ゲームをけしかけた。南京郊外の句容から湯山までの約一〇キロの間に、一〇〇人の中国人を先に殺した方に賞を出そう……。二人はゲームを開始した。結果はAが八九人、Bが七八人にとどまった。湯山についた上官は、再び命令した。湯山から紫金山までの約一五キロの間に、もう一度一〇〇人を殺せ、と。結果はAが一〇六人、Bは一〇五人だった。こんどは二人とも目標に達したが、上官は言った――「どちらが先に一〇〇人に達したかわからんじゃないか。またやり直しだ。紫金山から南京城までの八キロで、こんどは一五〇人が目標だ」

この区間は城壁に近く、人口が多い。結果ははっきりしないが、二人はたぶん目標を達した可能性が高いと、姜さんは見ている。

この『朝日新聞』連載の本多勝一「中国の旅」の記事に驚いた鈴木明は、この話が『東京日日新聞』の一九三七年一一月三〇日と一二月一三日の記事にもとづいたものであり、その話が中国ではデフォルメされて、記事にはない「上官命令」というかたちが加えられ、戦闘中の話が平時の殺人ゲームにされたことを知る。さらに、AとBの二人の少尉、つまり向井少尉と野田少尉がBC級戦犯として中国国民政府の南京軍事法廷において裁かれ南京大虐殺に加わったという罪により死刑判決を受けて処刑された事実を知り、二人がなぜ死刑になったのか、その歴史的経緯を調べていく過程を記したのが『「南京大虐殺」のまぼろし』である。

本多勝一の『中国の旅』は南京事件を本格的に取り上げたものでなく（南京事件の記述は全体のおよそ七分の一）、しかも「百人斬り競争」の話も被害体験者が証言のなかで伝聞として語ったものである。それにもかかわらず、その「百人斬り競争」だけを取り上げて、それを象徴にしている南京大虐殺そのものが「まぼろし」であると否定的にイメージさせようとしたのが、『「南京大虐殺」のまぼろし』の意図であった。

同書の真の狙いは、『中国の旅』が明らかにした日本軍の加害行為としての南京事件を、「百人斬り競争」の冤罪《えんざい》で死刑にされた二人の将校の悲劇として取り上げ、そのため戦後の幸せな家庭生活を奪われた向井少尉の悲運を強調することによって、加害問題としての南京事件を日本軍人の被害の話にすり替えて、日本人の共感を得ようとしたところにあった。さらに死刑判決の口実となったのは（鈴木明いうところの）「創作記事」であり、それを書いた『東京日日新聞』記者が現在は日中友好の人士になっていることも強調して、日中国交樹立に前後して、日本の侵略・加害の歴史を明らかにするようになった動向に反感を抱かせようとしたところにあった。

ただ、同書の結論として最後に、「どうしても「南京事件」について記述しなければならないとしたら」「〔南京事件は〕昭和十二年十二月、日本軍が国民政府の首都南京を攻め落とした時に起きた。この時、中国側に軍民合わせて数万人の犠牲者が出たと推定されるが、その伝えられ方が当初からあまりに政治的であったため、真実が埋もれ、今日に至るもまだ、事件の真相はだれにも知らされていない〔後略〕」と記しているように、南京事件の事実を全面否定するものではなかった。その全体の真相が「まぼろし」であるとしたのであるが、のちに「まぼろし説」として南京大虐殺の事実を否定する本として持て囃《はや》されるようになる。

洞富雄『南京事件』(新人物往来社、一九七二年)
洞富雄編『日中戦争史資料8　南京事件Ⅰ』(河出書房新社、一九七三年)
洞富雄編『日中戦争史資料9　南京事件Ⅱ』(河出書房新社、一九七三年)

日本史の歴史学者として、最初に南京事件の研究を進めたのは洞富雄早稲田大学教授であった。洞は『日本母権制社会の成立』(一九五七年)や『庶民家族の歴史像』(一九六六年)、『幕末維新期の外圧と抵抗』(一九七七年)、『天皇不親政の伝統』(一九八四年)、『鉄砲』(一九九一年)などの名著をもち、スケールの大きい研究に特長があった。洞は盧溝橋事件やノモンハン事件、朝鮮戦争などの発端を問題にした『近代戦史の謎』（新人物往来社、一九六七年）の「南京アトロシティー」の章において、南京事件について記述したが、それを大幅に加筆して単行本にまとめたのが『南京事件』である。日本において南京事件について書かれた最初の歴史書である。

同書は、東京裁判関係の資料を基本にして、さらに『マンチェスター・ガーディアン』紙のH・J・ティンパリーや『ニューヨーク・タイムズ』紙のF・T・ダーディン、南京安全区国際委員会の記録文書などをつかって、南京事件における、「無辜の南京市民にたいする残虐行為」について、敗残兵狩り、無差別虐殺、婦女暴行、略奪・放火などの実態を記述している。犠牲者数については、三〇万人、三四万人という数字が「実数にちかいのではなかろうか」と推定している。

洞富雄は、同書を執筆するために調査、収集した資料を二冊の資料集にまとめて出版した。東京裁判関係資料を収録したのが『日中戦争史資料8　南京事件Ｉ』で、のちに『日中戦争南京大残虐事件資料集　第1巻　極東国際軍事裁判関係資料編』（青木書店、一九八五年）として再版された。外国人記者や南京安全区国際委員会の資料を収集・翻訳したのが『日中戦争史資料9　南京事件Ⅱ』で、のちに『日中戦争　南京大残虐事件資料集　第2巻　英文資料編』（青木書店、一九八五年）として再版された。この二冊の資料集は、現在にいたるも南京事件研究の基本資料集として利用されている。

イザヤ・ベンダサン著、山本七平訳『日本教について』(文藝春秋、一九七二年)

『朝日新聞』に連載された本多勝一の「中国の旅」の反響の大きさに対抗して「諸君サロン」(後述)から批判を書き始めたのが、神戸生まれのユダヤ系アメリカ人と称するイザヤ・ベンダサンの「朝日新聞の「ゴメンナサイ」」(『諸君!』一九七二年一月号)であった。イザヤ・ベンダサンは同誌で、本多勝一「中国の旅」とそれを掲載した『朝日新聞』を、子どもが「ゴメンナサイ」と謝れば許されるとした無責任な論理にもとづくものと批判したのを皮切りに、日中国交樹立に前後して、日中戦争の侵略・加害の歴史を解明、認識し、反省と謝罪を志そうとした動向を揶揄《やゆ》、嘲笑するような文章を『諸君!』に連載した。その連載を本にした同書のなかで、イザヤ・ベンダサンは、「百人斬り競争」を取り上げ、『朝日新聞』に掲載された記事(前掲)で二人の将校がA、Bと匿名になっていたのは、フィクションだからではないか、そうでなければ実名を聞きたい、という批判から始めた。そして「これが実名ならば、私は自分の書きましたものを撤回します」とまで書いた。

つぎにベンダサンは、「中国の旅」で紹介された「殺人ゲーム」の話と『東京日日新聞』に掲載された「百人斬り競争」の記事との違いを取り上げて、二つとも(前者は中国人、後者は二人の将校によって)「語られた事実」にすぎない、つまり「伝説」であって史実ではないと批判した。そして「ルポとは、伝説を事実だと強弁する仕事ではありますまい」とまで非難した。

本多勝一『殺す側の論理』（すずさわ書店、一九七二年）

ベンダサンの批判にたいして、本多勝一は『諸君！』に反論を掲載させたが、本多とベンダサンが応酬した文章を「自称「ユダヤ人」と真性日本人との公開討論」と題して論争のかたちで同書にまとめた。

本多はベンダサンが批判した匿名の問題について、匿名は『朝日新聞』の編集者の判断でそうしたこと、記事の原稿は実名を記していたことを明らかにした（単行本には、「向井敏明」「野田毅」の実名が入れられている）。匿名問題についてはベンダサンの敗北が明らかになったが、それでも書いたことを撤回することはしなかった。

本多は「伝説にすぎない」というベンダサンの批判にたいして、「百人斬り競争」についでは、大森実『天安門炎上す』（潮出版社、一九六六年）ですでに報道されていたので「中国の旅」で詳述する意図がなかったこと、事件を語った姜さんが「これは日本で報道された有名な話だ」とことわって話したことについて、「中国の旅」に注記で『東京日日新聞』の記事を掲載して根拠のあることを示したことを説明、さらに伝説ではないことを証明する資料として四つの資料を提示した。その二つは「百人斬り競争」を報じた『東京日日新聞』の記事で、他は、『東京日日新聞』記者として「百人斬り競争」の記事を書いた当人鈴木二郎による「私はあの〝南京の悲劇〟を目撃した」（『丸』一九七一年一一月号）、さらに、小学生だった一九三九年に、小学校に講演にきた「百人斬り競争」のいっぽうのN少尉から手柄話を聞いたという志々目《しじめ》彰《あきら》「日中戦争の追憶〝百人斬り競争〟」（『中国』一九七一年一二月号）であった。

本多勝一とイザヤ・ベンダサンの「百人斬り論争」は、「中国の旅」の被害体験者が語った「伝聞の話」だけを大きく取り上げて、フィクションであると批判したことから始まったので、本多も「伝説」ではなく事実としてあったことを証明して反論したのである。

このときの「論争」の主題ではなかったが、イザヤ・ベンダサンが指摘した、中国で話されていた「殺人ゲーム」と『東京日日新聞』の記事の「百人斬り競争」とでは、「殺人ゲーム」にはゲームを命令した上官がいることや、競争した場所や日時が違っていることは、「百人斬り競争」の実態を解明するうえで無視できない問題である。この差異の問題については、歴史事実としての「百人斬り競争」を解明した拙著『「百人斬り競争」と南京事件』（大月書店、二〇〇八年）で検討した。

イザヤ・ベンダサンとの「論争」の過程で、本多は一九七〇年に発行されてミリオンセラーとなり、第二回大宅壮一ノンフィクション賞を受賞したイザヤ・ベンダサン著・山本七平訳『日本人とユダヤ人』（後に角川文庫として出版、現在では山本七平著として出版されつづけている）が、同一の山本七平によって執筆されたことを明らかにしていき、『殺す側の論理』の第四版には、神学博士で東北学院大学教授の浅見定雄の以下の分析を掲載した。「「イザヤ・ベンダサン」こと山本七平氏は、「ユダヤ人」としてのヘブル語はおろか「アメリカ人」としての英語さえもろくにできない、無知な「日本人」にすぎないことをいたるところで暴露しているのです。神戸生まれのユダヤ系アメリカ人「イザヤ・ベンダサン」氏など実在しないと小生は断言します」。
浅見定雄『にせユダヤ人と日本人』（朝日新聞社、一九八三年）は、『日本人とユダヤ人』が、日本人の外国文化コンプレックス（劣等感と優越願望）を巧みにくすぐって、「ユダヤ教」や「聖書」の観点からユニークな日本人優越論を展開してミリオンセラーになったと指摘する。その時代背景として、「時あたかもわが国では、七〇年新安保体制のもとに、昨今の「防衛」キャンペーンとつながる愛国・国防の世論作りが本格化しようとしていた。そこに起こったのが「日本人」論ブームである。「日本人とユダヤ人」は、愛国（日本は恵まれた国だ）・国防（しのびよる脅威）の両面で、その波に乗ったのであった」と指摘している。イザヤ・ベンダサン＝山本七平が「ユダヤ教徒」であり「キリスト教徒」であるはずなのに、天皇制や靖国神社の国営化を支持し、日本の戦争の侵略・加害の歴史を明らかにしようとした本多勝一・『朝日新聞』を悪意と敵意をもって批判したのは、同じ意図からであったことがわかる。山本七平は、主に聖書関係の出版を手がけた山本書店の設立者で、店主であった。それにしても実在しないフィクション作家が大宅壮一ノンフィクション賞を受賞したとは出来すぎた話である。

山本七平『私の中の日本軍（上・下）』（文藝春秋、一九七五年）

イザヤ・ベンダサンでいることができなくなったため、「日本教について」の連載は、イザヤ・ベンダサン名の「さよなら「天秤の世界」」（『諸君！』一九七二年一〇月号）を最終回にして終了した。かわって山本七平名の「私の中の日本軍」の連載が『諸君！』の一九七二年八月号から開始され、七四年四月号まで二一回におよんだ。それを上・下二冊の単行本として出版、八三年に上・下の文春文庫版となった。

同書は、一九四二年に青山学院高商部を卒業してすぐ陸軍に入隊、フィリピンで終戦を迎え、捕虜となり、一九四七年に復員した体験をもつ山本七平が「自己の直接間接の体験を、自己を偽ることなく、そのままに記した」とするものである。しかし、「南京「百人斬り競争」の記事が再び強弁されるようなことがなかったら、『諸君！』へ連載を始めることはなかった」（「あとがき」）と書いているように、「百人斬り競争」について、全編にわたって繰り返し否定する見解を饒舌に書いている。『東京日日新聞』の「特ダネあさり」の記者が「百人斬り競争」という「創作記事」を書き、南京軍事法廷で二人の将校を処刑させた、それを戦後の今になって本多記者の「中国の旅」の「殺人ゲーム」という「再度の創作記事」によって二人の将校は「殺人鬼としての復活」をさせられた、という主張である。

南京大虐殺も「全部デマ」と主張、その理由は、アメリカ軍はマニラに突入して掃討戦に三週間もかかっている、しかし、日本軍は一九三七年一二月一二日に南京に突入して一七日には入城式をおこなっている、それは掃討戦も南京大虐殺もなかったからである、もしそれをやっていたなら入城式は「おめでたい日」を選んで、二週間後の一月一日に入城式祝賀を合わせておこなったはずだという「簡単」なものである。中支那方面軍司令官の松井石根が、師団長クラスの早すぎるという反対を押し切って、入城式を一七日に強行したという、初歩的な事実も確認せずに書いている。南京事件における大量虐殺は、上海派遣軍司令官朝香宮という皇族が入城式に参列するために、「宮様にもしものことがあっては」と全軍あげて大規模な残敵掃討・殲滅作戦をおこなった結果発生したのである。

洞富雄『南京大虐殺——「まぼろし」化工作批判』（現代史出版会、一九七五年）

一九〇六年生まれ、近世・幕末史を専門にしていた早稲田大学教授洞富雄が、六九歳の「老骨にむちうって」南京大虐殺の「まぼろし」化工作をする論者に「論争を挑んで」雑誌などに逐一批判を書いてきた論稿を単行本にまとめたのが同書である。

天皇制ファシズム・軍部独裁がもたらした悲惨な戦争の時代を生きてきた洞にとって、「日本の戦争犯罪の象徴的事件である南京アトロシティーズをも〝まぼろし〟化しようとする論著さえ発表されて、それが一部の人たちのあいだに迎えられているといった思想状況が生まれかかってきている」ことにたいして、「再びファシズムの潮流が跋扈《ばっこ》しつつあるかに見える今日」「私は歴史家として、〝まぼろし〟の霧を晴らし、歴史的事実を解明しなければならぬ責務にかられて、本書の執筆にとりくんだ」のである（「はしがき」）。

同書で洞富雄が南京大虐殺の「まぼろし」化工作をしようとする論著として批判したのが、鈴木明『「南京大虐殺」のまぼろし』とイザヤ・ベンダサン『日本教について』、山本七平『私の中の日本軍』である。

「第一部「百人斬り競争」は虚報か」では、「百人斬り競争」は『東京日日新聞』記者の「創作記事」であるという鈴木、山本の主張の根拠の一つ一つにたいして、洞は丁寧に史料にもとづいて、鈴木、山本の主張の誤りを指摘し、批判していった。

たとえば、鈴木明が「百人斬り競争」が『東京日日新聞』の浅海《あさみ》記者の「創作記事」であったと書いたのにたいして、「「南京百人斬り」の〝虚報〟で死刑犯を見殺しにした記者が今や日中かけ橋の花形」(『週刊新潮』一九七二年七月二九日)のなかで、同新聞に掲載された向井と野田の写真を撮った同新聞のカメラマンだった佐藤振寿《しんじゅ》が、向井・野田の両少尉が語ったままを記事にしたと述べ、浅海記者の「創作」ではないことを明らかにした。『週刊新潮』の記事はタイトルと中身の違う奇妙な記事で、中身は「虚報」ではなく「実報」であったことを明らかにしたものである。

また、山本七平がフィリピンにおいて軍刀で人を斬った自分の体験から、日本刀は軟弱で、「日本刀で本当に斬れるのはいいところ三人」と断言したのにたいし、刀剣修理の技術者として中国戦場へ赴き、たくさんの損傷刀を修理してきた、刀剣研究家・成瀬関次の『戦ふ日本刀』(一九四〇年)のなかから、南京攻略戦のさい三七人斬り、徐州戦で一〇人、計四七人を斬った金沢出身の時目と名乗る一少尉の話を引用して、反論している。

「百人斬り競争」は、『東京日日新聞』の記事にあるような「正当」な戦闘行為ではなく、その意味で新聞報道には「虚報」の側面があったが、無抵抗の捕虜を斬ったのがその真相であった、というのが洞の事実認定である。

「第二部「南京大虐殺」はまぼろしか」では、「鈴木明氏のめざましいルポ活動」と題して、鈴木の取材方法の欠陥や問題点を裏付け資料を提示しながら批判、「山本七平氏の「資料批判」」と題して、山本の記述に、記録の誤読、人名の誤記・誤認、引用資料の思い違いや混乱などが多く、資料の原典にあたることなく記憶にたよって文章を書き流している山本の叙述スタイルを批判した。

当時、歴史研究者として南京事件を専門に研究していたのは、洞だけであった。洞は歴史家として誠実に、鈴木や山本の間違いや問題点をいちいち論拠の史料を提示しながら批判を展開したのであった。しかし、鈴木や山本からの「再反論」を二年間も待ったがなかったという。山本七平『私の中の日本軍』は、文春文庫として出版されたさいも、洞が丁寧に指摘した明らかな誤記・誤認の箇所は訂正・修正されておらず、洞の批判を検討した痕跡もない。

本多勝一編『ペンの陰謀——あるいはペテンの論理を分析する』（潮出版社、一九七七年）

同書は前半に、早稲田大学講師の柳田邦夫、相模工業大学教授で神奈川の宝生寺住職である佐伯真光、文芸評論家・作家の高崎隆治、劇作家・評論家の菅孝行、ジャーナリスト・評論家の松浦総三、評論家の北沢方邦らが、山本七平の言論と思想とその役割を批判した論稿を収める。

菅孝行は、山本七平が彗星のごとく「論壇」を席捲し、精力的に反公害闘争、差別糾弾闘争への批判を展開、すぐれて理知的な装いの反体制運動批判のイデオローグの地位についたのは、「戦中体験の批判的開陳と、聖書学の教養の駆使とを二本の足とする山本の記述は、その一見公平な良識性と、覚めた理知性をバックボーンにした憂国の志の衝迫のゆえに、広範な読者に「説得力」を持った」からであろうと推測している。松浦総三は『諸君！』においてイザヤ・ベンダサン＝山本七平が総帥となって連載ものを連発、「日本人論と日本文化論」は彼の独壇場であったと分析、その内容は「日本人を特殊化して、日本には欧米的な民主主義は適さないことを説き、日本防衛を力説して、間接的に天皇制をバックアップする」ものであったと指摘する。

同書の後半は、山本七平の「百人斬り競争」・「南京大虐殺」否定論への反論を収める。洞富雄「「〝南京大虐殺〟はまぼろし」か」は、洞前掲書の第二部の再録である。浅海一男「新型の進軍ラッパはあまり鳴らない」は、否定論者から「百人斬り競争」の「創作記事」を書いて二人の将校が処刑される口実を作ったと批判された、『東京日日新聞』の元記者が記事を書いた当時の経緯を回想して、反論したものである。

浅海は、戦争に狩り出される前は平和な家庭のよき父親であり、息子であった日本軍の下級将校や兵士たちが、上海から南京攻略への強行軍のなかで、「人間が非人間の方向へ変わっていき」中国人から「東洋鬼」と恐れられた「殺人鬼」になっていった経緯を目撃したことを記している。「百人斬り競争」をした二人の将校は特殊ではなかったということである。浅海は自分たちの記事は、二人の将校が語ったことをそのまま記事にしたことを述べるとともに、二人の将校を死刑にした南京軍事裁判の「あの判決はけっして百パーセント完璧なものであったとはいえないと確信しています」と述べ、南京裁判の不当性をこそ問題にして抗議すべきではないかと述べている。

鈴木二郎「当時の従軍記者として」は、浅海記者とともに書いた「百人斬り」の記事を「でっち上げ」「フィクション」と批判する論稿が『諸君!』に連載されたのに驚き、当時の田中健五編集長に反論の原稿を「載せてほしい」と送ったが黙殺されたことを記している。さらに南京占領当時、自分たちより遅れて南京城に入って虐殺のすさまじさを知っている大宅壮一が、自分の名前をつけた大宅壮一ノンフィクション賞が『「南京大虐殺」のまぼろし』に贈られたことにたいして「大宅さんも地下で苦笑しているに違いない」と書いている。そして、当時二人の将校が「逃げるのは斬らない」といった言明を深く信じて記事にしたのに、四〇年後の現在、志々目彰が聞いた投降兵、捕虜を斬ったという話（前述）に「大変なショックを覚え、「裏切られた」という感じで一パイである」と書いている。

鵜野《うの》晋太郎「日本刀怨恨譜——「百人斬り競争」とは「据え物斬り競争」のことだ」は、南京戦場ではないが、陸軍将校として中国戦場を転戦、その間に、日本刀で「据え物斬り」（無抵抗の者を並べておいて軍刀で斬首殺害すること）などにより自らの手で四五人の中国人を殺害したことの告白である。自分の体験から日本刀は銃撃戦が主の白兵戦では用をなさないが、まったく無抵抗の人を斬首殺害するには軽便な殺人用具であったと述べる。

「百人斬り競争」は、進撃途上で隣の部隊から「どうぞどうぞ」と捕虜の提供を存分に受けた二人の将校が「据え物斬り競争」をやったというのが実態であろうと述べ、「私も含めて何百何千もの野田・向井がいて、それは日中五〇年戦争――とりわけ「支那事変」の時点での〝無敵皇軍〟の極めてありふれた現象に過ぎなかったのである」と記している。

以上、本多勝一の「中国の旅」に端を発して展開された「百人斬り論争」を中心とした南京事件論争によって、「百人斬り競争」は、『東京日日新聞』の記事で報道されたような戦闘中の行為としておこなわれたのでなく、中国兵の投降兵、捕虜などにたいする日本刀による斬首の数を競ったものであり、本多勝一が「日本刀の「百人斬り」とは、実は「据え物百人斬り」だったことがわかる」（前掲書）と書いたような実態が浮かびあがってきたといえる。

七〇年代に形成された「否定の構造」

ところで、現在におよぶ南京大虐殺否定論の氾濫を考えるとき、一九七〇年代に「言論・報道界のなかの「南京大虐殺否定の構造」」（拙稿「戦争肯定論の軌跡と現在」、拙著『南京事件と三光作戦』大月書店、一九九九年所収）が形成されたことに注意しておく必要がある。

松浦総三編『「文藝春秋」の研究』（晩聲社、一九七七年）によれば、一九六〇年代の安保反対運動などの市民運動、左翼運動の高揚に直面した自民党がマスコミ対策に乗りだし、「極右・現実右翼・自民党支持の文化人ばかりを結集した日本文化会議による学者・文化人と、文春文化人を執筆者として、文藝春秋編集部によって編集された右派オピニオン雑誌」として創刊したのが『諸君！』である。創刊は「七〇年安保」を迎えた一九六九年五月で、同年秋から清水幾太郎のマンションに、西義之、木村尚三郎、志水速雄、中嶋嶺雄、香山健一、山本七平（後に渡部昇一も加わる）らが集まって月例の「談話会」を始めた。その幹事長が『諸君！』編集長となった田中健五であった。同サロン（「諸君サロン」という）は、「体制派知識人」による戦後民主主義への攻撃を組織的なかたちでおこなうためのものであった（林彰「反動デマゴーグ渡部昇一の思想とその役割」『人民の歴史学』七七号、一九八三年九月）。

松浦総三「背景としての『諸君！』と『文藝春秋』」（前掲『ペンの陰謀』）によれば、一九六九年は自民党の文化攻勢開始の年になり、自民党支持の「文化人名簿」を作成して講演や選挙応援演説、さらにさまざまなメディアにおける活用をはかることにした。大企業からの政治献金が山ほどある自民党が金と名声に弱い学者、ジャーナリスト、作家、評論家たち、つまり「ペンは剣よりも金に弱し」となってしまった文化人を組織して、一九七〇年代後半には「今まさに栄華の自民党文化人」という、つぎのような自民党系の言論・出版・報道メディアの構造が形成されたのである。

政府・自民党文化人は、正に百花繚乱《りょうらん》として咲き乱れるの観がある。その中心は、「日本文化会議」の人びと、雑誌『諸君!』グループ、そしてサンケイ新聞『正論』グループなどの人びと、と三つに分けることができる。しかし、この三つのグループは、天皇支持、親米、反共という点では完全に一致しているから、人脈的には相当ダブッているようだ。〔中略〕『諸君!』グループの中心は日本文化会議グループであるが、日本文化会議のシンパや文藝春秋の常連ライターも、かなりふくまれている。『正論』グループはサンケイ新聞の「正論」というオピニオン欄に、執筆する学者やジャーナリストたちで、これまた日本文化会議の人びとが多くふくまれている。

舞台は、自民党政府権力のきいている放送を足場として、サンケイ新聞、月刊『文藝春秋』、月刊『諸君!』、月刊『正論』などで、縦横の活躍をつづけている。このほか『中央公論』は、一時ほどではないにしても、多くの自民党派文化人たちの活躍の舞台となっている。そのほか、週刊誌では『週刊新潮』の「東京コンフィデンシャル」や『週刊文春』、『週刊サンケイ』などの編集に自民党文化人の影響力がみられるし、これらの週刊誌には、コメンテーターとして、頻繁に出場している。〔中略〕テレビでも細川隆元を大将として、藤原弘達、土屋清、加藤寛、草柳大蔵父娘、村松剛、神谷不二、高坂正堯、会田雄次ｅｔｃが、ブラウン管せましとばかり暴れ廻っている。

雑誌『正論』が産経新聞社長鹿内信隆《しかないのぶたか》によって創刊されたのは七三年一〇月で、当初は季刊誌だったが、七四年五月号から月刊になった。一九七〇年代に形成された上記のような自民党系・保守勢力の言論・出版・報道メディアの構造は、「言論・報道界のなかの「南京大虐殺否定の構造」」そのものであり、この構造のなかから、つぎつぎと南京大虐殺否定論者が抜擢、育成され、否定説が絶えることなく流布されていくのである。

第四章　一九八〇年代——「論争」の本格化

1 高度経済成長と国民の戦争認識の変化

一九六〇年代に本格的な高度経済成長をなしとげた日本は、一九六八年には国民総生産（GNP）がイギリス、西ドイツを抜き、アメリカ、ソ連につぐ世界第三位となった。さらに、八六年からバブル崩壊の九〇年までの五年間、日本はいわゆるバブル経済に踊った。この期は中曾根康弘の長期政権（第一～三次、八二年一一月～八七年一一月）がつづいた時期と重なる。

中曾根首相は、高度経済成長をとげ、経済大国となった日本を対ソ戦のための「不沈空母」にたとえ、「戦後政治の総決算」を唱えて、憲法改正と軍備拡張を主張し、自民党軽井沢セミナー（八五年七月二七日）での講演で、戦争の侵略性・加害性を承認する見解を「東京裁判史観」「マルキシズム戦争史観」などと批判したうえで、「自虐的な思潮」からの脱却と日本人としてのアイデンティティの確立を強い調子で訴えた。そして八五年八月一五日、中曾根首相の肝煎《きもい》りで設けられた「閣僚の靖国神社参拝問題に関する懇談会」の報告を受けるかたちで、戦後の首相として初めて靖国神社に参拝し、アジア諸国から強い反発を呼びおこした（吉田前掲書）。

戦後の日本政府は、サンフランシスコ講和条約の第一一条で対外的には東京裁判の判決を受諾しておきながら、国内政治においては、戦争の侵略性や加害性を否定する教科書検定をおこならなどダブル・スタンダードの姿勢をとってきたが、中曾根内閣の「戦後政治の総決算」論、「東京裁判史観」克服論は、それをさらに極端にした。その後、戦勝国が敗戦国を一方的に裁いた野蛮な復讐裁判であった東京裁判によって日本人に植え付けられた「敗戦コンプレックス」「自虐意識」から抜け出すべきときがきたという東京裁判否定論がいっそうさかんになっていった。東京裁判否定論と南京大虐殺否定論がセットになっていることはいうまでもない。

ドイツとの違い

日本と対照的にドイツにおいては、井関正久『ドイツを変えた68年運動』（白水社、二〇〇五年）にあるように、一九六〇年代に高揚した西ドイツ学生運動において、ナチの過去をめぐる大規模な論争があり、若者たちによって、ナチ台頭を許した親の世代への批判と、その世代が継承する権威主義的な体質への拒絶反応が高まり、ナチの過去への追及が社会現象となった。六〇年代後半になると、過去をめぐる議論はキャンパスの枠を超えて、個々の家庭内でもされるようになった。父親たちがナチ時代にどのような生活をおくり、ナチ政権をどうとらえ、あるいは体制とどのように折り合いをつけていたのかが、一般家庭でも重要な議論のテーマになった。こうした問いかけによって、ナチ時代を経験した親の世代にたいする若者の批判がいっそう徹底したものとなっていったのである。

一九六八年に頂点に達した西ドイツ学生運動（六八運動）を担った学生たちが「六八世代」

として政治運動、社会運動を継承し、西ドイツ政府さらに統一ドイツ政府が「過去の克服」に取り組む原動力の一つとなったのである。

しかし、戦後日本社会では、一九六〇年代から七〇年代の学生運動の高揚期においても、親の世代の侵略・加害問題を直接問い、議論するようなこともなく、「過去の克服」へ向かったドイツとは逆に、中曾根首相に代表される公然たる戦争肯定の言論と現象が、日本全国において広く見られるようになっていった。

一九六〇年代から七〇年代前半にかけて諸部隊を単位にした戦友会が多数結成され、八〇年代前半には部隊史・連隊誌など戦友会中心の戦闘記録、回想録、追悼誌などの出版ブームがピークを迎えた。さらに七〇年代には全国における「慰霊碑」「顕彰碑」の建設ブームが到来、地域では戦前の帝国在郷軍人会のメンバーがその中心になった。

渋谷行雄編集・高橋文雄著『野州兵団奮戦記』(中央通信社、一九八三年)は『栃木新聞』に「野州兵団の軌跡」と題して二年間にわたって連載されたのち単行本にまとめられた「郷土部隊第一四師団、第一一四師団の苦闘」の戦記である。著者の高橋文雄は、元陸上自衛隊宇都宮駐屯地の広報室長だった。第一一四師団も南京事件にかかわっているが、同書には「南京虐殺は虚構」という小見出しをつけて、南京大虐殺は誤解、曲解により誇大宣伝されたもので、「真相は、鈴木明『「南京大虐殺」のまぼろし』で究明されている」と書かれている。鈴木明の本は南京大虐殺の事実を全面否定はせず、全体の真相が「まぼろし」であるとしたのであるが

(前述)、このように南京事件の事実を否定する本として持て囃されたのである。

高度経済成長以後の社会生活の変化にともなって戦争体験者の戦争認識が変化し、かつて「大東亜共栄圏構想」を掲げて「アジアの盟主」たらんとした日本は、軍事的には敗北したけれど、こうしてアジア第一の経済大国になり、経済的には「アジアの盟主」になった今日を見れば、敗戦は一時的な後退にすぎず、軍事的犠牲の上に経済的成功があったのだとして、「大日本帝国」と「経済大国日本」をオーバーラップさせて戦争を肯定的にとらえる考え方は、元兵士たちだけでなく、政府・財界を中心に国民にも広く浸透していった。

教科書問題の発生

政府・財界に憲法と教育基本法の改正を主張する「戦後見直し論」「戦後総決算論」が強まるなかで、文部省(現在は文部科学省)は一九七七年に改訂「小・中学校学習指導要領」を告示、「君が代」を初めて「国歌」と明記し、祝日・儀式に国旗掲揚と国歌斉唱を「望ましい」と奨励した。八〇年一月から四月、自民党機関紙『自由新報』が「いま教科書は」を連載、平和主義・民主主義を掲げ、日本の戦争を侵略戦争として否定的に描く社会科教科書が「偏向」しているると批判、戦後日本における第二次教科書攻撃が開始された。同年一二月自民党政調会文教部会は、戦後教育見直しのための五つの小委員会を設置、その一つに教科書小委員会を設け、その初会合で、社会科教科書の「偏向」を批判した。八一年二月、福田信之(筑波大学学長)

監修『疑問だらけの中学教科書』を発行、平和教材を掲載する教科書を「偏向」と非難した。

こうした教科書攻撃と並行して「教育正常化のため、色のついた教科書の大掃除をするため、教科書検定を強化せよ」という声が自民党内に強まった。そして一九五五年に民主党が『うれうべき教科書の問題』を発行し、平和主義・民主主義を尊ぶ社会科教科書を「偏向」と攻撃した第一次教科書攻撃のさいと同じように、その結果が教科書検定の強化となってあらわれた。

一九八二年六月、新聞各紙は、高校社会科教科書の文部省検定結果を報道し、多くの教科書で侵略の記述が薄められ、「侵略」という記述に検定意見がつき、「進出」「侵入」「侵攻」などという記述に改めさせられたと伝えた。こうした厳しい検定結果にたいして、国内だけでなく、中国政府が教科書検定の「歴史の改竄《かいざん》」に抗議、教科書記述の是正を要求、韓国政府も教科書問題で姿勢を硬化し、正式に抗議するとともに記述の是正を要求、さらにベトナムやマレーシア、シンガポールなどの他のアジア諸国からも強い批判が寄せられ、国際問題化した。

自民党の教科書攻撃のたびにターゲットにされるのが南京事件の記述である。第一次教科書攻撃の結果、歴史教科書から消えた南京事件の記述が再び登場するようになったのは、一九七四年度検定の日本書籍と教育出版の中学校社会科歴史で、以後他社の教科書や高等学校の日本史教科書に記述されるようになった。これは前章で述べた日中国交樹立に前後して日本の侵略・加害の歴史を直視しようという動きと、文部省の教科書検定を憲法違反として提訴した家永教科書裁判が一九六五年から開始され、七〇年には、文部大臣のおこなった教科書検定の不合格処分は憲法二一条、教育基本法一〇条に違反しており、教育権は国民にあるとして、国家の教育権を否定した「杉本判決」（東京地裁）が出されたことなどが背景にあった。こうした動きにたいして第二次教科書攻撃がかけられたのである。

家永教科書裁判

家永三郎東京教育大学教授が執筆した高校日本史教科書『新日本史』（三省堂版）一九八〇年度検定の原稿本の脚注「南京占領後、日本軍は多数の軍民を殺害した。南京大虐殺《アトロシティー》とよばれる」という記述に、修正意見がつけられた。「このままでは、占領直後に、軍が組織的に虐殺をしたというように読みとれるので、このように解釈されぬよう表現を改めよ」というものであり、さらに具体的に「多数の中国軍民が混乱にまき込まれて殺害された」と記述して、殺害の主体に言及しないようにするか、あるいは「混乱のなかで、日本軍によって多数の中国軍民が殺害されたといわれる」と記述して、日本軍の行為であるというのが単なる伝聞にすぎないことを明らかにして、日本軍の行為であるとの評価を避け、かつ、それが「混乱のなか」での出来事であったことに必ず言及せよ、というものだった。

この修正意見について、教科書調査官が、これを主張して譲らないので、家永はやむをえず原稿本を「日本軍は、中国軍の激しい抗戦を撃破しつつ激昂裏に南京を占領し、多数の中国軍民を殺害した。南京大虐殺《アトロシティー》とよばれる」と変更して検定合格となった（教科書検定訴訟を支援する全国連絡会編『家永・教科書裁判　第三次訴訟地裁編第4巻　南京大虐殺・七三一部隊』ロング出版、一九九一年）。

家永三郎は、一九八三年度改訂検定（全部ではなく部分改訂への検定）申請の『新日本史』の原稿本の脚注に「日本軍は南京占領の際、多数の中国軍民を殺害し、日本軍将兵のなかには中国婦人をはずかしめたりするものが少なくなかった。南京大虐殺《アトロシティー》とよばれる」と記述した。これにたいして、「日本軍将兵のなかには中国婦人をはずかしめたりするものが少なくなかった」の部分を削除せよとの修正意見がつけられた、その理由は「軍隊において士卒が婦女を暴行する現象が生ずるのは世界共通のことであるから、日本軍についてのみそのことに言及するのは、選択・配列上不適切であり、また特定の事項を強調しすぎる」というものだった。このため、家永はやむをえず原稿本を「日本軍将兵のなかには暴行や掠奪などをおこなうものが少なくなかった」と変更して検定をパスした。

家永三郎は、一九八〇年度と八三年度の教科書検定によって検定不合格とされ修正をやむなくされた記述の八カ所（侵略という用語、南京大虐殺、中国婦人凌辱、七三一部隊、沖縄戦での県民殺害など）について、八四年に教科書裁判の第三次訴訟を提訴した。ちなみに第一次訴訟は六五年に第二次訴訟は六七年に提訴され、前述の杉本判決は第二次訴訟の第一審（東京地裁）におけるものだった。こうして、南京事件をめぐる論争は、教科書裁判の法廷において展開されることになった。

このときの検定で、主任教科書調査官として修正意見をつけたのは、時野谷《ときの や》滋《しげる》（『家永教科書裁判と南京事件——文部省担当者は証言する』日本教文社、一九八九年の著者）である。家永教科書の南京大虐殺の記述は、一九七六年度検定では、まったく同じ記述が問題とされることなく合格していたのに、八〇年度検定において不合格にした理由は、時野谷によれば、鈴木明『「南京大虐殺」のまぼろし』が第四回大宅壮一ノンフィクション賞をとったりして、南京事件の見解も多様化してきたので、学界の状況に対応する修正を求めた、ということである。さらにこの間に松本重治『上海時代』が出版され（一九七五年）、そのなかに一九三七年一二月一八日の慰霊祭で松井石根が泣いて将士を叱りつけたとあることから、軍令として組織的に南京大虐殺をおこなったといえないことが証明された、というのである（一二月の慰霊祭が松本の記憶違いであることについては本書四二頁）。

同裁判で一九八七年一〇月、国側証人として証人台に立った戦史研究家の児島襄は「当時（八〇年代検定当時）を考えてみましても、まあ「大虐殺」という見方をする人もいるし、「幻だ」というように言う人もいるわけで、一口に言って議論百出といったような感じだったと思います。今でも、こうだという実証的なものを基礎にした統一的な見解というものはなかなか見当たらないんではないか、というように思われます」と証言している（時野谷前掲書）。

文部省の歴史教科書検定で南京事件の記述をさせまいとする姿勢は、現在にいたるも一貫しており、そのためには南京事件の事実が定説になっていないことを印象づけるために、その時々に否定説を書いた「歴史書」と「研究者」の存在が必要であるという構図がこのときに形成されていたのである。

2 南京虐殺「虚構説」の登場

家永教科書裁判に対抗して、国際化した教科書問題発生以後改善された歴史教科書の「南京大虐殺」「侵略」「北方領土問題」の〝墨塗りなどによる抹消〟を求めて、「教科書を正す親子の会」を組織、一九八四年に原告代表となって教科書逆訴訟を起こしたのが、田中正明である(同逆訴訟にたいして東京地裁は九二年に原告らは訴訟の適格を有しないとして却下の判決を下した)。田中は青年時代、松井石根が会頭であった「大亜細亜協会」の機関誌『大亜細亜主義』の編集を担当し、松井の秘書もつとめたという経歴をもつ。教科書裁判や教科書問題に対抗して、八〇年代半ばに精力的に南京虐殺「虚構説」を書いたのが、田中正明であった。

田中正明『パール博士の日本無罪論』(慧文社、一九六三年)

東京裁判における「パル判決書」は、本書(八一頁)に記したとおり、南京暴行事件の事実は立証されたと認定したうえで、松井石根の「不作為の責任」で死刑とすることは証拠不十分であると反対したのであるが、同書はパール判事が南京事件が引き起こされたことを認定した事実には意図的にふれず、松井石根の死刑判決批判を南京暴行事件もなかったという否定説に利用していることにおいて、パール判事の本意に反している。中島岳志『パール判事——東京裁判批判と絶対平和主義』（白水社、二〇〇七年）は、田中の本が、明らかな誤読や改竄、ミスリーディングを誘う記述、意図的な割愛など、パールの主張から大きく逸脱している部分があることを指摘、「日本無罪論」というタイトルが「パール判決書」の趣旨から逸脱しているので、「A級戦犯無罪論」と限定すべきであったと批判している。さらに、パールが南京虐殺事件を事実と認定し、「鬼畜行為」と激しく批判していることに田中の本が一切触れていないことを批判している。そして中島は、「東京裁判史観」を批判する論客が、「パール判決書」の都合のいい部分だけを切り取って、「大東亜戦争肯定論」のような歴史観を補強するために利用しているのを厳しく戒めている。

田中正明『〝南京虐殺〟の虚構——松井大将の日記をめぐって』（日本教文社、一九八四年）
田中正明編『松井石根大将の陣中日誌』（芙蓉書房、一九八五年）
田中正明『南京事件の総括——虐殺否定十五の論拠』（謙光社、一九八七年）

これらの田中正明の著作は、一九七〇年代から八〇年代にかけて経済大国となった日本が「敗戦コンプレックス」から脱却し、その元凶となった東京裁判を対外的、国際的にではなく、あくまでも国内的に国民の意識において克服すべきであるという風潮が強まったことに乗じて、戦後長い間公言できなかった南京事件否定説を一挙に書き上げたという感がある。田中の主張は、『〝南京虐殺〟の虚構』の「あとがき」にあるつぎの記述に集約される。

戦後四十年にもなろうというのに、敗戦後遺症というか、東京裁判で断罪された「日本罪悪史観」が、いまだに尾を引いて、それが言論界ばかりでなく、教科書にまで及び、今や抜きがたい強靭な根をはっているという現実は、今さらながら驚くべきものがある。〔中略〕

南京事件は、東京裁判によって初めて世に知らされた事件である。いうまでもなく東京裁判は戦勝国が一方的に敗戦国日本を裁いた裁判である。すなわち戦争の責任は一切敗戦国にあるとし、日本を〝悪玉〟に仕立てて、その罪科を政治的に宣伝し断罪したのがこの裁判である。ナチス・ドイツのアウシュヴィッツに匹敵する日本軍の残虐行為としてでっち上げたのが南京事件で、従って南京事件を解くカギは東京裁判の見直しにある。東京裁判の虚偽の仮面を剝ぎ取ることによって、初めて南京事件は解明されるというのが、私の見方である。従って「東京裁判史観」が罷《まか》りとおっている間は、南京事件も教科書問題も是正されることはないであろう。

田中正明の否定論は、東京裁判の判決を否定するためのものであり、第二章に「否定論の原形」として紹介した、東京裁判の法廷ですでに破綻している弁護側の論法と重なる。しかし同じ否定論が現在にいたるも東中野修道《しゅうどう》（後述）もふくむ論者によって繰り返し主張されている。それらの主要な論点を以下に箇条書にして列挙してみる。

①日本の一二〇人もの特派記者やカメラマンが日本軍占領下の南京市内の取材にあたったが南京事件は報道されていない。②国民党軍も中国共産党も南京大虐殺があったなどといっていない。③諸外国の新聞・雑誌にも何十万という大虐殺があったという報道はなかった。④当時の国際連盟でも南京事件は議題になっていない。⑤高級将校、高級官吏、新聞記者たちにも情報は入らなかった。したがって国民も知るよしもなく、噂さえ聞いていなかった。⑥当時は国際的にも知られず、敗戦後、東京裁判が始まってから初めて世界は「衝撃を受け」「国際非難」が高まった。⑦「宣伝や粉飾にかけては天才的な中国人」なので、中国人の被害証言は信用できない。しかも被害体験者は厳しい言論統制のもとにある共産主義国の人民である。⑧東京裁判における、中国人の証言は偽証罪がないことをいいことに、「白髪三千丈」式の誇大宣伝と、自己の無謬性をいいたてるため、日本軍の残虐行為を針小棒大に宣伝したもの。

以上①〜⑧の田中の否定論は、本書の第一章、第二章を読んでいただければわかるように、いずれも事実に相違するものである。

田中正明が、確信犯的な否定論者であることは、中島岳志前掲書でも批判されているが、史料の改竄を平然とおこなったことからも明らかである。田中正明編『松井石根大将の陣中日誌』に多くの改竄箇所があることは、『朝日新聞』（一九八五年一一月二四日）に「「南京虐殺」史料に改ざん　今春出版の『松井大将の陣中日誌』九〇〇ヵ所、原文とズレ　雑誌編集長ら誤り発見」と題して大きく報道され、その詳細が板倉由明「松井石根大将『陣中日誌』改竄の怪」（『歴史と人物』一九八五年一二月号、中央公論社）に掲載された。

「松井石根大将陣中日記」は『南京戦史資料集Ⅱ』（偕行社、一九九三年）に収録されたので、それを田中編のものと対照して見ると改竄の意図までがわかる。ここでは二例だけ紹介する。

①一九三七年一二月二三日の日誌に、原文にない以下の文章を加筆。「此日南京占領後の我方の態度方針を説明する為め外人記者団と会見す。最初南京占領と其国際的影響を知るために紐育《ニューヨーク》タイムズのアベンド、倫敦《ロンドン》タイムズのフレーザーを招致し、然る後在上海の各国通信員と会見す。質問は主として、首都陥落後の日本の方針及パネー号に対する善後処置なり」。その後に「編者注」として「南京占領から十日を経た外人記者団との会見において、松井大将が「南京虐殺」に関する質問を受けたという様子が全くみられない点、注目すべきである」と書いている。これは、当時外国の新聞も南京事件の報道をしなかったという田中の否定論を「証明」しようとしておこなった捏造の加筆で、ご丁寧に「編者注」まで付している。しかも実際にはハレット・アベンドは『ニューヨーク・タイムズ』（一九三七年一二月一九日）に南京事件を報道し、「南京占領という輝かしい戦いは、〔中略〕日本国がその極悪非道を必ず後悔するような歴史の一ページを書きしるすことになろう」と非難していたのである（南京事件調査研究会編

訳『南京事件資料集①アメリカ関係資料編』青木書店、一九九二年)。

②一九三八年二月六日の日誌原文の、避難民の帰来が遅れている理由を記述した以下の長文を全文削除。

我軍に対する反抗というよりも恐怖、不安の念の去らざること其重要なる原因なるべしと察せられる。即ち各地守備隊に付其心持を聞くに到底予の精神は軍隊に徹底しあらざるはもちろん、本事件につき根本の理解と覚悟なきに因るもの多く、一面軍紀風紀の弛緩が完全に恢復せず、各幹部またとかく情実にながれ、または姑息に陥り、軍自らをして地方宣撫に当たらしむることの寧ろ有害無益なるを感じ、浩歎《ママ》の至なり。

この削除された文章は、本書(四一頁)に記したように、松井石根が南京事件の不作為の責任により中支那方面軍司令官の解任、召還を告げられ、憤懣の気持をいだいて翌二月七日の慰霊祭の後に師団長以下に「泣いて怒った」前日の記述である。削除された記述から、松井が南京暴行事件を知っており、それを犯した中島今朝吾《けさご》師団長麾下の第一六師団を南京警備に残留させたのが「有害無益」であったと嘆いていたことがわかる。本書で詳述したように松井は南京事件を認めたうえで、しかし最高司令官としての不作為の責任は自覚せず、自分の軍紀粛正命令に反した師団長以下に責任を転嫁していたことがよくわかる。

田中正明がこの文章を削除したのは、「本事件につき」と松井が南京暴行事件を知っていた事実を隠蔽しないと、当時日本軍の上級将校も知らなかったという彼の否定論に不都合であったからである。このように田中正明は、否定のための史料改竄を平然とおこなったのである。

3 南京事件調査研究会の発足と研究の進展

南京大虐殺は「まぼろし」「虚構」であるといった否定説が『諸君!』『文藝春秋』などに繰り返し掲載されるようになった状況に対応して、一九八四年三月、南京事件調査研究会が発足した。その目的は第一に、いわゆる「まぼろし派」が自らの政治的立場やイデオロギーを歴史的事実に優先させ、事実そのものを無視ないし歪曲しているのにたいし、南京事件の実態をできるかぎり正確にかつ多面的に明らかにする、第二に、南京事件の歴史的教訓を真の日中友好と国民自らの主体的平和意識形成の糧としたい、とするところにあった。また折から進行中の家永教科書裁判を積極的に支援していくことも目的とした（吉田裕「南京事件調査研究会」『近きに在りて』第八号、汲古書院、一九八五年一一月）。

会員は中国研究者・日本史研究者・歴史教育者・ジャーナリスト・弁護士・市民など約二〇名からなり、月一回の例会を重ねながら研究と情報交換を進め、中国側文献資料、日本側文献資料、欧米文献資料、関係者からの聞き取りなどさまざまな角度から南京事件の研究をおこなった。

南京事件調査研究会は、一九八四年一二月、南京歴史学会の招きで訪中団を結成（団長藤原彰、事務局長吉田裕）、南京を訪れて、南京事件生存者からの聞き取り、文献資料の収集、南京市歴史学会との学術交流などをおこなった。つづいて、八七年一二月、八五年八月に開館した「侵華日軍南京大屠殺遇難同胞紀念館」（南京大虐殺記念館）を訪れて第二次調査をおこなった（第一次訪中団員に顧問洞富雄が加わる）。第二次調査の成果は、洞富雄・藤原彰・本多勝一編『南京大虐殺の現場へ』（朝日新聞社、一九八八年）として出版された。

南京事件調査研究会の活発な研究活動に支えられながら、会員おのおのによる研究成果がつぎつぎと公刊されるようになった。その主立ったものを以下に紹介する。

洞富雄『決定版　南京大虐殺』（徳間書店、発行現代史出版会、一九八二年）

同書は、前掲『南京事件』のなかの「南京アトロシティー」の部分と『南京大虐殺——「まぼろし」化工作批判』から「〝南京大虐殺〟はまぼろしか」の部分を合わせて再編整理し、根本的に補訂をほどこしたものである。犠牲者数については、関連資料を複雑で困難な手続きをふんで検討した結果の概数を推定し、中国兵の戦死者もふくめて「日本軍の南京占領によって、南京城内外で二〇万人をくだらない中国軍民の犠牲者が生じた」としたうえで、その犠牲者数を「一般市民の被害者」と「戦闘中に倒れたもの、退却中を掃射されて倒れたもの、捕虜や潜伏中を逮捕された敗残兵（いわゆる便衣兵）で集団虐殺されたものなど、兵士たちの死亡者」とに区分し、「その数はたがいにほぼ半ばしていることが推測され、双方とも十万名をくだらなかったであろう」と結論づけている。「三〇万人が実数にちかい」とした前掲書とは変化しているが、洞は以後この「軍民二〇万人犠牲」説をとった。

藤原彰『南京大虐殺』（岩波ブックレット43、一九八五年）

藤原彰の軍人時代の自伝ともいえる『中国戦線従軍記』（大月書店、二〇〇二年）にあるように、陸軍経理部将校の家に生まれた藤原は、陸軍士官学校の第五五期生として入学、アジア太平洋戦争の開戦を前に超短期教育を受けて一九歳で同校を卒業し、見習士官として中国戦線に派遣された。陸士第五五期生は、新任少尉のときに下級指揮官としてアジア太平洋戦争開戦に遭遇したため、戦死者が多く、同期生の四割を超えたという。二〇歳で中尉となった藤原は、まもなく中隊長となって中国戦場を転戦、黎明攻撃の失敗で重傷を負い、戦後も機関銃弾が胸部に残ったままだといっていた。四五年に国内転勤を命ぜられ藤原は、本土決戦師団第二一六師団の大隊長（大尉）となって姫路で敗戦を迎えたのである。

陸海軍の解体により軍人でなくなった二三歳の藤原は、四六年春に東京帝国大学国史学科に入学、自分が将校としてかかわった戦争の実態、とくに開戦責任の解明、なぜあんな無謀な戦争をしたのか、その責任はどこにあるのかなどという問題を解明しようと、日本現代史とくに軍事史研究を志し、その専門家となったのである。

南京事件調査研究会の指導者であり、同会の活動の牽引車の役割をはたしたのが藤原であり、戦後育ちの筆者にとって戦争と軍隊、戦場の作戦と戦闘についての「生き字引」であった。藤原が、軍事史研究家、戦史研究家を名乗る他の旧日本軍将校と違ったのは、自らの軍隊、戦闘、戦場における体験にたいして、歴史学研究の理論と方法によって厳密な批判と検討を加え、実証性、理論性に裏付けられた歴史事実として再構成する作業をしていたことである。

藤原彰『南京大虐殺』は、ともすればトピック的に扱われてきた南京事件を、日本の軍隊史・戦争史に位置づけて分析し、なぜ大虐殺が起こったのか、その原因を日本の軍隊の歴史的特質や、それを助長した背景にある国民の中国蔑視・差別観にまで言及して検討したものである。また、南京事件でもっとも犠牲者の多かった捕虜の集団虐殺について、武器を棄て抵抗の意志を放棄した者を殺害したのは、国際法違反であるばかりでなく、それ以前の人道上の問題からいって虐殺にあたることを明確にした。

同書は、さらに全面的に改訂されて、『新版　南京大虐殺』（岩波ブックレット・シリーズ昭和史No.5、一九八八年）として出版された。

本多勝一『南京への道』（朝日新聞社、一九八七年）

一九七〇年代のいわゆる「南京大虐殺論争」「百人斬り論争」のきっかけとなった本多勝一『中国の旅』は、南京事件や「百人斬り競争」については、必ずしも本格的に論じたものではなかったが、今度は南京事件の実態を「中国側の視点」から本格的に解明しようとしたのが同書である。

本多は、一九八三年一一月から一二月にかけて、杭州湾・上海から南京まで、中支那方面軍諸部隊が行軍していった経路と戦跡をたどって、被害体験者に取材して証言を収集、それを日本軍側史料によって裏づけながら、杭州湾上陸から南京にいたる日本軍の侵攻過程における暴行の事実を発掘していった。

同書の意義は、第一に、日本軍による虐殺や強姦は、南京占領のさいに突然発生したのではなく、上海・杭州湾から「南京への道」のすべてで起こっていた連続した事件だったのであり、大虐殺は、南京市内だけの孤立した事件ではなく、上海・杭州湾から南京までの広域でおこなわれたことを明らかにしたこと。第二に、多くの被害体験者に取材して、日本軍の暴行の実態について、兵士と見なした青年男子の殺害、老若男女を問わない無差別の殺害、気まぐれの殺害、「腕くらべ」の殺人競争、運搬・雑役のための男子の拉致・連行、強姦、放火、掠奪、人夫の徴発等々、多面的な実態を明らかにしたこと。第三に、南京における捕虜の虐殺の実態や日本軍が「便衣兵狩り」と称したのが実際は民間人男子の虐殺であったことなどを日中双方の側の資料、証言により明らかにしたこと。第四に、東京裁判の証拠として提出された埋葬団体の資料の信憑性を、埋葬団体の活動の当事者による証言で明らかにしたこと、などである。

吉田裕『天皇の軍隊と南京事件』（青木書店、一九八六年）

吉田裕は一九五四年生まれの「戦争を知らない」世代で、出版当時まだ三〇代になったばかりの日本現代史研究者として、「加害の歴史を知らされる機会があまりに少ない若い人たちに読んでいただきたい」（「あとがき」）と書いたのが同書である。吉田の問題意識は、戦後の歴史学研究が、日本の侵略戦争について、日本国内の構造的要因については相当程度明らかにしてきたが、江口圭一が指摘しているように「日本軍が中国でなにをしたかという戦争史の第一義的な問題については、〔中略〕むしろ関心が意外に希薄でさえあり、基礎的な事実さえ把握されていない」（江口圭一「十五年戦争史研究の課題」、同『十五年戦争研究史論』校倉書房、二〇〇一年所収）という研究の現状にたいする反省であった。

吉田が心がけたのは、南京事件の実態の単なる「暴露」に終わらぬよう、事件の奥深い歴史的背景を解明し、南京事件を幅広い歴史的文脈のなかに位置づけることだった。「天皇の軍隊と」というタイトルにしたのは、南京事件の背景を歴史的具体的に解明しようとすれば、それは「皇軍」＝天皇の軍隊の体質や侵略戦争としての日中戦争の歴史的性格、さらには戦争や軍隊を現実に支えた日本社会のあり方や国民意識のあり方などにも及ぶ必要があったからである。

吉田は、本多勝一『南京への道』と同じように、上海戦から南京への追撃戦において、日本軍が略奪、強姦、放火、捕虜の惨殺、民衆の殺戮を繰り返しながら虐殺者集団化していった過程を明らかにし、その過程で日本軍の軍紀は完全に弛緩・頽廃し、そのゴールであった南京占領時に大虐殺が組織的におこなわれたことを、日本軍側の記録・文献史料にもとづいて解明した。本多が中国人被害者の証言を中心にして同様な歴史事実を明らかにしたことにおいて、吉田と本多の本は好一対になっている。南京事件の犠牲者数について、吉田は洞富雄『決定版南京大虐殺』の「軍民二〇万人」犠牲説を学問的にもっとも有力な推定であるとしたうえで、今後関連史料の収集と史料自体の批判的検討の積み重ねとによって、より正確な数値を把握してゆくことが必要であろう、と記している。

同書は、上海戦、上海・杭州湾からの南京までの追撃戦、そして南京攻略と占領時の日本軍の戦争犯罪行為を具体的展開にそって記述したうえで、「南京事件への軍幹部の対応」として、軍幹部は南京事件を発生と同時に知って対応した事実を初めて明らかにした。

さらに同書は、日本軍兵士が南京事件を引き起こした天皇制軍隊の特質からくる要因を二つ指摘する。一つは、兵士の人格と人権を完全に無視した日本軍の極端な管理主義的体質である。その厳しい抑圧状況のもとで、初年兵にたいする陰惨な「私的制裁」（各種のリンチ）に象徴される、自分が受ける抑圧をより下級の者、より弱い立場の者に向けて移譲することによって鬱積した不満や怒りのはけ口にした。それが戦場においては、無抵抗の中国民衆にたいする諸々の蛮行となって爆発した。一つは、中国人にたいする根深い侮蔑意識の存在である。この侮蔑意識は、蛮行にたいする心理的抵抗感を除去し、兵士自身の理性的で人間的な判断を完全に麻痺させる一種のアヘンの役割をはたしたのである。

吉田が南京事件の背景にあった「皇軍」＝天皇の軍隊の体質や侵略戦争としての日中戦争の歴史的性格、さらには戦争や軍隊を現実に支えた日本社会のあり方や国民意識のあり方などにこだわったのは、「そうしたあり方を現在のわれわれはどこまで払拭しきっているのかという不断の自己検証と、そうしたあり方を下からいかに組み変えてゆくことによって新たな平和的秩序を創造しうるのかという課題意識こそが、日本国憲法の平和主義の理念を下から支える歴史意識にほかならないと考えるからである」（序章）。

吉田の問題意識が重要であるのは、南京事件の歴史事実を認めようとしない「まぼろし派」「虚構派」の人たちが、こうした「自己検証」の意識が欠如し、日中戦争を侵略戦争とは認識せず正当の戦争とみなし、「支那」「支那人」という戦時中に中国人を差別した言葉を意識的につかい、中国人の死者や被害者にたいしては無視、無関心であることにおいて共通しているからである。

洞富雄『南京大虐殺の証明』（朝日新聞社、一九八六年）

洞富雄が南京事件について書いた最後の単行本である。このとき洞は八〇歳だった。同書は、田中正明の「虚構説」と板倉由明の「虐殺少数説」を全面的に批判したものである。洞の『決定版　南京大虐殺』とくらべて、この間に発掘、公表が進んだ日本側の諸資料・証言を網羅しているので、批判がいっそう説得的になっている。

洞は田中正明の引用している資料・記録の現物にいちいちあたって、田中の読み方の粗雑さ、資料も読まないで書いているいいかげんさ、さらに洞の田中批判の論文をまともに読んでいないため批判しても意味がないこと、などを丁寧に書いている。また、虐殺者数を過少に計算する板倉由明の「南京大虐殺の数字的研究」（後述）にたいしても、埋葬団体と埋葬記録の扱い方、南京市の人口（常住人口、陥落時の近郊難民の流入、陥落後の人口）、捕虜の組織的虐殺数などを取り上げて、板倉の資料の扱い方、計算方法の誤りや問題点を丁寧に批判している。

同書では、南京事件の犠牲者総数について、「南京城の内外で死亡した中国軍民の数を約二〇万人と推定し、その大半は被虐殺者であった、と考えている。〔中略〕だが、この二〇万人では、まだ、行政区としての全南京市内における犠牲者の総数ということにはならない」と結論づけている。

4 「証言による南京戦史」と『南京戦史資料集』

一九八〇年代のいわゆる「南京大虐殺論争」に刺激されて、この間に南京大虐殺の事実を証明する旧軍関係者の記録・証言がつぎつぎと発掘された。『増刊　歴史と人物』（中央公論社、一九八四年一二月）に掲載された中島今朝吾第一六師団長の日記には、師団長自身が万単位の捕虜の集団虐殺を命令したことが記されていた（「中島今朝吾日記」の一九三七年一二月一日から三八年一月二五日までが偕行社『南京戦史資料集』に収録されている。史料としては全日記の公刊が望まれる）。

畝本《うねもと》正巳は、陸軍士官学校の第四六期生で陸軍大学校を卒業、日中戦争に独立軽装甲車隊小隊長として従軍、のちに陸軍士官学校教官となり、戦後は陸上自衛隊の幹部学校で戦史研究、防衛大学校教授となって軍事史を講じてきたという経歴をもつが、一九八二年の教科書問題の発生を契機に南京事件研究を開始したという。畝本は「東京裁判という報復的政治的裁判を発端として、一部日本人の告発記・研究発表により、「二十万〜三十万虐殺」「野蛮・非人道的な日本軍の暴行」という誤った南京大虐殺説が定着化しつつある」現状に危機感をもって、『偕《かい》行《こう》』（陸軍士官学校出身の旧軍将校の親睦団体・偕行社の機関誌）に、畝本正巳編「証言による南京戦史」の連載を開始した（『偕行』一九八三年一一月号）。

畝本らの趣旨は、南京攻略戦に参加した将校たちの証言を募集して、南京事件が「まぼろし」であったことを証明することにあった。ところが、編集者の意図に反して、虐殺をやった、見たという証言や記録がかなり出てきてしまい、一九八四年四月号から八五年二月号までの連載終了後の『偕行』（八五年三月号）には、編集者の畝本が書いた総括をボツにして、編集部自身が加登川《かとがわ》幸太郎の執筆責任による「その総括的考察」を書くという異例な事態になった。「その総括的考察」は、中支那方面軍司令部の下克上的な指導もふくめて、捕虜の処理の適正を欠いた根本の責任は軍上層部にあるが、しかし前線部隊にも軍紀・風紀の乱れがあり、掠奪・暴行などの不法行為が多発した事実を指摘し、それらの非行を戒めるために、陸軍参謀総長閑院宮載仁親王の軍紀・風紀引き締めの異例な訓示（一九三八年一月四日）が出され、それが中支那方面軍参謀長塚田攻少将から「軍紀風紀に関する通牒」と題して依命通牒を麾下の部隊に発したことを記述。

さらに本書第一章に述べたように南京事件の発生を知った軍中央がアメリカ班の西義章中佐や本間雅晴参謀本部第二部長を南京に派遣して現地調査をおこなってその事実を確認し、参謀総長の訓示を出したことなどをあげ、「南京事件はその当時、すでに軍によって大きな問題として扱われたようである」と指摘。当時の参謀本部作戦課長河辺虎四郎中将の回想録『市ヶ谷台より市ヶ谷台へ』（一九六二年）に、「南京攻略の直後、私が命を受けて起案した松井大将宛の参謀総長の戒告を読んだ大将は〝まことにすまぬ〟と泣かれたと聞いたが、もう事は為されたあとであった」と記されていることを紹介。

さらに「長嘆息のほかはない」と題して「こうした事情は当時は、もちろん、世人の目にも耳にも伏せられていた。それを今日、この戦史の結びとすることはまことに残念であるが、すでに公けにされた史料に基づく真実であって如何ともしがたい」と述べる。

そして、「史料の数字は疑わしい」ので犠牲者数の算定は困難であるが、編集委員であった板倉由明の不法殺害計一万三〇〇〇人、畝本正巳の不法殺害三〇〇〇～六〇〇〇人を推定概数として併記したうえで「一万三千人はもちろん、少なくとも三千人とは途方もなく大きな数字である」と述べ、「この大量の不法処理には弁解の言葉はない。旧日本軍の縁につながる者として、中国人民に深く詫びるしかない。まことに相すまぬ、むごいことであった」と謝罪して「総括的考察」を結んだのである。

「証言による南京戦史」の「その総括的考察」が南京事件論争にとって画期的な意味をもっているのは、これによって南京事件の「まぼろし説」「虚構説」が否定され、破綻させられたことを意味するからである。ただし、自分の書いた総括をボツにされた畝本はその後も否定説を主張しつづけたし、『偕行』の会員からも「総括的考察」に抗議する投書が寄せられている（『偕行』一九八五年五月号）。しかし、「総括的考察」を責任執筆した加登川幸太郎のような人物が編集部にいたのである。彼には『陸軍の反省（上・下）』（文京出版、一九九六年）の著書がある。

南京戦史編集委員会『南京戦史』（偕行社、一九八九年）
南京戦史編集委員会『南京戦史資料集』（偕行社、一九八九年）
南京戦史編集委員会『南京戦史資料集Ⅱ』（偕行社、一九九三年）

『南京戦史』は、『偕行』誌上に連載された畝本正巳編「証言による南京戦史」に、新しい資料を加えて改訂したものをタタキ台にしてさらに編集委員全員で検討して修文したものである。上海戦から始まって南京への追撃戦、南京攻略戦について、参加各師団の戦闘を中心にしてまとめたものである。虐殺数については、一万六〇〇〇人が、捕虜や敗残兵、便衣兵として処断されたと推定したうえで、「戦時国際法に照らした不法殺害の実数を推定したものではない、これらの当、不当に対する考察は避けた」と記し、前掲の「総括的考察」よりは後退した表現になっている。一般市民の被害者数については、「スマイス調査の一万五七六〇人よりさらに少ないものと考える」と記しているだけである。

『南京戦史資料集』と『南京戦史資料集Ⅱ』には、『南京戦史』を執筆するために収集した資料を中心に、その後の収集もふくめて編集した、松井石根中支那方面軍司令官以下、参謀、師団長さらに下士官、兵にいたるまでの陣中日誌、軍中央、中支那方面軍、上海派遣軍、第一〇軍の作戦命令、そして軍・師団・各部隊の通牒、訓示、作戦経過概要、戦時旬報、戦闘詳報など、戦争終結直後の焼却を免れた記録文書が、防衛庁（当時）防衛研究所に所蔵されていたものを中心に収録されている。

南京戦に関連して、日本軍の公式記録と司令官・参謀・師団長クラスの日記がこれほどまとまって資料集に収録されたのは画期的な意味をもった。本資料集の出現によって、南京事件を上海から南京への進撃と攻略、ならびに占領という具体的な歴史展開に即して分析することが可能になったからである。各部隊の戦闘詳報、陣中日誌、指揮官の陣中日記には、部隊が処断・処分（殺害）した捕虜や投降兵、敗残兵の数が記録されており、殺害者数を推定するうえで基本資料となるが、防衛庁防衛研究所戦史部（現在、防衛省防衛研究所戦史研究センター）が所蔵していたのは南京戦参加全部隊の約三分の一にすぎない。その他の多くは敗戦直後に焼却・隠滅された可能性が高く残念である。

南京事件研究にとって、日本軍の各部隊の陣中日誌、戦闘詳報の類、そして各将兵の陣中日記などは、第一次史料である。敗戦直後の焼却・隠滅を免れた各師団、連隊の大隊、中隊の陣中日誌・戦闘詳報の類が、各師団のあった地方の自衛隊駐屯地の施設に所蔵されている可能性はまだある。各将兵の陣中日記の発掘、収集もまだ可能性があり、今後のさらなる資料収集とその公刊が期待される。

5　加害証言・記録の公刊

戦時中の日本社会において、南京事件をはじめとして日本兵の加害・残虐行為を日本国民には語らせない、知らせないという厳密な言論統制があったことは第一章で述べたが、戦後もその構造は変わらなかった。それどころか、東京裁判で南京事件が裁かれたことにより、南京戦に参加した元将兵たちにとって、南京事件の事実を証明するような加害証言はいっそうタブーとなった。さらに一九五三年八月から軍人恩給制度が復活し、旧軍人・軍属だけに恩給が支払われるようになると、それは国家の戦争に忠誠を尽くし勲功を立てた見返り金とみなされ、軍人恩給を支給されながら日本軍を批判することへの反感が強まることになった。「日本軍を批判し、反対するならば軍人恩給を返せ」というわけである。

しかし、一九八〇年代になると、南京事件の加害・残虐行為の事実についての元兵士たちの沈黙をやぶって、ごく一部であるが、虐殺・暴行の体験や目撃の記録を公刊し、集会などにおいて証言する人たちがあらわれるようになった。その背景には、教科書問題などを契機に、日本の全国に「平和のための戦争展」など侵略・加害の歴史を直視しようとする市民運動の広まりがあった。

曽根一夫『私記南京虐殺——戦史にのらない戦争の話』（彩流社、一九八四年）
曽根一夫『続私記南京虐殺——戦史にのらない戦争の話』（彩流社、一九八四年）
曽根一夫『南京虐殺と戦争』（泰流社、一九八八年）

右書には、曽根が自らおこなった強姦と殺害、略奪、暴行などの行為が、自分の心理状況もふくめて記述されており、普通の人間が戦場でどのように蛮行をおこなうようになるのかがわかるようになっている。『私記南京虐殺』続編の方で「「南京虐殺」異論について」と題して、南京事件を否定する将兵の本を読んで、それらの否定説を批判、反論しているのは、説得力がある。

しかし、曽根一夫の本にたいして、板倉由明が「証言つぶし」ともいえる調査をおこない、「「南京虐殺」のザンゲ屋「曽根一夫」の正体」（『諸君！』一九八八年一二月号）を書いた。板倉については後述するが、彼は曽根の属した部隊の戦友会を探し当て、曽根が砲兵であって歩兵ではなかったことを確認、戦友会のメンバーから「砲兵なので第一線のことは全く判らんから、アチコチの歩兵から話を聞いて本を書いたようですよ」という話を聞き出した。さらに、曽根の属した野砲兵連隊の上海から南京までの行軍跡を文献史料で確認し、それと曽根本の記述を対照して、その違いを摘出して、曽根本が「ウソ」であると批判したのである。板倉はさらに何人かの戦友に名前を名乗らせ、曽根本を批判させている。板倉の方法は、戦友会が戦前の日本軍部隊が外部にその非を語らせないようにしていた特質が戦後もそのまま継承されているのを利用して、加害証言封じをおこなったものである。

曽根本には、板倉が指摘したように、自分の身分を歩兵分隊長として体験を書いているのは問題であるし、陣中日記であると掲載した写真も、整然と書かれた字を見ると、それは戦場で書いたのではなく、後日に清書したものとわかる。

曽根本は回想録として、「アチコチの歩兵から話を聞いて本を書いた」としても、実際には南京攻略戦の日本軍がおこなった加害・残虐行為の体験・見聞記録としての意味はある。しかし、板倉の厳しい批判にたいしては、曽根は沈黙したままだった。

東史郎『わが南京プラトーン——召集兵の体験した南京大虐殺』（青木書店、一九八七年）

下里正樹『隠された聯隊史——「20 i」下級兵士の見た南京事件の実相』（青木書店、一九八七年）

下里正樹『続・隠された聯隊史——MG中隊員らの見た南京事件の実相』（青木書店、一九八八年）

井口和起・木坂順一郎・下里正樹編『南京事件　京都師団関係資料集』（青木書店、一九八九年）

これらの資料は、京都市に師団司令部のあった歩兵第一六師団のもと、京都府の福知山に連隊司令部をおいていた歩兵第二〇連隊の兵士の陣中日記、陣中メモ、手記などを収録、出版したものである。第一六師団は中島今朝吾師団長の指揮下に、上海から南京への追撃戦、南京戦、南京陥落後の軍事占領を担当し、南京事件の中心的存在となった師団である。同師団の四つの歩兵連隊の一つについて、これだけの陣中日記、手記が発掘され、公刊されたことは南京事件研究にとって画期的な意味をもった。偕行社の『資料集』が軍司令部や参謀、上級指揮官クラスの記録を収録しているのにたいして、これらの本は下級兵士らの記録を収集したもので、相互に補完関係にある。彼らの陣中日記、手記のなかには、兵士自身もふくめて日本兵が中国民衆におこなった殺戮、略奪、暴行、放火、強姦、輪姦ならびに殺害などの事実が率直に書かれている。

これらの一連の資料が発掘、収集された経緯、ならびに陣中日記と証言の公開後のさまざまな脅迫と嫌がらせについては、『南京事件　京都師団関係資料集』の解題、吉田保・井口和起

「京都における戦争展運動と資料発掘」に詳述されている。

「平和のための京都の戦争展」が一九八一年から始まり、十五年戦争の実相を参観者に衝撃的に伝え、平和の尊さを心に刻みつけた。展示内容も、語り継ぐべき戦争体験を空襲や戦災体験を伝える資料にかぎらず、旧日本軍隊と戦時下の暮らし、戦争と教育・子ども、加害責任を問うなど、取り上げるテーマを広げるようになった。この運動のなかで、京都府全域における十五年戦争関係文献史料の発掘、調査がおこなわれ、日中戦争従軍兵士たちの日記、手記などが収集された。その過程で、京都府の丹後町（現・京丹後市）の地域において、市民によって編纂された『平和へのねがい——戦時中の体験記録』に寄せられた四四名の戦場体験のなかに、南京戦に参加した兵士の手記があることが判明、それを契機に、本『資料集』に収録した兵士たちの陣中日記や手記の所在が確認されたのである。

『隠された聯隊史（正・続）』は、下里正樹が京都の丹後地方に入って多数の元第二〇連隊関係者にインタビューし、新たな陣中日記や手記を発見した結果をもとに、福知山歩兵第二〇連隊に焦点を合わせて執筆した南京事件のドキュメントである。

東《あずま》史郎は手記をもとに日記スタイルに書き下ろした、『わが南京プラトーン』を発行した。『南京事件　京都師団関係資料集』に収録されている「東日記」は、戦場で書いた陣中メモをもとにして、帰還してから日本で清書、加筆したものである。「東日記」は陣中日記ではないが、陣中日記であれば検閲を受けることを想定して書けなかったことが詳細に記述されており、兵士としての東の戦場心理を知るうえでは、興味深い記録になっている。この「東日記」は、『東史郎日記』（熊本出版文化会館、二〇〇一年）として出版されている。

東史郎は一九九三年四月、日記のなかの「〔一二月二一日、南京の〕最高法院の前で中国人を袋に入れ、ガソリンをかけ燃やし、手榴弾をつけて沼に放り込んで殺した」という記述によって、殺害者と書かれた元兵士の橋本光治から青木書店とともに名誉毀損で訴えられ、二〇〇一年一月の最高裁の判決で敗訴が確定した。板倉由明が元兵士の証言封じのために背後で動いた裁判だった。裁判の詳細な経緯については、東史郎さんの南京裁判を支える会編『加害と赦《ゆる》し――南京大虐殺と東史郎裁判』（現代書館、二〇〇一年）を参照されたい。

6 「虐殺少数説」の登場

本章で見てきたように、一九八〇年代は、南京事件をめぐる激しい論争に触発されながら、南京戦に参加した旧軍関係者の記録や証言がつぎつぎに発掘、公表され、南京事件における捕虜の集団虐殺などの局面がかなり明確になり、また下級兵士たちの陣中日記や手記が公刊されて、強姦、略奪、暴行、放火など末端部隊における不法行為の実態も明らかになり、それらの新資料を基礎にして、南京事件調査研究会のメンバーを中心に、南京事件の多面的な実態とその原因分析をふくめた全体像の解明が急速な進展を見せた。こうした史料の発掘と研究の進展のなかで、「まぼろし派」「虚構派」は学問的には破綻した。

それにかわって南京事件の事実は認めながらも、犠牲者数や規模を小さく見積もることで、事件としての深刻な意味を過小評価して、戦争につきものの事件の一つにすぎない、中国の「三〇万人虐殺」は「虚構」であると主張する「虐殺少数説」が登場するようになった。「虐殺少数説」の役割は、虐殺問題を虐殺者総数の数量の論議に矮小化させ、肝心な虐殺の実態や被害者の実態にたいする関心を稀薄化させ、ある意味で「ゲーム化」した数字や計算の議論に「論争」を集中させる傾向をもたらしたことである。「虐殺少数説」の本音は「南京大虐殺」の否定にあり、南京事件の実態を解明してその事実を誠実に受け止めようというところになかったことは、「虐殺少数説」派の板倉由明の前述のような元兵士たちの証言封じの活動からも明らかである。

板倉由明『本当はこうだった南京事件』（日本図書刊行会、発売近代文芸社、一九九九年）

同書の出版年は一九九九年であるが、板倉由明の単行本はこれ一冊であり、一九八〇年代からの主要論文が収録されている。板倉由明は板倉製作所の経営者であったが一九八一年から南京事件の研究を始め、編集委員として偕行社『南京戦史』の編集に参加したという人物である。

板倉由明の主張の原点は、板倉由明「〝南京大虐殺〟の数字的研究――「三〇万虐殺説」虚構の証明（1）〜（3）」（雑誌『ゼンボウ』全貌社、一九八四年三月、一〇月、八五年四月）にある。板倉は「一〇万、二〇万、三〇万以上などという天文学的数字」の虐殺がありえなかったことを証明すれば、中国のいう南京大虐殺は虚構だったことになるとして「数字的研究」をおこない、不法殺害された被虐殺者数を一万ないし二万人と結論している。板倉は、資料から算出された中国兵の死者三万二〇〇〇〜三万五〇〇〇人中、不法殺害を八〇〇〇人と推定しているが、それは中国兵の投降兵、敗残兵、捕虜の殺害を不法殺害＝虐殺とみなさないようにしているからである。

板倉は、南京の人口を東京の下町の人口密度と比較しながら、「私の推計では南京は三〇万都市である。いいところ四〇万で、人口百万というのは相当のホラであろう」などと統計資料も調べないで推定し、残留市民を皆殺しにしても「三〇万人虐殺」不可能と断定している。

板倉は「「南京大虐殺」とは、「南京大屠殺」虐殺紀念《〔ママ〕》館の壁の数字、即ち三〇万の虐殺を必須要素とし、日本軍占領後六週間、城内外都市部とその近郊で起こった虐殺事件をいう。この定義による限り、私は「南京大虐殺は無かった」と断言する」といい、いっぽう「「南京事件」とは日本軍の南京占領前後に発生した一連の不祥事をいう。不法殺害を一ないし二万人と推定する」と定義する。板倉は南京事件はあったが南京大虐殺は「虚構」であると主張し、日本の「南京大虐殺派」は「中国の主張する三〇万を至上命令とするイデオロギー信者」「中国政府への精神的服従」者であると決めつける。

板倉のいう「南京大虐殺＝三〇万人虐殺」は「虚構」「でっち上げ」といういい方は、南京虐殺の事実を否定できなくなった人たちが否定のための方便としていい逃れ的にいう手法で、南京虐殺はまったくなかったと主張する南京大虐殺「虚構説」と意図的に混同させて、けっこうつかわれている。

秦郁彦『南京事件——「虐殺」の構造』(中公新書、一九八六年)

大蔵省参事官から防衛庁に転出、防衛研究所の研究員となった秦郁彦は、軍事史、戦争史研究に従事、その後いくつかの大学教授を歴任した。本書は秦が日本軍の戦闘詳報や参戦者の日誌など、当時発掘、収集が進んだ旧軍関係の史料をつかって南京における日本軍の虐殺、略奪、放火、強姦などの蛮行の事実を明らかにし、南京事件の全体像を描こうとしたものである。

同書で秦は「不法殺害は四万？」といういい方をして、約四万人という被害者数は「あくまでも中間的な数字にすぎない」として「新資料の出現で動くこともある」と柔軟な姿勢を見せていたが、その後、小野賢二らによって第一三師団山田支隊だけで、一万五〇〇〇～二万の捕虜集団虐殺をおこなったという新資料が発掘されても(後述)、四万人という数字を変えず、むしろ「中間派」としての存在を示すためにこの数字を固定してしまった。

秦は、南京事件の犠牲者数を一般人一万二〇〇〇人、捕らわれてから殺害された兵士三万人、計三万八〇〇〇～四万二〇〇〇人と推計するが、前掲のいわゆる「大虐殺派」の約二〇万人と大きく違うのは、戦闘意欲をまったく失っている「敗残兵」や「投降兵」の殺害を「戦闘の延長と見られる要素もある」として、虐殺とは見ないこと、また軍服を脱ぎ棄てて民間人の服装に着替えて難民区に逃げ込んだ兵士を「便衣兵」とみなして、その殺害を「処刑」と考えたことである。

秦や板倉のような「虐殺少数説」（実際は一万人、四万人でも大虐殺であるが、数字のマジックで、三〇万人、二〇万人と比較すれば大虐殺ではないかのような錯覚に陥る）は、「敗残兵」「投降兵」あるいは「捕虜」の殺害を戦闘にともなう「合法的」なものであるとして、虐殺行為とみなさないことが、前掲のいわゆる「大虐殺派」の犠牲者数約二〇万人説と大きく違うところである。

この「虐殺少数説」の論理にたいして、吉田裕「一五年戦争史研究と戦争責任問題――南京事件を中心に」（『一橋論叢』第九七巻第二号、一九八七年二月）がつぎのような明確な批判をおこなった。

①「便衣兵」の殺害、「便衣兵狩り」について、田中正明、畝本正巳、板倉由明への批判。

南京陥落後、戦闘意欲を完全に喪失した中国軍将兵は、武器と軍服を棄て、便衣（民間人の服）を身につけて、難民区に潜伏した。日本軍は、これにたいし、苛烈な掃討戦を実施し、「便衣兵」と認定した者を直ちに連行して大規模な集団処刑をおこなった。同時にこの過程で、多数の一般市民の男子が「便衣兵」に誤認されて処刑された。否定派や虐殺少数説派は、この「便衣兵狩り」を正規の戦闘行動とみなして「不法殺害」にあたらないとして、「虐殺」に区分しようとしない。

しかし、日本の侵略行動の法的正当化に終始した当時の法学界においてさえ、南京で実際におこなわれたような軍事裁判の手続きを省略した集団処刑＝「便衣兵狩り」は違法であると認定していた。すなわち、南京における「便衣兵狩り」は、明らかに国際法違反の「不法殺害」であって、疑問の余地なく虐殺を構成していた。

②投降兵の殺害について、畝本正巳、板倉由明、秦郁彦への批判。

虐殺否定論者は、集団投降捕虜、個別投降捕虜で収容後に殺害された者だけを「不法殺害」として、個別的に投降したが殺された者を「準戦死者」とみなし、秦郁彦は、投降兵の殺害には戦闘の延長と見られる要素もあるとして、「戦意を失い、武器を棄てて、集団または個人で投降した中国兵をその場で殺害した例」を「不法殺害」から除外している。しかし、投降兵の殺害は、「兵器を捨てまたは自衛の手段尽きて降を乞える敵を殺傷すること」を禁じた一九〇七年の「陸戦の法規慣例に関する条約」等にたいする明白な侵犯行為であって、「不法殺害」を虐殺とみなす立場をとる以上、明らかに虐殺に分類されるべき性格のものである。

③「不法殺害」だけを虐殺とみなす畝本正巳、板倉由明、秦郁彦への批判。

当時の国際法には、植民地保有大国の利害などを反映して、ゲリラの保護規定の不十分さに見られるように国際人道法という観点から見たとき、さまざまな不備が存在していた。明文をもって禁じられている行為以外はすべて正規の戦闘行為であって「合法的」殺害であるといわんばかりの主張は、「陸戦の法規慣例に関する条約」の前文に、あくまでも人道主義の立場に立って行動するよう呼びかけている理念にも反する。南京攻略戦は「完全なる包囲殲滅戦」であったため、中国軍部隊は急激に潰走し、組織的統制と戦闘意欲とを完全に喪失した中国軍将兵が、武器を棄て、ときには武器を所持したまま、無力な群れとなって南京城の内外を徘徊《はいかい》した。ところが日本軍はすでに戦闘の帰趨が完全に決していたにもかかわらず、投降の勧告すらしないまま、これらの中国軍将兵に襲いかかり、その多数を殺害したのである。そうした日本軍の行動を正規の戦闘行動とみなすのには、やはり大きな無理があり、その非人道的実態において虐殺にふくめるべきであろう。

南京事件でもっとも犠牲者数が膨大であったのは、中国軍の投降兵、捕虜、敗残兵の殺害であったから、以上の吉田の批判を受け入れれば、「まぼろし説」「虚構説」さらに「虐殺少数説」も成り立たなくなる。これらの批判を理論的に整理したものが吉田裕「南京事件と国際法」（洞富雄・藤原彰・本多勝一編『南京大虐殺の研究』晩聲社、一九九二年、ならびに吉田裕『現代歴史学と戦争責任』青木書店、一九九七年に収録）である。

秦書の増補版が、『南京事件――「虐殺」の構造　増補版』（中公新書、二〇〇七年）として発行された。同書には二章からなる「南京事件論争史」が加筆され、一九七〇年代から二〇〇七年にいたる「論争」が簡単に整理されている。秦は論者を「大虐殺派」「中間派」「まぼろし派」という区分で整理し、自身を板倉由明とともに「中間派」と位置づけている。犠牲者総数については、旧版では四万人を中間的な数字であり、増大する可能性を示唆したが、増補版では「この二〇年、事情変更をもたらすような新史料は出現せず、今後もなさそうだと見きわめがついたので、あらためて四万の概数は最高限であること、実数はそれをかなり下まわるであろう」とより少数説に修正をおこなっている。次章で述べるように新史料が出現し、とくに「幕府山捕虜の集団虐殺」をめぐっては激しい論争が展開されたのであるが（本書一九八頁）、それを検討した様子がない結論である。

秦の「南京事件論争史」を読むと、彼の言動は、「まぼろし派」「虚構派」批判よりも史実派（「南京大虐殺派」）批判、攻撃にウェイトがあることがわかる。

阿羅健一『聞き書　南京事件——日本人の見た南京虐殺事件』（図書出版社、一九八七年）

一九四四年生まれで出版企画に従事しているという阿羅健一が評論家の肩書きで、「証言！日本人の見た南京陥落」と題して『正論』一九八六年五月号から八七年五月号まで連載したものを単行本にまとめたものである。阿羅は南京事件当時、南京にいた指揮官クラスの陸海軍人、報道関係者、外交関係者をインタビューして南京事件を目撃したかどうかを中心に聞き取ったものである。阿羅は、南京大虐殺否定論の立場に立った言論活動をおこなっているので、その立場からのインタビューであり、聞き書き資料として利用に堪えられないものになっている。

本書の第一章で詳述したように、軍中央が南京事件を知り、中央から現地に人員を派遣して調査、確認して松井石根大将の召還を決定、さらに再発防止の措置までとっているのに、阿羅は上海派遣軍、第一〇軍の参謀たちから「虐殺は見ていない」「虐殺は知らなかった」「南京事件は戦後知った」という証言を集めているのである。虐殺はあったとすべき証言を「見なかった」「無かった」という証言にしている事例を二つだけ、例示しておきたい。

①『東京日日新聞』カメラマンの佐藤振寿のインタビューで、「虐殺は見ていません」「写真は百枚もとりましたが、日本兵が残虐なことをやっている写真は一枚もありません」といったとしているが、佐藤振寿手記「従軍とは歩くこと」(『南京戦史資料集Ⅱ』偕行社)には、後ろ手に縛った敗残兵百人くらいを殺戮している場面を目撃し、「銃殺や刺殺を実行していた兵隊の顔はひきつり、常人の顔とは思えなかった。緊張の極に達していて、狂気の世界にいるようだった。〔中略〕無抵抗で武器をもたない人間を殺すには、自己の精神を狂気すれすれにまで高めないと、殺せないのだろう。後で仲間にこのときのことを話すと、「カメラマンとしてどうして写真を撮らなかったか」と反問された。「写真を撮っていたら恐らくこっちも殺されていたよ」と答えることしかできなかった。このような事件を見たのは筆者だけではなかったようだ」と書いているのである。佐藤カメラマンは虐殺現場を目撃し、かつ恐ろしくて写真が撮れなかったのである。

②同盟通信上海支局長・松本重治からの聞き書きについて、松本重治・聞き手国弘正雄『昭和史への一証言』(たちばな出版、二〇〇一年)と比較対照すれば、阿羅のインタビューの問題点

が明らかになる。たとえば、阿羅本では、「中島今朝吾日記」に「捕虜はせぬ方針」とあるのは、敵の撃退か、捕虜の処刑か、捕虜の一部解放かという質問にたいし松本は「追っ払ったこともずいぶんあったでしょう。捕虜にして殺したことが若干あった〔中略〕十六師団は捕らえた数千人の捕虜をその後解放した、とも聞いています。どの様にもとれるのではないでしょうか」と答えたと記している。国弘本では松本は「中島師団長の日記には、「捕虜はつくらない方針だ」と書かれています。それは、一時は捕虜として食物を与えておくが、一部を釈放し、他は遅かれ早かれ処分する、という意味しか考えられない。またそういう意味のことが文字どおり日記に書いてあります」と語ったと記されている。

阿羅本では、南京における残虐行為について松本が「万を単位とすることはありえないということです。慰霊祭が終わったあと、十九日か二十日に十六師団が南京の残留師団となり残敵掃蕩《そうとう》をやったが、この時、民家から略奪をしたり、女の子まで強姦したりした、という。この時、数十人か数百人かのそういうことがあったと聞いています」と語ったとある。それが国弘本では、松本は「〃南京内外での虐殺事件はなかった〃ということはない。あったことは事実です。犠牲者は大半は捕虜で、非戦闘員の中国市民男女も相当あったと思われます」「私は南京内外で虐殺された中国人は捕虜と一般中国市民たちを総計して三万人ぐらいと推定していま す。しかし、これも自分で情報を総合して考えた揚げ句であって、必ずしも正確な数字だとはいえません」と語っている。

以上の例からわかるとおり、阿羅は松本重治が南京大虐殺を否定していたかのように書いているが、松本自身が、「日本軍の南京その他における最も恥ずべき暴行、虐殺、放火、死体冒瀆等の事実は、たえず私の心を痛めたのであった」「「南京大虐殺」の数量も真相も、なお不明であるにしろ、われわれ日本人の心の奥底に、消そうにも、消すことのできない傷跡が残っていることは、現実である」（松本重治『上海時代［下］』中公新書、一九七五年）と書いていることを思えば、阿羅は松本の良心に反することを書いている。阿羅本は、『「南京事件」日本人48人の証言』（小学館文庫、二〇〇二年）として再刊されたが、この文庫本では、松本重治からの聞き書きが削除されている。

阿羅は都合の悪い聞き書きは削除してしまう。阿羅の聞き書きは最初、畠中秀夫「聞き書き昭和十二年十二月南京――「南京大虐殺」説の周辺」（『じゅん刊 世界と日本』一九八五年一月五日号）として発表された。そこには佐々木元勝（『野戦郵便旗［正・続］』現代史資料センター出版会、一九七三年、の著者）からの聞き書きが掲載されていたが、単行本では削除された。同文には、元東京朝日新聞上海支局次長・橋本登美三郎、元朝日新聞記者・足立和男からの聞き書きも一緒に掲載されていた。「南京大虐殺はなかった」と言ったという後者の二人の聞き書きは単行本、そして小学館文庫本にも掲載されている。佐々木元勝の聞き書きが削除された理由は「虐殺はあった。それを否定してはいけない」とはっきりと述べたからであろう。

第五章　一九九〇年代前半——「論争」の結着

1　戦後五〇年に向けた「過去の清算」への動き

一九八〇年代前半の教科書問題のように近隣アジア諸国から強い反発を経験した日本の政府・官界・財界の一部は、八五年ごろから、戦後処理に関する一種のシナリオを考えるようになった。それは、日本の戦争問題は一九九五年の戦後五〇年をかぎりに終わりとし、以後はマスコミやジャーナリズムでも取り上げさせないようにする、そのためにも、戦争責任や戦後補償の問題もある程度の処置をとることによって「過去の清算」をしておく、というものだった。このようなシナリオが必要とされた背景には、経済大国となった日本にとって、中国、韓国、台湾、東南アジア諸国を合わせたアジア地域が、日本の輸出市場として、ヨーロッパを大きく引き離してアメリカに僅差で迫る第二の大きな市場となっていたことがある。

冷戦体制の崩壊とともに、東アジア、東南アジアにもようやく平和的に経済発展に取り組む国際環境が生まれ、一九八九年にはアジア太平洋経済協力会議（APEC）が創設され、アジア太平洋経済共同体の形成が展望されるようになった。さらにマレーシアのマハティール首相が一九九〇年に提案した、東南アジア諸国連合（ASEAN）に日本、中国、韓国などを加えた地域経済協力機構としての東アジア経済協議体（EAEC）の創設も、アメリカの反対を受けながらも、歴史の流れとしては展望できるようになった。

しかし、いっぽうでは、アジアの反日感情は勢いを保ちつづけていた。こうした歴史の趨勢のなかで、政府・財界・官界のなかにも、日本が過去の戦争へのある程度の反省と謝罪をおこない、将来的には日本は軍事大国になる恐れがないという安心感を周辺アジア諸国に与えておかないことには、たとえば、日本が立候補の意志を表明してきた国連の安保理常任理事国入りにたいして、ASEAN諸国が明確な支持を表明しなかったように、いつまでも国際社会における日本の立場を拘束する足枷《かせ》がついてまわると思われた。何よりも、日本が戦争被害者のアジア諸国民との「和解」を実現していないことが、日本企業の自由な経済活動を妨げる要因になっているという自覚が生まれるようになった。

いっぽうでは、戦後の自民党政府が、過去の戦争を侵略戦争と見ない立場をとりつづけ、戦後処理・戦争責任問題にたいして無責任な対応しかしてこなかったことと対照的に、前章に記した「平和のための戦争展」などのように、市民の側から「草の根の過去の克服運動」が起こされ、被害アジア諸国民とも連帯しながら、世論の支持を広めていた。こうした市民運動の発展が、自民党政府の戦争問題にたいする保守性と、戦前政治を継承している側面を鮮明に浮き上がらせるかたちになり、自民党政府批判の世論を形成した。

一九八九年、ヨーロッパではベルリンの壁が崩壊して翌年に東西ドイツが統一され、日本では一月に昭和天皇が死去して昭和という時代が終焉した。七月の参議院議員選挙で自民党が惨敗、結党以来初めて過半数を割り、社会党が第一党となった。ソ連ではゴルバチョフ書記長のもとにソビエト政府の解体が進み、九一年にはソ連邦が解体した。

戦争への反省の表明

こうした世界情勢のなかで日本の経済、政治も大きく変動し、九〇年にはバブル経済が崩壊して一〇年以上におよぶ経済不況の時代が始まった。九三年八月には細川護煕《もりひろ》（日本新党）を首相とする非自民六党連立内閣が成立し、三八年間にわたった自民党単独政権に幕が降ろされ、戦後の「五五年体制」に終止符がうたれた。細川首相は就任の記者会見で、先の戦争は侵略戦争であったと明言、八月一五日の戦没者追悼式でアジア近隣諸国などの犠牲者に哀悼の意を表明、所信表明演説で、戦後の日本の総理大臣として初めて「侵略行為や植民地支配」に「深い反省とおわび」の意を表明した。

細川首相辞任のあとをうけて成立した羽田《はた》孜《つとむ》（新生党）内閣も「連立政権樹立にあたっては、かつての戦争に対する反省をふまえ、世界及びアジアの平和と発展のために協力することを、内外に明示する」（「連立政権樹立に関する合意事項」一九九三年七月二九日）という連立政権の合意事項を継承することを確認した。非自民連立政権の成立によって、戦後五〇周年の九五年の国会で不戦決議を採択する動きは現実的なものとなったが、九四年六月の社会党・自民党連立の村山富市（社会党）内閣の成立によって、その動きはやや複雑な展開をとげることになった。

自民党内には細川発言にたいして猛烈な反発を表明したタカ派議員がそれなりの影響力をもっており、村山内閣はその自民党を与党とすることになったからである。

それでも、与党三党（社会党、自民党、新党さきがけ）は村山政権発足時の政権合意に「新政権は、戦後五〇年を契機に過去の戦争を反省し、未来の平和への決意を表明する国会決議の採択などに積極的に取り組む」と決めた。さらに村山首相は、社会党が終戦五〇年までに戦争責任謝罪の国会特別決議を実現するという運動方針を決定していたことからも、不戦決議実現に強い意欲を表明した。九四年八月三一日におこなった「内閣総理大臣の談話」では、日本の首相として、初めて自己の理念にもとづいて、侵略行為（侵略戦争という表現は避けている）や植民地支配の過ちの歴史を認め、反省を誠実に表明した。

こうした政府の「過去の清算」への政策表明とそれを期待する財界の動きもあって、マスメディアにおいても日本の侵略・加害の歴史に関する報道が目立つようになった。一九九〇年代に入って、空襲や原爆被害を展示する博物館や資料館において、従来のように「被害体験」を展示するだけでなく、開戦原因や「加害」展示もおこなう動きが始まった。たとえば、大阪府民の要請と運動で一九九一年に開館した「大阪国際平和センター（ピースおおさか）」では、大阪における空襲被害の展示だけでなく、南京事件など十五年戦争中のアジア各地の被害についても戦争の悲惨さを伝えるために展示した。

また、広島平和記念資料館（原爆資料館）では九四年に東館がオープンし、展示を大幅に改定し、軍都としての広島の歴史や開戦原因も展示追加することによって、原爆被害と日本の戦争責任との関連というむずかしい問題についてもあえて取り組み始めた。九六年に新築開館した長崎原爆資料館には、「日中戦争と太平洋戦争」のコーナーが設置され、年表に「一九三七年一二月南京占領、大虐殺事件おこる」と書かれ、下に関連写真が展示された（この写真が問題とされることについては本書二三五頁）。

歴史教育者協議会編『平和博物館・戦争資料館ガイドブック』（青木書店、一九九五年）を見ると、一九九〇年代前半に公立、市民団体の設立、私設もふくめて、全国の資料館において南京事件をはじめとして侵略・加害の歴史を展示する動きが広まったことがわかる。

2 南京事件資料集の発行

一九九〇年代になると南京事件調査研究会のメンバーを中心に、南京事件に関する第一次史料の発掘と収集が進められ、資料集の編集と発行がおこなわれ、つぎにそれらの資料にもとづいた論文や歴史書がつぎつぎと公刊された。まずは資料集の発行から紹介してみたい。

南京事件調査研究会編訳『南京事件資料集①アメリカ関係資料編』（青木書店、一九九二年）

本資料集は、アメリカ国務省の外交文書、日本軍占領下の南京に踏みとどまって市民と難民の救済活動をおこなったアメリカ人宣教師たちを中心とした南京安全区国際委員会の文書と同メンバーの書簡や日記・記録、南京陥落直後まで南京に駐在して取材にあたっていた外国人記者たちの報道記事、日中戦争当時、アメリカで出版されたパンフレット・雑誌の南京事件記事などを収集、編集したものである。さらに補録として、事件当時南京にいて残虐事件を世界にスクープした『ニューヨーク・タイムズ』のF・T・ダーディン、『シカゴ・デイリーニューズ』のA・T・スティールに筆者がインタビューした聞き書きが収録されている。

南京のアメリカ大使館からアメリカ国務省へ報告された南京事件に関する公文書類によって、アメリカ政府は、事件発生直後から事件の情報を得ており、それが東京裁判において南京事件を裁く理由の一つになったことは前述したとおり（本書五七頁）である。

拙稿「「南京大虐殺事件」アメリカ取材記」（『近きに在りて』第二〇号、汲古書院、一九九一年一一月）に記したように、本資料集の資料のほとんどは、一九八四年から八七年にかけて私がアメリカの国立公文書館、大学図書館などを訪れて収集したものである。筆者にとって『ニューヨーク・タイムズ』のF・T・ダーディンに二回にわたりインタビューできたことは、貴重な体験であった。観察力と記憶力にすぐれたダーディンの話から、事件当時の南京の状況を追体験するようにイメージできたからである。

南京安全区国際委員会関係の基本的な文献史料は、前掲の洞富雄編『日中戦争　南京大残虐

事件資料集　第2巻　英文資料編』に収録されているので、本資料集が加わって、アメリカ関係の資料は相当充実したものになった。

南京事件調査研究会編訳『南京事件資料集②中国関係資料編』（青木書店、一九九二年）

本資料集は、中国研究者の石島紀之、井上久士、古厩《ふるまや》忠夫が中心になって編集・翻訳したもので、日本においては中国側の資料を初めて体系的に紹介したものである。資料の多くは中国や台湾において出版されていた資料集から重要資料を集めて編集したものである。「第Ⅰ編　新聞に報道された南京事件」には、南京事件当時の漢口に首都機能を移転させていた国民政府のもとで発行されていた『漢口大公報』に系統的に報道された南京事件関係の記事が収録されている。これによって南京事件の発生直後から中国の新聞は南京事件をきわめて重視して報道し、日本軍の残虐行為を厳しく批判していたことがわかり、南京事件がどう報道され、中国民衆がそれをどうとらえ、彼らの抗日意志を固めていったかが理解できる。虐殺を免れ、日本軍占領下の南京から脱出してきた中国人の手記や南京から密かに送られた手紙など資料的にも価値の高いものがある。さらに中国共産党が発行していた『救国時報』や『新華日報』の南京事件報道記事も収録されている。

これまで本書で紹介してきた南京事件否定説の一つが東京裁判ででっち上げられたという主張で、その根拠の一つが南京事件は東京裁判まで中国で報道されたこともなく、国民党も中国共産党も問題にしなかった、というものであったが（本書一四七頁）、本資料集によって簡単に否定される。
「第Ⅱ編　著作資料にみる南京事件」は日本軍占領下の南京に虐殺を免れて残留していた中国軍将校や、政府職員、市民などの手記や、南京から脱出してきた市民、難民からの聞き書きが収録されている。「虐殺される側」にあった中国人の内側から南京事件が記録されている。「第Ⅲ編　遺体埋葬記録」は死体の埋葬にあたった諸慈善団体の統計資料や活動記録が収録されている。埋葬記録は南京事件の犠牲者数を推し量る有力な資料であるが、当然、厳密な史料批判と慎重な取り扱いが必要であることはいうまでもない。「第Ⅳ編　南京軍事裁判資料」は、第六師団長谷寿夫と「百人斬り競争」の二人の将校、第六師団中隊長田中軍吉の四人が死刑判決を受けた国民政府の南京軍事裁判の関連証拠資料と判決文などが収録されている。

小野賢二・藤原彰・本多勝一編『南京大虐殺を記録した皇軍兵士たち――第十三師団山田支隊兵士の陣中日記』（大月書店、一九九六年）

福島県いわき市の会社員小野賢二は、「歩兵第六十五連隊戦友名簿」（歩六五残桜会編）をたよりに、一九八九年から九〇年にかけて、名簿上知りえた対象者（生存者ないし遺族）のほぼ全員となんらかの接触をはかり、証言と陣中日記を求めて関係者二〇〇人余を訪ね歩いた。化学会社の労働者としての勤務の合間を利用して、肉体的にも精神的にも厳しい条件下に孤独な取材、収集活動をつづけた。その結果、証言総数約二〇〇、証言ビデオ一〇本、陣中日記二〇冊を収集することができた。

本資料集には陣中日記類が一九冊収録され、公刊後の嫌がらせや脅迫から執筆者を守るため仮名にしてあるが、日記の一部が写真で紹介されている。日記の解読は藤原彰がおこない、公刊後に「証言封じ」的なはたらきかけが筆者におこなわれるであろうことに備えて、出版社の編集者が日記の提供者を訪ね、全員に確認書を書いてもらうという万全の手続きもとった。

本資料集に収録されているのは、南京戦に参加した第一三師団の山田支隊（歩兵は会津若松で編成された第六五連隊、山砲兵は越後高田で編成された山砲兵第一九連隊第三大隊）の兵士の陣中日記類である。同一部隊の兵士が戦場で書き付けた陣中日記類がまとまっていることにおいて大変資料価値が高い。さらに山田支隊長の山田栴二《せんじ》少将（歩兵第一〇三旅団長）の陣中日記が、前掲『南京戦史資料集II』に収録されているので、これと照合できる。相互の日記の記述を比較検討することによって、より信頼度の高い事実の検証が可能になった。

その一例として、山田支隊が一九三七年一二月一六日、一七日にわたって、長江岸で約一万五〇〇〇〜二万人の捕虜を二、三回に分けて虐殺したことが五人の日記に共通する記述から明らかになった。その中に避難民も混じっていた。幕府山付近における山田支隊（第六五連隊）の捕虜大量虐殺については、小野賢二が何度か南京において虐殺現地の調査もおこない、論文もまとめている（本書一九八頁）。しかし、前掲秦郁彦『南京事件　増補版』では、これらの新史料を考慮することなく、「この二〇年、事情変更をもたらすような新史料は出現せず」と旧版と同じまま、歩兵第六五連隊長・両角業作《もろずみぎょうさく》大佐が戦後に書いた手記にある、捕虜八〇〇〇人を殺害したという数字を変更していない（本書一七五頁）。しかも、両角手記が掲載された『ふくしま　戦争と人間　1白虎篇』は、福島民友新聞社の出版になるものであるが、その著者である同社論説主幹阿部輝郎が書いた『南京の氷雨——虐殺の構造を追って』（教育書籍、一九八九年）には、山田支隊の捕虜集団虐殺の幕府山付近の現地調査もおこなって現場を確認した結果、一万五〇〇〇人から二万人の捕虜のほとんどが虐殺されたと推定している。秦増補版には阿部本が主要参考文献にあげられているものの、二万人近くの捕虜虐殺についてはまったく言及されていない。

下級兵士の日記は、自分たちの部隊がおこなった行為を率直に書きとめているので貴重である。本資料集に収録された各兵士の日記には、上海から南京への行軍の途上、日常化した食糧の徴発（略奪）、運搬のための住民の拉致・使役、不服従・抵抗の民衆の殺害、民家での宿営と出発時の放火、捕虜・敗残兵の殺害、日本刀による捕虜の断首等々を繰り返しながら南京へ向かった様子が記録されている。

石田勇治編集・翻訳、笠原十九司・吉田裕編集協力『資料　ドイツ外交官の見た南京事件』（大月書店、二〇〇一年）

ドイツ現代史を専門とする石田勇治が、ドイツ連邦文書館が所蔵する「駐華ドイツ大使館文書」、同ナチ党関係文書のとくに「総統専属副官文書」の「総統宛外交資料」、さらにドイツ外務省外交文書館が所蔵する「日中紛争文書」を広く渉猟して、南京事件当時、中国に赴任していたドイツ外交官が本国に報告していた外交文書のなかから、南京事件にかかわる記録を収集し、編集・翻訳した資料集である。

本資料集には、南京駐在のドイツ外交官が情報収集の一環として入手した、中国市民を保護するために奔走した南京安全区国際委員会のメンバーの報告、ダーディン、スティールら南京事件をいち早く世界に報道したジャーナリストたちの記録、日本兵が引き起こした惨状をドイツ大使館に訴えた農民の陳情書等々が収録されている。「総統専属副官文書」の「総統宛外交資料」の文書からは、ヒトラー側近が南京事件の報告を受けていたことがわかるし、さらにドイツ外交官ローゼンが、アメリカ人宣教師マギーが撮影したフィルムに詳細な解説文をつけて「［ヒトラー］総統閣下には、このフィルムを解説の正確な訳文とともに御覧いただきたいと所望する」と送っていた文書も収録されている。

さらに、ベルリンのドイツ外務省がヨーロッパで収集した南京事件関連の資料も収録され、そのなかに、一九三八年二月一日中国政府を代表する顧維鈞が国際連盟理事会における演説で、南京事件に言及し、日本軍の不法行為を国際社会へ訴えた文書もある。また駐日ドイツ大使館が松井石根大将の更迭の背景に南京事件があったことを推定していたことを示す資料もある。

本資料集の解説の田嶋信雄「一九三〇年代のドイツ外交と中国」から、当時ドイツが中国国民政府にたいして大々的に軍事・経済援助をおこなっており、その関係からドイツ外交官が可能なかぎり南京に駐在したことがわかる。そのため、外交官ローゼンの南京の状況報告が一九三七年一二月から三八年三月まで系統的に収録されており、南京事件の経緯を知るうえで貴重な資料になっている。南京事件の犠牲者数についても、当時南京にいた外国人がどう推定していたかという資料について、金陵大学（現・南京大学）教授のスマイス作成のメモから、南京城内で一万人、周辺の城外で約三万人が殺害され、そのうちの約三割が一般市民であると見積もられるという数字も紹介されている。

興味深いのは、戦時国際法を認識しているドイツ外交官から見た南京の日本軍は、兵士はもちろん将校クラス、上級指揮官にいたるまで、戦時国際法を遵守するどころではなく、その無知、無視、逸脱ぶりは、驚きを超えて軽蔑に値したことを克明に記録していたことである。ローゼンは、武器や軍服を脱ぎ捨てて難民区などへ逃げ込んだ中国軍の敗残兵を、日本軍が「便衣兵」として連行して殺害したのを「いかなる軍事裁判も、またこれに類する手続きも一切おこなわれた形跡がなかった」と「あらゆる戦時国際法の慣例と人間的な礼節をかくも嘲り笑う日本軍のやり方」を厳しく批判していた。

本資料集が重要な意味をもつのは、日本との同盟国であったドイツの外交官の南京事件についての記録であり、「アメリカと中国の情報戦による謀略」という論理が通用しないことである。

なお、南京事件当時、南京のイギリス大使館員も本国に報告を送っており、その外交文書がイギリスの公文書館に保存されている。中国語に翻訳された文書を、張憲文主編『南京大屠殺史料集第12巻』（江蘇人民出版社・鳳凰出版社、二〇〇六年）に見ることができるが、日本でも南京事件に関するイギリス外交文書ならびにイギリスにおける南京事件報道に関する資料などの収集と出版が望まれる。それによって、南京事件が発生当時からアメリカ、ドイツ、イギリスなどの外交官を通じて世界に伝えられ、国際的批判を巻き起こすきっかけになったことがさらに明確となろう。

ジョン・ラーベ著、エルヴィン・ヴィッケルト編、平野卿子訳『南京の真実——The Diary of John Rabe』（講談社、一九九七年）

南京安全区国際委員会の委員長として日本軍占領下の南京にとどまって、中国市民の救済に奔走した、ドイツ人のジョン・ラーベの日記、一九三七年九月二一日から三八年二月二八日までと「ヒトラーへの上申書」などの資料、ならびに編者エルヴィン・ヴィッケルトの解説を翻訳したものである。

ラーベは、ドイツの電気会社シーメンス社の南京支社長として、社員三〇名をつかう立場にあった。シーメンス社は国民政府の首都南京の建設に大きくかかわっていた関係から、南京戦下の南京にとどまった。彼はナチの党員で同党南京支部代理長をつとめたこともある。日本と同盟関係にあったドイツ人で、ナチ党員という立場を利用して日本軍と対応することができたので、南京安全区国際委員会の委員長を引き受け、同委員の大半を占めるアメリカ人教師、宣教師とともに日本軍の暴虐から中国市民を守るため、身の危険もかえりみず、獅子奮迅の活躍をした。自宅にある事務所と庭を難民に開放し、最高時そこで六〇〇余人の難民を保護した。

ラーベは三八年二月二三日、シーメンス社の帰国命令により南京を離れるが、帰国後、シーメンス社、外務省、国務省などでの小規模集会において、マギー牧師が撮影したフィルムを映写、写真も展示しながら南京事件の真相を講演してまわった。それは、南京で目撃した南京事件の真相をヒトラーをはじめドイツ政府の指導者に知らせ、ドイツと日本の緊密化した外交関係を通じて、日本軍の不法、残虐行為を阻止させる方法を考えたからであった。ラーベは、ヒトラーの極端な親日外交路線への転換をなんとか変更させることを期待して「ヒトラーへの上申書」（三八年六月八日付）を提出した。しかし、彼の期待は裏切られ、事実上の同盟国日本の残虐行為を告発したことが「国賊的行為」とされ、ゲシュタポ（国家秘密警察）に連行され、日記とフィルムは押収され（日記は後日返還）、尋問されたうえ、南京事件についていっさい発言しないことを条件に釈放されたのである。

第二次大戦後のラーベは、ナチ党員であったことで戦犯裁判にかけられるなど、晩年も不遇であった。

編集段階でもともとのラーベ日記から削られた部分があり、ファイルされていた関係資料、写真類なども掲載されていない。エルヴィン・ヴィッケルトの編集によらない原日記と資料類の翻訳が将来望まれる。

ミニー・ヴォートリン著、岡田良之助・伊原陽子訳、笠原十九司解説『南京事件の日々――ミニー・ヴォートリンの日記』（大月書店、一九九九年）

南京安全区国際委員会の外国人として唯一の女性であった、金陵女子文理学院（現在の南京師範大学）教授のミニー・ヴォートリンの日記（原文はイェール大学神学図書館所蔵）の、一九三七年一二月一日から三八年三月三一日までを全訳、その前後を要約したものである。

アメリカのイリノイ州の田舎の鍛冶屋の娘に生まれたミニー・ヴォートリンは、苦学して大学を卒業、キリスト教の海外伝道活動の道に入り、中国にわたり、女子教育と伝道に邁進した。この間にコロンビア大学教育学修士の学位を取得、一九一九年から金陵女子大（のち金陵女子文理学院と改称）の教師になった。一九三七年八月一五日に日本海軍航空隊の渡洋爆撃機が南京を爆撃、それ以後一二月一三日まで、南京空襲の日々がつづいた。南京市民は富裕の人々から順番に南京を逃れていき、国民政府が漢口に移転していった後は「死の街」のようになった。

金陵女子文理学院での職責を果たすために南京残留を決意したミニー・ヴォートリンは、南京爆撃に始まって日本軍の南京攻略戦が開始され、やがて占領される南京の状況を女性の目で克明に書きとめた。

ミニー・ヴォートリンは中国人のスタッフとともに金陵女子文理学院に女性と子どもだけの難民収容所を開設、最高時には一万人近くの女性の避難民を受け入れた。南京を占領した日本軍による南京城内での婦女凌辱行為が頻発したからである。金陵女子文理学院の難民キャンプにも日本兵が押し入って若い女性を拉致していくことがあった。ミニー・ヴォートリンは、日本の良識ある人々が日本軍の蛮行を知って、阻止する行動を起こしてくれるよう日記に繰り返し記している。

一二月一六日――軍事的観点からすれば、南京攻略は日本軍にとっては勝利とみなせるかもしれないが、道徳律に照らして評価すれば、それは日本の敗北であり、国家の不名誉である。このことは、将来中国との協力および友好関係を長く阻害するだけでなく、現在南京に住んでいる人びとの尊敬を永久に失うことになるであろう。いま南京で起こっていることを、日本の良識ある人びとに知ってもらえさえしたらよいのだが。

一二月一七日――疲れ果て怯えた目をした女性が続々と校門から入ってきた。彼女たちの話では、昨夜は恐ろしい一夜だったようで、日本兵が何度となく家に押し入ってきたそうだ。（下は一二歳の少女から上は六〇歳の女性までもが強姦された。夫たちは寝室から追い出され、銃剣で刺されそうになった妊婦もいる。日本の良識ある人びとに、ここ何日も続いた恐怖の事実を知ってもらえたらよいのだが。）

南京事件の嵐が去ったあと、ヴォートリンは、夫を殺された若い寡婦、父親を殺害され、あるいは一家離散して身寄りのなくなった娘や少女たち八〇〇人を保護収容し、職業教育をほどこして自活の手段を身につけさせようとした。しかし、施設・学校運営の財政的困難、占領日本当局からの圧力、何よりも日本軍の中国侵略の拡大がヴォートリンの希望を打ちのめした。一九三九年九月のヨーロッパ大戦の勃発と勢いづいた日本軍の中国侵略拡大が彼女を絶望させ、彼女を疲労と倦怠感が襲い、南京事件の日々のトラウマが彼女を抑鬱状態に陥らせた。重い鬱病にかかった彼女は療養のため帰国したアメリカで一九四一年、「私の中国での伝道は不成功に終わった」という遺書を残してガス自殺を遂げた。享年五五だった。

3　歴史書の発行

一九八〇年代後半以降、「南京事件論争」が契機となって、南京事件に関する資料集の編集と発行が相継いだ。一つの事件について、本書で紹介してきたように、合計九冊、しかも収録資料にほとんどダブリのない資料集が編集、発行されてきたことは、おそらく他に例がないであろう。しかも、偕行社の二冊を除けば、他の七冊はいわゆる「南京大虐殺派」と称されている南京事件史実派が編集・翻訳して出版してきたことは、歴史研究にたいする姿勢の違いとして留意されるべきであろう。

南京事件に関して、日本軍関係資料ならびにアメリカ側、中国側、ドイツ側などの外国資料も利用できるようになったことから、南京事件が「あったか、なかったか」という次元を超えて、南京事件とはどういう事件であったのか、その全体像を解明する研究と、「日本軍（日本人）はそんなにも残虐・野蛮か」といった「日本軍（日本人）特殊論」を超えて、なぜ南京事件が発生したのか、南京戦の作戦と戦闘の実態に即して究明しようという研究が可能になったのである。以下にそうした研究書、歴史書を紹介してみたい。

洞富雄・藤原彰・本多勝一編『南京大虐殺の研究』（晩聲社、一九九二年）

同書は、南京事件調査研究会が発行した第三冊目の論文集である。『南京戦史』（偕行社）は南京大虐殺説への反論を目的とし、事件の本質を数の問題にすりかえ、しかもその数をなるべく過少に計算して、南京大虐殺を「捏造」だと主張している著作である」ことに批判を加えようとしたものである。とくに『南京戦史』が教科書問題を強く意識して出版されていることから、「教科書検定官がこれにとびつくはずである」と懸念されたのである。またマスコミでも、これをもと軍人の書いた本として公平で客観的であると評価したり、南京事件についての「定本」だと評するものさえあらわれたことへの警戒であった(「まえがき」)。

実際に教科書検定官が「このたび『南京戦史』という良い本を出してくれた」と喜んだという。

江口圭一「上海戦と南京進撃戦」は「南京大虐殺の序章」というサブタイトルで、南京進撃の過程で南京事件の要因が形成されていったことを明らかにし、藤原彰「南京攻略戦の展開」は『南京戦史資料集』(偕行社)の資料を引用しながら南京攻略戦において捕虜の組織的虐殺と敗残兵・便衣兵の殺害、市民への残虐行為を明らかにした。吉田裕「南京事件と国際法」は捕虜、投降兵、敗残兵、いわゆる「便衣兵」の処刑が国際法から見て不法殺害=虐殺であることを解明した。

本多勝一・小野賢二「幕府山の捕虜集団虐殺」と洞富雄・和多田《わただ》進「幕府山の捕虜処刑に関する「新説」批判」は第一三師団山田支隊の捕虜集団虐殺に関する、『南京戦史』の記述ならびに板倉由明「歩兵第六十五聯隊　幕府山事件」(同前掲『本当はこうだった南京事件』所収、本書一六九頁)の批判である。『南京戦史』の記述も板倉と思われるが、福島民友新聞社論説主幹阿部輝郎が歩兵第六五連隊の参戦者約一〇〇人からの証言をまとめた『ふくしま　戦争と人間』に依るとして、捕虜は約六〇〇〇〜八〇〇〇、そのうち捕虜が暴動を起こしたので、射殺、逃亡者も多かった、としているが、当の阿部輝郎『南京の氷雨』が捕虜一万五〇〇〇〜二万人が殺害されたと推定しているのである。板倉は、「山田栴二（支隊長）日記」の「一二月一五日捕虜の始末その他にて本間騎兵少尉を南京に派遣し連絡す、皆殺せとのことなり」を掲載しておきながら、「現在明らかになっている資料の客観的分析からは、大量の捕虜を皆殺しにしようという意図も計画も感じられない。もちろん、それを示唆する軍命令もない」と結論しているのである。板倉は資料にもとづいて考えることをしない人だということがわかる。小野賢二は多くの資料を照合、検討した結果、一万四七七七人以上の捕虜が虐殺されたと結論づけている。

高崎隆治「日本軍は強姦集団であった」は、『南京戦史』がふれるのを避けた日本軍の婦女凌辱行為が実際におこなわれたことを兵士の手記にもとづいて明らかにした。

拙稿「南京防衛戦と中国軍」は、中国江蘇省社会科学院歴史研究所研究員孫宅巍《そんたくぎ》の先駆的研究に触発されて、中国でいう南京防衛戦に参加した中国軍の編制、作戦と戦闘の実態、南京防衛戦の範囲と段階、南京防衛軍の崩壊と中国軍兵士の行方などについて、中国側の文献にもとづいて明らかにした。これによって、南京戦における中国軍各部隊の陣地と各部隊の戦闘経過、崩壊過程などが明らかになり、中支那方面軍各部隊の戦闘と地域とを照合することによって、南京攻略戦（中国は南京防衛戦）の実態が総体的に理解できるようになった。さらに中国軍の各部隊がどこで、どのように崩壊し、兵士たちがどのように捕虜、投降兵、敗残兵となったかもだいたい明らかになったので、これと日本軍の各部隊の戦闘詳報、陣中日誌にある捕虜、投降兵、敗残兵の捕縛、処断、処刑の記録と照合することが可能になった。

『南京戦史』は、捕虜の虐殺数を少なく見積もる意図もあって、南京防衛軍の総数を六万〜七万と「判断」している。それも上海派遣軍参謀長飯沼守少将の日記に「敵は約二〇コ師一〇万人」（『南京戦史資料集』）、第一六師団参謀長中沢三夫大佐の手記（「第一六師団関係綴」防衛省防衛研究所戦史研究センター所蔵）に「敵の兵力」「総計一〇―一二（三）万の守備兵力なるべし」と記録しているのを、「敵の兵力に関する報告は過大であることが多い」と否定している。現地軍の参謀は敵軍兵力を二倍に見ていたことになるし、中支那方面軍は総勢約二〇万が南京攻略戦に参加して、かつ苦戦したわけであるから、虐殺数を過少にしたいという意図からにせよ、中支那方面軍の力をずいぶん低く評価したものである。

本論文での筆者の結論は、中国軍の総数を、戦闘兵が一一万から一三万、それに雑役を担当した少年兵、輜重《しちょう》兵などの後方勤務兵、軍の雑役を担当した雑兵、防御陣地工事に動員された軍夫、民間人人夫等々、正規非正規の区別もつけにくい膨大な非戦闘兵を加えて、総勢一五万人いたと推定し、そのうち八万余人が捕虜、投降兵、敗残兵の状態で虐殺されたと推定する、というものである。

笠原十九司『アジアの中の日本軍――戦争責任と歴史学・歴史教育』（大月書店、一九九四年）

同書は、日本がかつてアジア太平洋地域でおこなった侵略戦争の「過去の克服」、被害諸国民との「和解」を達成するために、歴史研究者と歴史教育者に課せられた社会的責務は、侵略・加害の歴史事実を究明し、戦後戦争責任の課題を提起、それを国民の共通認識にすることにある、という問題意識で書かれている。

「第一部　南京事件と歴史研究」では、一九七〇年代から九〇年代にかけての「南京事件論争」を整理、さらに「南京大虐殺は東京裁判ででっち上げられた」という否定説への反証として、日中戦争当時、世界ではリアルタイムで事件が報道されていた事実を、新聞記事やフィルムを紹介しながら明らかにした。

「第二部　戦争責任とアジア」では、南京事件は日中戦争における日本軍の侵略・残虐行為を象徴するものであったがゆえに、その研究は十五年戦争の全時期の中国全土における日本軍の侵略・加害の特質であったがゆえに、アジア太平洋戦争地域における日本軍の残虐行為の解明にまで連動していかざるをえないことをフィリピンの事例を取り上げて述べた。そして歴史学・歴史教育が取り組むべき戦争責任の問題は、アジア太平洋地域を対象にすべきであると提起した。

同書は、歴史学の基本文献として、黒田日出男ほか編『日本史文献事典』（弘文堂、二〇〇三年）の項目に入れて紹介されている。

笠原十九司『南京難民区の百日――虐殺を見た外国人』（岩波書店、一九九五年）

この間の南京事件資料集の相継ぐ刊行によって、南京事件の全体像を叙述することが可能な段階になった。筆者はアメリカで調査、収集した資料をすでに『南京事件資料集①アメリカ関係資料編』にまとめていたが、さらにイェール大学神学図書館所蔵の南京安全区国際委員だった宣教師の資料を補充調査するとともに、コロンビア大学図書館貴重書・文書館所蔵の同宣教師からの聞き書き資料を収集して、南京安全区（南京難民区）関係の資料がほぼそろったので、南京事件の全体的な歴史像の叙述を試みたのである。

同書は、南京難民区を舞台にして、一九三七年八月一五日の海軍航空隊の南京渡洋爆撃に始まり、一二月一三日の南京陥落にいたるまでの南京空襲の日々、上海戦が決着するや、参謀本部の制止を無視して下克上的に現地軍の独断専行で開始された南京攻略戦、上海から南京への途上で略奪、虐殺、強姦、放火など不法行為を積み重ねてゆく日本軍、日本軍の南京侵攻を前に首都移転をする国民政府と南京難民区の成立、南京戦区の村々から開始された南京大虐殺、そして南京陥落とその後につづいた「残敵殲滅掃討作戦」にともなう南京城内外の大殺戮、日本軍の占領下に陸の孤島となった南京でつづく残虐行為、一九三八年三月になってのようやくの残虐事件の沈静化という経緯をたどった、一二月から翌年三月までのおよそ百日にわたる南京事件を、その前史もふくめて史料にもとづいて歴史書として叙述したのである。

同書は、「補論　南京大虐殺事件における市民・農民の被害」と出版以後の南京事件研究の進展を整理した「現代文庫版あとがき」を加えて、岩波現代文庫（二〇〇五年）として再刊された。なお、同書の中国における翻訳本が、笠原十九司著・李広廉・王志君訳『難民区百日』（南京師範大学出版社、二〇〇五年）として出版されている。

藤原彰『南京の日本軍――南京大虐殺とその背景』（大月書店、一九九七年）

同書は二部からなり、「Ⅰ　南京攻略戦と大虐殺」は、南京事件の全体的な歴史像を中支那方面軍の南京攻略戦の展開に即して、この間に発掘、収集が急速に進んだ、中支那方面軍関係の第一次史料にもとづいて叙述している。

藤原彰は、「まぼろし説」「虚構説」にかわって登場した、事件そのものは認めざるをえないが、犠牲者数は少ないのだから、大虐殺ではないという「虐殺少数説」は、「大虐殺を否定し、戦争を肯定する側に立つもので、『でっち上げ』派の亜流である」とつぎのように批判する。

①犠牲者数をなるべく少なくするために、期間と範囲をなるべく狭く限定しようとして、期間は一二月一三日の南京占領直後とし、範囲を南京城内、あるいは南京城内とその周辺に限定している。しかし、南京事件の期間は南京戦が開始された一二月の初めから、日本側が治安回復を認めた三八年三月まで、範囲を南京市街と近郊六県をふくむ南京特別市の行政区とすべきである。

②中国軍の死者の大半は戦闘による死者か、同士討ちによるものだとし、市民の被害の多く

も、戦闘の巻き添えだと主張しているが、戦死者よりも捕虜として殺されたり、敗残兵で処刑されたりした数がはるかに多く、明白に国際法に違反する捕虜や敗残兵の処刑が大規模におこなわれたことが南京大虐殺の特徴である。

③女性への凌辱をはじめとする一般市民への大規模な残虐行為がおこなわれたという事件の本質を無視し、市民の大虐殺はなかった、被害者数は少数だと繰り返している。もっとも問題である強姦が多発し、被害者が数万に達しているという事実をまったく無視している。南京大虐殺が世界の注目をひくのも、このことによってである。

藤原は、犠牲者総数について、「加害者である日本軍側の捕虜殺害や便衣兵処刑の記録、第三者である西欧人の証言や記録、それに日本軍占領下に活動した諸団体の埋葬記録などを総合して、南京とその周辺で犠牲となった中国軍民の数は、二〇万をこえているだろうということができる」と結論している。

「II　事件の背景と原因」は「南京大虐殺のような大規模な残虐行為を、どうして日本軍がおこしたのだろうか。日本人がもともと残酷で、人殺しはその本性だなどとはとても考えられない。長い歴史が示しているように、日本人は本来は温和で、人や自然を愛する農耕民族だったはずである。それが突然このような事件の主役となったのには、それだけの背景と原因とがあったはずである。その原因を追及することが、事実の究明のためにも、そこから教訓を学ぶためにも、ぜひとも必要な作業であろう」という問題意識で書かれている。

藤原は、日本軍隊の特質から分析し、軍の素質の低下、指揮官と幕僚の変質、軍紀・風紀の頽廃、という項目にそって、日本軍が南京大虐殺を引き起こすにいたった過程と原因をデータをもとにして軍事史的に分析する。それは南京事件にかぎらず、ほかにも不法、残虐事件を引き起こした日本軍の戦争犯罪の構造ともいえるものである。これらの項目別の分析を総合して、藤原は以下のようにまとめている。

日本軍には明治の創設いらい、人権の無視、人命の軽視という本質的な性格が存在し、さらに兵器や装備の不足を攻撃精神でおぎなうのだという精神主義が強まって、捕虜を軽蔑し否定するようになった。さらにアジア諸国にたいする差別観念を育てて、欧米にたいするのと中国にたいするのとが違うという二重の基準をもつことになり、これが中国人捕虜の大量虐殺を招いた。さらに日中戦争は、国民に明示する戦争目的を見いだせないまま、予期せぬ規模に拡大し、いまだ経験したことのない大軍を戦場に送らねばならなくなった。日本陸軍の動員計画ではそれを年齢の高い予後備兵にたよらざるをえなくなった。またこの時期の軍の幹部は、特殊エリート教育で偏狭な武断主義にかたまり、国際知識も人間性も欠いた独断、積極主義者が中核となっていた。それが南京攻略戦における捕虜の処刑、敗残兵の剔出《てきしゅつ》、殺害を招いたのである。

また大軍の動員により応召兵が主体になったこと、幹部の不足と素質の低下、幕僚層の独善と下剋上傾向は、軍紀の紊乱と低下を招いた。それにくわえて中国軍のはげしい抵抗は、戦争目的があいまいのまま突然召集され、損害多出の戦場に投入された応召兵たちを、自暴自棄の行動にかりたてることになった。これらが軍紀風紀の頽廃、志気の低下を招いて、大規模な残虐行為を引き起こすことにもなったのである。

本多勝一『本多勝一集23　南京大虐殺』（朝日新聞社、一九九七年）

本多勝一『南京への道』は上海から南京までの上海派遣軍の侵攻コースをたどって取材した結果をルポルタージュしたものであったが、本多は一九八四年に杭州湾から南京への第一〇軍の侵攻コースをたどって取材もしていた。それを「杭州湾から南京へ」と題して『週刊金曜日』に一九九四年八月から間欠的に掲載したものと、第一三師団山田支隊による幕府山付近の捕虜二万人前後の集団虐殺について日本側の取材をしてまとめた記事を追加している。本多勝一が三回にわたって南京事件の現地取材をした集大成を、全集本の一巻としてまとめたものである。巻末の「解題」には、南京事件調査研究会のメンバーによる南京事件関係の著書・論文のリストが整理されており、南京事件史実派いわゆる「南京大虐殺派」の研究が「南京大虐殺否定派」のそれを圧倒していた状況を知ることができる。

笠原十九司『日中全面戦争と海軍――パナイ号事件の真相』（青木書店、一九九七年）

アメリカ砲艦パナイ号（日本ではパネー号と記述されているが、英語の発音はパナイ）が一九三七年一二月一二日、南京アメリカ大使館員も避難させて南京上流の長江に停泊中、南京爆撃中の日本海軍機に撃沈され、死者四名、重傷者三名、軽傷一〇名の被害を受けた、パナイ号事件が発生した。パナイ号撃沈事件はアメリカ国民の怒りと抗議を呼びおこし、「パナイ号を忘れるな！（Remember the Panay!）」と叫ばれ、歴史的には「真珠湾攻撃への序曲」といわれるようになった。パナイ号事件の報道とともに、日本軍の南京虐殺の報道も大々的になされ、アメリカ国民の対日感情は悪化し、日本商品ボイコット運動も展開された。パナイ号事件の真相は南京事件同様に日本国民には知らされなかったが、アメリカ政府と国民は対日非難と警戒を強め、いっぽうでは抗日中国支援運動が展開され、やがて日中戦争から日米戦争へと発展していくことになる。

同書は、一九三七年八月一五日の南京渡洋爆撃に始まり、一二月一三日の南京占領までつづけられた海軍航空隊の南京爆撃の経緯を整理し、南京空襲が南京攻略戦の前哨戦となったこと、海軍も南京大虐殺に加わった事実などを明らかにした。

パナイ号事件関係の資料は、南京事件関係資料が敗戦直後に焼却されたのと違って、日本の外交史料館、防衛庁防衛研究所図書館（当時）に多くが保存されていたので、調査研究は順調に進めることができた。南京事件関係の資料が焼却・隠滅されたことがいかに研究を阻害しているか、あらためて実感したしだいである。

笠原十九司『南京事件』（岩波新書、一九九七年）

同書は、一九八〇年代後半から著しく進んだ、南京事件に関する内外資料の調査、発掘と資料集の公刊、歴史書の発行といった研究成果を吸収し、整理するかたちでまとめたものである。この間に、何回か南京へ行って、現場のフィールドワークをおこないながら資料収集ができるようになったのも大きく役立っている。

同書は「日本ではこれまで南京事件の事実を否定ないし過小に見ようとする主張が、政治的意図をもって展開されたため、南京大虐殺論争がセンセーショナルな様相を呈した結果、歴史学の分野では、このテーマを研究することを敬遠する傾向にあった。そのため、南京事件を歴史研究のテーマにして、歴史学的に論ずる作業が十分になされてこなかった」（「あとがき」）という反省にもとづいて、歴史書としての叙述を心がけ、南京事件の全体像を、原因、経緯、結果を実証的に整理しながら叙述し、最後にその歴史的意味を考察しようとしたものである。

南京事件とは何か、いつ、どこで発生したのか、何を事件というのか。これらの論争をする場合、定義が重要であるが、同書では、つぎのような定義にもとづいて、南京事件の全体像の叙述を試みた。

南京大虐殺事件、略称としての南京事件は、日本の陸軍ならびに海軍が、南京攻略戦と南京占領時において、中国の軍民にたいしておこなった、戦時国際法と国際人道法に反した不法残虐行為の総体のことをいう。事件発生の区域は、南京城区とその近郊六県を合わせた行政区としての南京特別市全域であり、それは南京攻略戦（中国にとって南京防衛戦）の戦区であり、南京陥落後における日本軍の占領地域でもあった。

事件発生の期間は、日本の大本営が南京攻略戦を下令し、中支那方面軍が南京戦区に突入した三七年一二月四日から始まる。大本営が中支那方面軍の戦闘序列を解いた三八年二月一四日が南京攻略戦の終了にあたるが、南京における残虐事件はその後もつづいたので、南京事件の終焉は、日本軍の残虐行為が皆無ではないまでも（近郊農村では相変わらずつづいていた）、ずっと少なくなった三月二八日の中華民国維新政府の成立時と考えることができる。ただし、三七年八月一五日から開始された海軍機の南京空襲は、南京攻略戦の前哨戦であり、市民にたいする無差別爆撃は、南京事件の序幕といえるものだった。

残虐行為、不法行為の内容は、つぎの二つに大きく分けることができる。

〈生命・身体の侵害〉戦時国際法に違反した負傷兵、投降兵、捕虜、敗残兵の殺害。日本軍の包囲殲滅戦、「残敵掃討戦」、「敗残兵狩り」のさいに元兵士とみなされた一般市民成年男子の殺害、ならびに同作戦中の一般男女市民、難民の殺害。きわだって多かった女性の強姦、輪姦ならびに殺害等々。

〈財産権の侵害〉戦闘行為と直接関係のない略奪、放火、破壊。農村での食糧、穀物、家畜、農作物の略奪、放火、建物破壊。

犠牲者数については、資料状況と南京事件の全体状況とを総合して、十数万以上、それも二〇万人近いかあるいはそれ以上の中国軍民が犠牲になったと推測されるとした。

同書では、南京事件がなぜ発生したのか、日本軍はなぜそのような残虐行為、とくに戦闘とは無関係な女性の凌辱行為におよんだのか、その原因の分析と叙述にウェイトをおき、従来あまり研究されなかった近郊農村における事件の実態の解明と叙述にも力を入れた。

同書の「結びにかえて」には、「世界史のなかの南京事件」と題して、筆者の南京事件研究の目的を以下のように記した。否定派が筆者を批判するような、「自虐」でも「反日」「売国」でもないことがおわかりいただけよう。

人類史における二〇世紀は、世界戦争の世紀でもあった。南京事件にかぎらず、世界各地で戦争のたびに虐殺・残虐事件が繰りかえされてきた。日本軍はなぜ南京大虐殺をおこなったのか、その歴史的社会的諸要因を分析し、それと同質ないし共通する要因が現在のわれわれの社会や意識構造のなかに残存あるいは再生していないか、南京事件をひきおこした日本兵の意識の奥にあった中国人差別・蔑視観を現在の日本人はどこまで克服してきたか、それらを歴史的に問いなおし、自覚的に認識することで、われわれは「戦争の歴史の教訓」を世界の人びとに問いかけることができよう。それが二一世紀に向けて人類がこのような愚行を繰りかえさないために、日本国民として世界史の進歩に貢献できる道ではないかと思っている。

同書発行後、Ⅲ章の扉の写真が「ニセ写真」として批判にさらされることになった。『産経新聞』（一九九八年二月二八日夕刊）に「岩波新書『南京事件』に疑惑写真」と五段抜き記事で大きく報道され、問題発見者の秦郁彦は「「南京虐殺」〝証拠写真〟を鑑定する」（『諸君！』九八年四月号）に「岩波・笠原十九司本にも看過しえない写真が！」というサブタイトルで批判を書いた。『産経新聞』はその後、たとえば「産経抄」（九八年三月三日、四月一〇日）やそのほかに繰りかえして批判記事を掲載、『読売新聞』（九八年四月二二日夕刊）も「岩波新書『南京事件』で写真ミス、史料検証は慎重に」というコラム記事を掲載した。小林よしのり『戦争論』（幻冬舎、一九九八年）は「謝罪・回収に至った極悪ニセ写真」として「現在〔大虐殺派〕三代目最高権威と目されるのが、宇都宮大学教授の笠原十九司氏である。岩波新書で『南京事件』というのを出した。ところがその本にも、重大なニセ写真が使われていたことが、日大の秦郁彦教授によって明らかにされた！」と詳細な批判を書いた。この「ニセ写真」問題が現在でも「大虐殺派・笠原」批判の「枕詞」のように使われている。

秦郁彦「南京大虐殺「ラーベ効果」を測定する」（『諸君！』九八年二月号）は、筆者の『南京事件』を批判しているので、そのときには写真の問題に気づいていなかったと思われるが、その後、「発見」して岩波書店に連絡、そのやりとりは、秦郁彦「偽造された「南京虐殺」の

〝証拠写真〟」（同『現代史の争点』文藝春秋、一九九八年）に紹介されている（この問題について秦から筆者にたいしては、直接連絡、確認はいっさいなく、『産経新聞』記者から聞いたことを筆者の言葉として書いており、不正確である）。その後、秦側から『産経新聞』に情報提供があり、大きな報道記事となったと思われる。

問題の写真は、筆者がスタンフォード大学フーバー研究所東アジア文庫で閲覧した『日寇暴行実録』（国民政府軍事委員会政治部、一九三八年）にあった写真を「日本兵に拉致される江南地方の中国人女性たち」というキャプションをつけて掲載したものだった。章扉写真なので本文とは関係なかった。中国語の原文には、「日本軍司令部に護送され、凌辱され、輪姦され、殺害された」という後半の文章があったがそれは翻訳しなかった。その写真の原典は、『アサヒグラフ』（一九三七年一一月一〇日号）に「硝煙下の桃源郷――江南の「日の丸部落」」と題して掲載された、上海の宝山県の一農村を日本軍が守る「日の丸部落」があり、「日本兵に守られて女性が野良仕事から部落へ帰る」という、キャプションがつけられたものであった。

『日寇暴行実録』の写真が『アサヒグラフ』を「悪用」したものであったことに気がつかずに掲載したのは、筆者の「写真史料批判」が不足したゆえのミスだったので、「新書『南京事件』の掲載写真について」（『図書』岩波書店、一九九八年四月号）を発表し、読者ならびに関係者に謝罪し、誤りを指摘してくれた秦に謝意を表した。岩波書店はすぐに出品を一時停止し、写真を差し替えるとともに、初版本の取り替えに応じた。写真は、『村瀬守保写真集　私の従軍中国戦線』（日本機関紙出版センター、一九八七年）の日本兵に強姦された老婆の写真に替えた。

森村誠一『続・悪魔の飽食』（光文社、一九八二年）が写真誤用で右翼勢力から強烈な批判攻撃と圧力を受けて『悪魔の飽食』とともに出版停止に追い込まれ、中国帰還者連絡会編『新編三光』（光文社、一九八二年）が一枚の写真の説明が誤っていたのを批判、攻撃され、欠陥本として市場から引き揚げさせられたことがあった。拙著の場合は、さいわいなことに、岩波書店側が圧力、攻撃に屈せずにしっかりと対応し、出品一時停止と取り替えの処置をとって、出版停止にはいたらなかった。その後同書は問題写真を差し替えて発行をつづけ、版を重ねてロングセラーとなり、二〇一八年一一月に一八刷となった。なお同書は韓国においても二〇一七年三月に翻訳出版された。

4　学問的に結着した「論争」

本章で見てきたように、南京事件の資料集、歴史書の相継ぐ発行により、南京事件はなかったという「まぼろし説」「虚構説」の破綻は決定的となった。さらに「虐殺少数説」の秦郁彦の「四万人説」はまだ議論の余地があるとして、板倉由明や『南京戦史』（偕行社）の一万人台説は成立しないことが明らかにされたので、南京大虐殺が「あったか」「なかったか」レベルの論争はすでに学問的な「結着」がついたといえる。議論が残されたとすれば、南京事件の規模の問題、すなわち犠牲者総数の問題であり、それを議論するための事件の定義（地域、期間、行為など）の確認の問題である。これらの課題は本来ならば、センセーショナルではなく、学問的、歴史学的論争が可能な問題である。

家永教科書裁判における勝訴

南京事件論争に学問的「結着」がついたことを裏付けた出来事に、家永教科書裁判（第三次訴訟）において、勝訴が確定したことがある。

家永三郎『新日本史』（三省堂）の「南京大虐殺」と「日本軍の婦女暴行」の記述の検定不合格をめぐって提訴された家永教科書裁判第三次訴訟（本書一四一頁）において、原告側から、本多勝一と藤原彰が意見書を提出し、証言台に立ち、被告の国側からは児島襄が証言した第一審（東京地方裁判所）の判決（一九八九年一〇月三日）は、教科書検定意見を違法と認定しなかった（詳細は、教科書検定訴訟を支援する全国連絡会編『家永・教科書裁判　第三次訴訟地裁編第4巻　南京大虐殺・七三一部隊』（ロング出版、一九九一年、を参照されたい）。第二審の控訴審では、筆者が意見書「世界に知られていた南京大虐殺」を提出、一九九一年四月二二日に東京高等裁判所の法廷に立って証言した。

筆者は意見書と証言において、事件発生当時からアメリカ、イギリス、ドイツ、中国の報道・出版物によって南京事件が広く世界に報道されていた事実をリストをあげて説明、さらに一九八〇年度の検定当時、洞富雄の研究をはじめとして日本でも南京大虐殺が日本軍の組織的行為であることを明らかにした歴史書が公刊されていたことを説明、さらに第一審における児島襄証言について、児島の著作『日中戦争』（文春文庫）、『東京裁判』（中公新書）、『天皇』（文春文庫）のなかから、捕虜の集団虐殺を記述した戦闘詳報など、南京虐殺が軍の組織的行為によっておこなわれたことを証明する史料が引用されていることを指摘、彼の法廷における証言内容と著作内容とが食い違っていることを明らかにし、児島証言に信憑性がないことを陳述した（証言ならびに意見書は、教科書検定訴訟を支援する全国連絡会編『家永・教科書裁判第三次訴訟高裁編第2巻　南京大虐殺・朝鮮人民の抵抗・七三一部隊』民衆社、一九九七年に収録されている。なお、同書に七三一部隊について、秦郁彦が国側証人として教科書検定を支持した証言が掲載されている。七三一部隊については最高裁で国側が敗訴する。注目に値するのは、秦が南京大虐殺の争点で国側証人とならなかったことである）。

東京高裁の川上判決（一九九三年一〇月二〇日）では、筆者の証言が認められ、「南京大虐殺」および「日本軍の婦女暴行」に関しては教科書検定が違法であったという判決が出された。最高裁の大野判決（一九九七年八月二九日）で、「南京大虐殺」および「日本軍の婦女暴行」に関する教科書検定の違法が確定され、さらに「七三一部隊」の検定不合格も違法とされた。

家永教科書裁判第三次訴訟は法廷の内外で日本の侵略戦争における加害問題について、議論を巻き起こし、これを教科書に記述し、学校できちんと教えるべきであるという世論を形成する大きな力になった。歴史学界では「教科書検定訴訟を支援する歴史学関係者の会」が家永教科書裁判開始とともに組織され支援運動をおこなったが、同じように「教科書検定訴訟を支援する全国連絡会」「教科書検定訴訟を支援する出版労働者の会」そして「教科書問題を考える市民の会」もつぎつぎと結成され、一九八〇年代から九〇年代前半にかけて展開された。さらに歴史を直視し、学校教育においてもきちんと教えようという市民運動として、侵略・加害の歴史を直視し、学校教育においてもきちんと教えようという専門家たちが「社会科教科書執筆者懇談会」を結成し、相互に連絡・協力し合いながら社会科教科書記述の改善に努力した。

教科書記述の改善

　家永教科書裁判支援運動の広がりと、前述した自民党の退潮と戦後五〇年をめどに「過去の清算」をという日本社会の動きとも相まって、一九八〇年代後半から教科書の侵略加害の記述も少しずつ改善されるようになった。二社の中学校歴史教科書のその事例を紹介しよう。東京書籍版は当時、全国の採択占有率が五一・二パーセントで日本の中学生の半分がつかっている教科書であり、清水書院版は、二・四パーセントであったが、南京事件について一番詳しく記述している。

【東京書籍　一九八四年版】ナンキンを占領した日本軍は、数週間のあいだに、市街地の内外で多くの中国人を殺害した。その死者の数は、婦女子、子どももふくむ一般市民だけで七～八万人、武器を捨てた兵士をふくめると、二〇万人以上ともいわれる。また、中国では、この殺害によるぎせい者を、戦死者をふくめ、三〇万以上と見ている。この事件はナンキン大虐殺として、諸外国から非難をあびたが、日本の一般の国民は、その事実を知らされなかった。

【東京書籍　二〇〇六年版】戦火は華北から華中に拡大し、日本軍は、同年〔一九三七年末〕に首都南京を占領しました。その過程で、女性や子どもをふくむ中国人を大量に殺害しました（南京事件）。〈南京事件の脚注＝この事件は、南京大虐殺として国際的に非難されましたが、国民には知らされませんでした。〉

【清水書院　一九九七年版】日本軍は、占領した地域で税や労働力を徴発し、食料などもその地で確保した。また、中国各地で残虐行為をおこなった。とくに南京占領にさいして、武器をすてた兵士、老人・女性・子どもまでふくめた民衆を無差別に殺害した。死者の数は、兵士をあわせて十数万以上といわれ、中国では三〇万人以上と推計されている。諸外国は、この南京大虐殺事件を強く非難したが、当時の日本人のほとんどはこの事実さえ知らなかった。一九四一年と翌年には、共産党勢力の強い地区に対して、焼きつくし、殺しつくし、奪いつくすという三光作戦をおこなった。こうした日本軍の行為は、中国民衆の日本への抵抗や憎悪をいっそう強めることになった。

【清水書院　二〇〇六年版】日本軍の物資の補給体制はきわめて不十分だった。日本軍は、占領した地域で物資や労働力を徴発し、食料などもその地で確保した。このため物資の略奪・放火・虐殺などの行為もしばしば発生した。とくに南京占領にさいしては、捕虜・武器をすてた兵士、老人・女性・子どもまでふくめた民衆を無差別に殺害した。戦死した兵士もあわせたこのときの死者の数は多数にのぼると推定されている。諸外国は、この南京大虐殺事件を強く非難したが、当時の日本人のほとんどはこの事実さえ知らなかった。こうした日本軍の行為は、中国民衆の日本への抵抗や憎悪をいっそう強めることとなった。

二〇〇六年版の東京書籍版の記述が後退してしまったのは、一九九〇年代後半からおこなわれた第三次教科書攻撃（本書二三〇頁）の結果である。清水書院版は文科省の検定にかなり抵抗したことがわかるが、犠牲者数については、否定説の横行を利用した厳しい検定意見をつけられ、「多数」と後退させられたことがうかがえる。前述したように文科省の教科書検定が、否定派の活動を最大限利用して南京事件の教科書記述を後退させ、可能ならば抹消させようとする構図は一貫している。

しかし、一九八〇年代後半から九〇年代前半の時点では、教科書全体の傾向も、一九八四年版の中学校歴史教科書、八五年版の高校日本史教科書のすべてに南京事件が記述されるようになり、八六年版小学校教科書では、東京書籍以外の六社が南京事件を記述した。九三年版中学校歴史教科書は、八社中二社だけが南京事件の犠牲者数を「多数の」としたが、他社は、十数万人、一五万人から二〇万人、二〇万人、中国では戦死者と合わせて三〇万人など、具体的な数字を記述するようになった（俵義文『教科書攻撃の深層』学習の友社、一九九七年）。それは、教科書執筆者の歴史学者や歴史教育者たちが、本書で紹介してきた、南京事件史実派（いわゆる南京大虐殺派）の歴史書を正当に評価してくれたからである。

この期においては、歴史教科書の記述問題でも「南京事件論争」は学問的に「結着」がついたといえた。家永教科書裁判の支援を主要な目的に活動してきた南京事件調査研究会も、「南京大虐殺」および「日本軍の婦女暴行」に関する争点で勝訴を獲得したことにより、ひとまずその目的を達成した。研究会の事務局長として牽引車の役割をはたしてきた吉田裕と筆者は「これで南京事件調査研究会も解散だね」といい合ったものである。このときは一九九〇年代後半からの「逆流」がこれほど強くなるとは予想もしなかった。

「南京事件論争」の「結着」を意味したもう一つの出来事は、一九九四年五月、羽田連立内閣の永野茂門法相（新生党）が、「私は南京虐殺事件はでっち上げだと思う。私はあの直後に南京に行っている」と発言して、更迭されたことである。その一〇年前、「まぼろし説」「虚構説」がまだ論壇をにぎわしていたときであったら、更迭まではいかなかったと思われるが、一〇年間の「南京事件論争」を経て、南京大虐殺の規模はともかく、南京虐殺は否定できないという立場を政府がとらざるをえないようになったのだった。

第六章　一九九〇年代後半——「論争」の変質

1 「侵略戦争反省・謝罪」から「戦没者への追悼・感謝」へ

一九九五年の戦後五〇周年を区切りに、日本の侵略戦争と植民地支配について反省、謝罪する国会決議（一般には「不戦決議」といわれたので、本書でも略称としてつかう）をおこない、戦争責任や戦後補償の問題をある程度処理して、近隣アジア諸国からの反発、警戒、不信を払拭しておく必要を自覚していた部分があった。村山富市内閣はそれをめざしたが（本書一八一頁）、与党である自民党内のさらなる保守派が「不戦決議」を阻止するために自民党国会議員の多数派工作をおこない、国会決議の骨抜きに成功したのである（以下、拙稿「逸したアジアとの「和解」――戦後五〇年、国民の選択」、同『南京事件と三光作戦』大月書店、一九九九年所収、ならびに拙稿「南京大虐殺と教科書問題」『季刊　戦争責任研究』第36号、二〇〇二年六月にもとづいている）。

自民党靖国関係三協議会歴史・検討委員会（顧問奥野誠亮、委員長山中貞則、事務局長板垣正）が一九九三年から毎月実施してきた研究会はそうした多数派工作で重要な役割をはたし、その成果を、歴史・検討委員会編『大東亜戦争の総括』（展転社、一九九五年八月一五日）にまとめた。自民党靖国関係三協議会とは「英霊にこたえる議員協議会」「みんなで靖国神社に参拝する国会議員の会」「遺家族議員協議会」よりなる。さらに奥野誠亮が会長、板垣正が事務局長になって自民党内に「終戦五〇周年国会議員連盟」を結成（九四年一二月）、自民党国会議員の過半を組織し、「不戦決議」を骨抜きにする工作に成功した。同連盟の活動方針は「国会の反省・謝罪決議や不戦の決議は、戦後の歪められた歴史認識の是認を意図するものであり、わが国の前途に禍根をもたらすものとして決して容認できない」というものだった。

同議員連盟は村山内閣の前、自民党が野党であった羽田内閣のときに結成された「終戦五〇周年国民運動実行委員会」の運動と連動するかたちで組織され、自民党と民間組織とが一体となって「不戦決議」阻止の国民運動を展開しようとしたのである。後者は、「わが国の戦争を一方的に断罪する「反省と謝罪の国会決議」に反対する誓願署名運動を全国で展開する」ことを目的に結成された組織で、加瀬俊一元国連大使が会長、作曲家の黛敏郎・日本を守る国民会議議長が副会長、福田赳夫元首相が最高顧問という顔ぶれだった。その主な構成団体は、新日本協議会、日本を守る国民会議、日本遺族会、英霊にこたえる会、神社本庁、明治神宮、日本郷友連盟、靖国神社、全国戦友会連合会、神道政治連盟、教科書を正す親子の会などの三〇団体である。

自民党は村山内閣の与党でありながら、「不戦決議」阻止の運動を展開、同党本部はさらに、自民党の都道府県連合会にたいして、「不戦決議」を阻止するために、各県議会で戦没者にたいする「戦没者への追悼・感謝」の決議を採択し、それを中央にあげるよう指示したのである。自民党の県会議員らは、地方の保守・右翼勢力、とくに戦友会、遺族会、神社・宗教組織などを動員しながら、「日本の戦争を誤った侵略戦争であったと反省・謝罪することは、戦没者を断罪することであり、冒瀆《ぼうとく》するものである」という政治宣伝活動を活発に展開し、全国の多くの都道府県議会が、「戦没者への追悼・感謝」の決議の採択をおこなったのである。

強調された「鞭打つ行為」と「犬死に」

「不戦決議」に反対するために強調されたのが、日本の戦争を侵略戦争とするのは、「英霊への冒瀆」「戦死者を鞭打つ行為」であるという主張であり、誤った戦争であったというのなら「戦死者は犬死にだったのか」という主張であった。地方には、それぞれの郷土部隊があり、その戦友会もあり、さらに身内や親戚や町内、村内、地域から出征して犠牲になった人もいる。そうした身近な人たちを侵略者、加害者として断罪するのか、と短絡的に問われれば、一般民衆の心情として、それらの人々を侵略者とは思いたくないというのが自然の感情であろう。自民党「終戦五〇周年国会議員連盟」や「終戦五〇周年国民運動実行委員会」は、そうした地域民衆の心情をうまく利用するかたちで「草の根保守主義」を喚起し、組織して巻き返しをはかったのだった。

いっぽう、自民党と連携して「不戦決議」を阻止する運動を展開した、旧軍人、遺族会、右翼組織、タカ派ジャーナリズムなどの保守・右翼勢力は、かつてない規模の「南京大虐殺の嘘」キャンペーン（後述）を展開した。それは、南京大虐殺の事実が多くの国民の共通認識として定着すれば、日中戦争の侵略性、加害性もいやおうなく認識されることになり、「不戦決議」を支持することになるからである。

このときの「南京大虐殺の嘘」キャンペーンの先導役をはたしたのが、前掲の自民党の歴史・検討委員会で、同委員会の研究会では、田中正明、冨士信夫、上杉千年らの南京大虐殺否定論者だけを講師にして講演させている。

自民党の歴史・検討委員会編『大東亜戦争の総括』という大部の本には、先の三人の南京大虐殺否定論者の講演記録と、研究会出席委員の南京事件否定発言が掲載されている。永野茂門法相が南京大虐殺「でっち上げ」発言をして更迭された同じ時期に自民党国会議員の否定発言が公然となされ、それが刊行されているのが日本の政治なのである。同書に講演記録が収められている講師の大半は、直接、間接に一九九七年に結成された「新しい歴史教科書をつくる会」(「つくる会」と略す)にかかわっているので、自民党の歴史・検討委員会と密接な関係のなかで「つくる会」が組織されたことがわかる。

「論争」の政治的変質

「南京大虐殺は事実か？　真相解明・謝罪外交糾弾国民集会」が一九九四年六月一〇日東京・九段会館で開かれた。主催団体は、英霊にこたえる会、教科書を正す親子の会、神道政治連盟、新日本協議会、正論の会、全国戦友会連合会、日本を守る国民会議、日本の前途を憂える知識人の会、不二歌道会であり、さきの「終戦五〇周年国民運動実行委員会」構成団体と重なる。

集会では、日本の前途を憂える知識人の会代表で、かつて家永教科書を検定不合格にしたときの教科書調査官だった村尾次郎が主催者を代表して挨拶をおこない、現代史研究家・阿羅健一が「〝南京大虐殺〟の虚構を撃つ」、上智大学教授・渡部昇一が「いわゆる〝南京大虐殺〟と侵略戦争論」、参議院議員・板垣正が「侵略史観打破と〝謝罪決議〟の阻止」、青山学院大学教授・佐藤和男が「戦争責任と謝罪決議」と題してそれぞれ講演をおこなった。集会の内容は、南京大虐殺は東京裁判によってでっち上げられたものであるから、それを反省して謝罪するのは何ごとかというもので、具体的には羽田首相が「南京大虐殺はでっち上げ」発言をした永野法相を更迭したのは中国の抗議を恐れた謝罪外交であると「糾弾」したものである。最後に、「先の戦争を侵略戦争と断定する「戦争反省謝罪」の国会決議に断固反対する」という決議文を採択した。

この集会は、「不戦決議」阻止の切り札に、南京大虐殺「虚構説」を利用しようとしたものであった。すなわち、連合国は東京裁判において、日本の戦争は侵略戦争であったと断罪するために、虐殺三〇万人あるいは二〇万人という南京大虐殺をでっち上げた、という論理である。「不戦決議」阻止をめざす組織・団体の運動にとっては、「南京大虐殺は嘘」「虚構」でなくてはならないのであり、南京事件は「なかった」ことにしなければならなかった。

　またこの集会で明確になったのは、南京大虐殺否定論者が「不戦決議」阻止を推進する自民党ならびに保守・右翼組織・団体と一体となったということである。つまり、日本の戦争が侵略戦争であることを国民に認識させないために、南京大虐殺否定論者が必要とされるようになったのである。さらに、この集会に結集した「不戦決議」阻止勢力が、組織的に南京大虐殺否定説の宣伝、流布をはかる合意形成の契機になったといえ、以後活発な「南京大虐殺の嘘」キャンペーンが展開されることになる。学問的に「結着」のついた「南京事件論争」の成果を政治的に否定していく運動が「不戦決議」阻止勢力によって推進されるようになった。もともとその性格はあったが、「南京事件論争」は大きく政治問題に変質してしまった。

「南京大虐殺の嘘」キャンペーン

　一九九五年は戦後五〇周年ということで「戦後五〇年フェア」のコーナーを設置した書店が多かった。それらをいくつか覗いてみると、つぎのような「南京大虐殺の嘘」を主張する本が平積みにされていた。

　冨士信夫『「南京大虐殺」はこうして作られた』（展転社、九五年四月）／渡部昇一「「南京大虐殺」の幻は、なぜ生まれたのか」（同『かくて昭和史は甦る』クレスト社、九五年五月所収）／田中正明『パール博士の日本無罪論』（増補改訂版、慧文社、九五年二月）／小室直樹・渡部昇一『封印の昭和史——「戦後五〇年」自虐の終焉』（徳間書店、九五年八月）／（自民党）歴史・検討委員会編『大東亜戦争の総括』（展転社、九五年八月）／大井満『仕組まれた〝南京大虐殺〟』（展転社、九五年一二月）。

書店の教育書のコーナーにおかれた教育雑誌にはつぎのような連載と特集が登場した。

藤岡信勝「南京事件の真実とは（1）〜（7）」（『社会科教育』九五年六〜九月、一一〜一二月、九六年一月、明治図書出版）／板倉由明「「南京大虐殺二十万」説への反証」（『「近現代史」の授業改革1』社会科教育九五年九月号別冊、明治図書出版）／上杉千年「「南京事件」教科書記述——今、何が問題か」、板倉由明「笠原十九司『南京難民区の百日——虐殺を見た外国人』批判」（『「近現代史」の授業改革2』社会科教育九五年一二月号別冊、明治図書出版）。

この年に「南京大虐殺の嘘」キャンペーンで活躍したのが、東京大学教育学部教授・藤岡信勝であった。彼は、九五年一月に「自由主義史観研究会」を組織、教育雑誌『社会科教育』（明治図書出版）の編集部の全面的なバックアップを受けて、九〇年代前半に侵略・加害の記述が改善された中学校歴史教科書を「東京裁判史観」「マルクス主義＝コミンテルン史観」「暗黒史観」「自虐史観」などとレッテルをはって、批判、攻撃する運動を組織的に展開した。「南京事件の真実とは」の連載で、彼は南京事件についての教科書記述をつぎのように批判した。

①犠牲者（死者）の数が十数万、二〇万人、三〇万人以上とまちまちであるが、これらの数は「日本を犯罪国家として断罪した東京裁判の呪縛」を受けた教科書執筆者たちの自主性のない態度から、中国側または東京裁判の結論をあげているだけである。②東京裁判の二十数万人

説は、日本を断罪しようとした東京裁判の政治的意図から、数に信憑性のない中国人の証言を鵜呑みにして、白髪三千丈式の数を合算してできあがったものである。③日本は大陸で犯罪を犯したのだから被害者の言い分はすべて真実として受け入れるべきだ、という卑屈な見方が教科書を支配している。

藤岡は、この時点では秦郁彦の主張する虐殺犠牲者数四万人という「虐殺少数説」を支持する立場にあったが、その後、「虐殺は限りなくゼロに近い」という完全な「南京大虐殺否定論者」になっていった。

藤岡の中学校歴史教科書批判のターゲットの一つが南京大虐殺の記述であった。彼によれば「東京裁判史観」とは、東京裁判を頂点にした「日本の敗戦直後からアメリカ占領軍の絶対的権力のもとで周到に用意され実施された日本人の「洗脳」作戦・思想改造計画」にもとづき、「日本人は「あの戦争」の責任は、あげて犯罪国家日本の側にあると教え込まれた」日本の近現代史の見方のことである。そして「洗脳」の手段としての南京大虐殺が、アメリカを中心とする連合国により東京裁判ででっち上げられたというのである（藤岡信勝「「東京裁判史観」——「南京事件」と東京裁判」、同『近現代史教育の改革——善玉・悪玉史観を超えて』明治図書出版、1所収）。

「自由主義史観研究会」を組織しての藤岡の教科書批判は、自民党の「明るい日本・国会議員連盟」（九六年六月結成、奥野誠亮会長、板垣正事務局長、安倍晋三事務局長代理、衆参議員一一六名）の教科書攻撃の尖兵的な役割をはたした。同議員連盟は、さきの「終戦五〇周年国会議員連盟」を改組して発足したものであるが、その中核は自民党の歴史・検討委員会の活動と業績を継承しようとしたものである。

2 転機になった一九九七年

第三次教科書攻撃の開始

一九九五年の戦後五〇年「不戦決議」をめぐって展開された攻防は、自民党が過半の都道府県議会に「戦没者への追悼・感謝」の決議を採択させ、「不戦決議」反対の署名を五〇〇万集めるなどして地方の「草の根保守主義」の動員と組織、結集に成功し、さらに中央においても「不戦決議」阻止勢力の統一に成功した。その結果、自民党は退潮傾向を回復し、いっぽうで社会党は壊滅的な後退をとげ、九六年には社会民主党と改称したが、政治的な劣勢を回復することはできないままである。この結果、「不戦決議」阻止の運動を推進した自民党勢力、つまり、日本の戦争は侵略戦争と見ず、東京裁判を否定し、南京大虐殺や「従軍慰安婦」問題はなかったという戦争認識・歴史認識をもった、あるいはそう国民に認識させるべきだという国会議員が民主党もふくめて国会議員の多数派を形成することになった。その転機になったのが、一九九七年である。

一九九七年五月、改憲団体の「日本を守る国民会議」（中心は郷友連盟、神社本庁など）と宗教右翼の「日本を守る会」（中心は神社本庁、生長の家、佛所護念会、修養団など）が組織統一して、「日本会議」（会長塚本幸一ワコール会長）を発足させた（構成団体等は、堀幸雄『最新右翼辞典』柏書房、二〇〇六年にもとづく）。日本最大の右翼組織となった「日本会議」は「新憲法の制定を推進する」ことを基本運動方針にしたが、その「日本会議」を全面的にバックアップする目的で、九七年五月に超党派の「日本会議国会議員懇談会」（日本会議議連）が結成された。二〇〇七年における会長は平沼赳夫、会長代行中川昭一、副幹事長安倍晋三・小池百合子、特別顧問麻生太郎の顔ぶれである。同議連は二三五名の議員が所属（二〇〇六年七月現在）、自民党議員の五割以上が所属している。短命に終わったが、二〇〇六年九月に成立した安倍内閣の閣僚は六割が同議連のメンバーで、安倍首相が「大臣と同じ地位」と重視した首相補佐官五名の内、四人がメンバーで、まさに「日本会議内閣」といえた。自民党国会議員に影響を与えているもう一つの組織が、「天皇を中心とした神の国」の実現をめざす政治結社の神道政治連盟と連携するために一九七〇年に設立された自民党「神道政治連盟国会議員懇談会」（神道議連）で、二〇〇七年時点での会長は綿貫民輔、副会長は古賀誠・平沼赳夫・町村信孝・青木幹雄、幹事長は伊吹文明、事務局長が安倍晋三、顧問森喜朗で衆参二二三人の議員が所属していた（二〇〇六年一〇月現在、俵義文・魚住昭・佐高信・横田一『安倍晋三の本性』金曜日、二〇〇六年）。

一九九七年二月、自民党の当選五回以下の議員を中心として「日本の前途と歴史教育を考える若手議員の会（若手議員の会）」（代表中川昭一、事務局長安倍晋三、衆参議員六二名）を結成、中学校歴史教科書の「従軍慰安婦」問題をはじめとする侵略・加害の記述を削除するよう、教科書攻撃を展開した（日本の前途と歴史教育を考える若手議員の会『歴史教科書への疑問』展転社、一九九七年）。戦後日本における八〇年代につづいての第三次教科書攻撃の開始である。

「つくる会」の結成

上記の政界の動きと連動して、一九九七年一月「新しい歴史教科書をつくる会」が結成された（会長西尾幹二、副会長藤岡信勝）。同会は保守・右翼勢力の国民運動のかたちをとって、日本の現行教科書の批判攻撃を展開するとともに、日本の侵略戦争を肯定・美化する歴史教科書の作成をめざして精力的な活動を開始した。「従軍慰安婦」と南京大虐殺の記述が教科書攻撃のターゲットにされたことはいうまでもない。その結果、二〇〇六年版の中学校歴史教科書から「従軍慰安婦」の記述が消え、南京事件についても前述したように（本書二一六頁）記述が後退し、二〇万人という犠牲者数を記述したのは一社だけとなった。

一九九七年から大々的に開始された第三次教科書攻撃は、それまでの第一次（一九五五年から五〇年代後半）と第二次（一九八〇年から八〇年代前半）が文部省と政府・自民党によって攻撃がおこなわれたのにたいし、今度は、政府・自民党と呼応して「自由主義史観研究会」「つくる会」のように民間の側からも国民運動のかたちを模して、教科書会社や執筆者に記述修正を迫るというかたちで展開されたのである。その運動の中心的な役割を担ったのは、さきの「不戦決議」阻止の運動を展開した組織や団体であった。

「不戦決議」阻止勢力が結集した「日本会議」の影響力は、二〇〇六年九月に安倍晋三内閣が成立するといっそう強まった。自民党の「日本の前途と歴史教育を考える議員の会」（前述「若手議員の会」を改称、会長中山成彬）に南京問題小委員会（委員長戸井田とおる）を設置、二〇〇七年六月に「調査検証の総括」を発表、東中野修道らの否定論を受け売りして、「中国が主張する〝南京大虐殺〟は政治的プロパガンダにすぎない」「南京大虐殺は東京裁判で虚構が証明された」などと内外に公表したのである。さらに民主党内でも、鷲尾英一郎ら国会議員二〇名が呼びかけ人になって、議員連盟「民主党慰安婦問題と南京事件の真相を検証する会」を組織して、「東京裁判史観」に反対し、「南京事件をはじめとする反日プロパガンダ映画」に対抗し、東中野修道や藤岡信勝ら否定派を招いて「南京事件の史実を検証」するという。日本の戦後史において初めてであるが、自民党、民主党の国会議員が公式に議員連盟を組織して、サンフランシスコ講和条約で受諾した東京裁判の判決に異議を唱え、南京大虐殺否定論を内外に表明するようになったのである。二〇〇七年は重要なので次章で改めて詳述する。

虐殺否定派の言論抑圧行動

「つくる会」の副会長に就任した藤岡信勝は「自由主義史観研究会」の組織をつかって教科

書の南京大虐殺の記述批判をするとともに、南京大虐殺否定説もさかんに執筆し、さらに亜細亜大学教授東中野修道とコンビを組んで、南京大虐殺否定のための出版、講演活動を旺盛に展開するようになった。南京大虐殺を否定する「つくる会」教科書を文部省の教科書検定に合格させるため、さらに学校現場でも採用させるための国民の世論作りをめざして、『産経新聞』は東中野に現行の教科書の南京事件記述批判と南京事件否定説を何度も書かせた。それは、「つくる会」の『新しい歴史教科書』の出版を引き受けた扶桑社が『産経新聞』系列だったからであるが、教科書出版社に禁じられている不当行為に相当することはいうまでもない。

さらにアメリカで Iris Chang, *The Rape of Nanking*, Basic Books, 1997 が出版され、六〇万部を超えるベストセラーになると、藤岡信勝・東中野修道『「ザ・レイプ・オブ・南京」の研究――中国における「情報戦」の手口と戦略』（祥伝社、一九九九年、本の批評は後述）を出版し、「つくる会」「自由主義史観研究会」の全国・地方の組織を利用して、アイリス・チャンの本を批判、攻撃する「反日偽書集会」をつぎつぎに開催していった。

藤岡・東中野らの論理は、南京大虐殺は中国が日本を国際社会から放逐するために、国際的にしかけてきた情報戦・思想戦の一手段であり、それに欧米のメディアが加担して日本を孤立させるために「国際情報戦」を展開している、というものである。彼らにとって、アイリス・チャンの本は、中国政府と中国人がアメリカを舞台に展開した情報戦としての反日謀略作戦ととらえて糾弾するための格好の本になったのである。一九九九年七月、「自由主義史観研究会」

主催で『「ザ・レイプ・オブ・南京」の研究』の発刊を宣伝して「二〇世紀最大のウソ「南京大虐殺」にとどめを刺す」と題する講演会を東京・九段会館で開催、参加者は一〇〇〇人に達したという。二〇〇〇年一月には、大阪府と大阪市が「平和の発信地」とする趣旨と理念で設立した「大阪国際平和センター（ピースおおさか）」を会場にし、「戦争資料の偏向展示を正す会」の主催で、東中野修道を講師に呼んで「二〇世紀最大の嘘「南京大虐殺」の徹底検証集会」を開催した。主催の団体は、これまで「ピースおおさか」の南京事件の展示と映像資料について展示撤去を迫る圧力や脅迫行動をおこなってきた団体であった。

「つくる会」と「自由主義史観研究会」のメンバーを中心に南京大虐殺否定派を結集する地方組織が各県単位に結成され、藤岡や東中野を講師に招いて講演活動を盛大に展開した。こうして、日本の戦後史においてかつてなかった南京大虐殺否定派の大運動が展開されたのである。「日本会議」やその前身の「日本を守る国民会議」など右翼組織が南京大虐殺否定の運動に積極的にかかわるようになり、「つくる会」や「自由主義史観研究会」の会員になって活動したため、彼らの運動が言論抑圧的行動をとるようになったことも記しておく必要があろう。以下に典型的な事例だけをいくつか記しておく。

南京大虐殺展示への圧力

一九九六年四月一日、新築開館した長崎原爆資料館の「日中戦争と太平洋戦争」のコーナーの年表に「一九三七年一二月南京占領、大虐殺事件おこる」と書かれ、その下に泣き叫ぶ婦人、一般市民らが兵隊に連行される場面の写真が掲示された（本書一八四頁）。それは香港で製作された映画『中国の怒吼《どこう》』の一場面の写真であった。同場面は戦時中アメリカで製作された"*The Battle of China*"（フランク・キャプラ監督）にも登場する。

これにたいして、「日本を守る長崎県民会議」「長崎日の丸の会」「長崎の原爆展示をただす市民の会」さらに自民党長崎市議団などが、原爆資料館に南京大虐殺や七三一部隊など侵略、加害の展示をなぜしたのかと抗議し、写真削除を迫った。この問題を『産経新聞』がさっそく取り上げて「長崎原爆資料館の展示「虐殺」ヤラセ写真　戦争中の「反日宣伝」作品　圧力に屈した悪しき前例」（『産経新聞』一九九六年四月二三日夕刊）と全国版に報道した。これらの抗議・圧力に毅然と対応した伊藤一長・長崎市長は、二〇〇七年四月、市長選挙運動のさなか暴力団員の凶弾に倒れた。

「自由主義史観研究会」はプロジェクト・チーム「プロパガンダ写真研究会」を組織し、「南京大虐殺のヤラセ映像とニセ写真の分析」をおこない「反日的・自虐的な見方によって捏造されたプロパガンダ写真・映像資料を実証的な観点から検討すること、これらの資料を掲載している本を書いた著者や資料を展示している展示館などの責任者に是正を求めることを目的」として、活発な活動を開始した（九八年二月）。具体的には自民党の地方議員を中心に「戦争博物館の偏向是正を求める」ことを目的に結成された「平和資料館問題を考える自治体議員ネットワーク」（九八年二月結成）と連動して、全国の自治体が設置した「平和記念館」「戦争博物館」における南京虐殺などの日本軍の加害行為を扱った展示写真や映像を批判、攻撃して、展示場から撤去させる活動を展開した。

映画『南京1937』上映妨害

映画『南京1937』は、一九九五年に中国で製作された南京大虐殺をテーマにした劇映画で、監督は呉子牛。女優早乙女愛が主人公の中国人医師の日本人妻を好演した。日本人を糾弾するのでなく、中国人と日本人の人間としての「和解」へのメッセージをこめた映画で、中国では「日本人に甘すぎる」、告発性が弱いと批判があった。しかし、そのような映画でも、日本で一九九八年から劇場公開を始めたところ、六月に横浜で右翼が上映中のスクリーンを切り裂く事件が発生、街宣車が執拗に妨害活動をしたために、中途で上映を打ち切らざるをえなくなった。早乙女愛には右翼から脅迫があり、ボディガードを雇わざるをえなくなったという。さらに彼女はその後日本の映画界からは冷遇されて日本の映画界を去り、アメリカで寂しく亡くなった。

以後、一般映画館での上映は困難になり、全国で市民団体が中心になって、公共施設を会場にした上映会を実施したが、各地で右翼勢力が妨害活動を繰り広げた。千葉県柏市などでは市当局に会場を使用させないように圧力をかけ、妨害に成功している。一九九九年一〇月に山形市で市民が企画した『南京1937』講演と映画のつどい」に、筆者は講師として呼ばれたが、「南京事件の真相を考える山形県民の会」が中心になって、市当局に会場不許可を迫る脅迫まがいの圧力をかけた。山形市当局の姿勢がしっかりしていたので、上映会は実施されたが、講師の筆者は機動隊に守られ、市の職員が会場を厳重に警備するなかで講演をおこなった。「南京事件の真相を考える山形県民の会」は上映会の成功にたいする「反撃」として、二〇〇〇年一月に東中野修道の講演会を実施した。

出版社に右翼乱入

一九九九年一月、青木書店に「国粋青年隊一志塾情報宣伝局長」を名乗る右翼が金属バットをもって乱入、「南京大虐殺の本をなぜ出版するのか」「社長を出せ」などと叫びながら、電話機や机上のガラス板などを破壊、書類、文献を破損させた。右翼は現行犯で逮捕され、さいわい社員には怪我がなかった。翌日、右翼の街宣車が青木書店を攻撃しながら終日周辺をまわって威圧をおこなった。青木書店は、南京事件の資料集をはじめ、同じく歴史書も発行してきた出版社である。

鹿児島県議会、南京大虐殺記念館見学に反対

二〇〇二年七月二日、鹿児島県議会は、鹿児島市の「つくる会」が提示した、中国を訪れる

県立高校の修学旅行の訪問先から、南京の南京大虐殺記念館を除くよう求めた陳情書を、賛成多数で採択した。理由は、同記念館が「反日洗脳教育の牙城」となっているからというものだった（『朝日新聞』二〇〇二年七月三日）。

漫画「国が燃える」削除・修正事件と小林よしのり『戦争論』

二〇〇四年九月、雑誌『週刊ヤングジャンプ』（集英社）の連載漫画、本宮ひろ志「国が燃える」が同誌の第42号（九月三〇日発売）と第43号（一〇月七日発売）に南京事件の場面を描いた。これにたいして右翼活動家の西村修平らが「集英社の不買運動を検討する会」「本宮ひろ志の歴史偽造を糾弾する会」を立ち上げ、集英社に直接赴いて抗議を繰り返した。集英社もこれに応じて、『ヤングジャンプ』編集長ら集英社の幹部が何度か直談判を受け、最後には漫画の削除・修正を約束した。さらに右派系の地方議員グループも集英社に「抗議面談」に赴き、右翼団体の街宣車が集英社の前で威圧行動を展開した。ほかにもメール、ファックス、電話などでさまざまな抗議と圧力が寄せられた。この結果、集英社側は連載の一時休載を決定し、同誌一一月一一日発売号において、編集部・本宮ひろ志の連名で「読者の皆様へ」という「お詫び」の文章を発表、単行本出版にさいしては虐殺描写の大幅な削除・修正をおこなうと具体的に表明した。

「新しい歴史教科書をつくる会」の機関誌『史』（一一月号）は、さっそく阿羅健一「南京事件を無知と歪曲で描いた本宮ひろ志の愚行」を掲載、「「国が燃える」の休載は当たり前」と、右翼活動家の西村修平らの集英社への圧力を「成果」として礼賛した。阿羅は、西村らが六年前に、映画『南京1937』を「公共施設を映写場として貸与することを撤回させたことがある」とたたえている。

筆者は「「国が燃える」削除・修正問題と南京事件」(『週刊金曜日』二〇〇五年二月二五日号)を書いて、本宮の南京事件描写は、猪瀬直樹監修・高梨正樹編集『目撃者が語る昭和史5　日中戦争』(新人物往来社、一九八九年)収録の証言記録にほぼ全面的に依拠したものであり、ほとんど削除・修正の必要がないことを述べた。

いっぽう、「つくる会」結成当初はその広告塔として活躍していた小林よしのりが雑誌『SAPIO』(小学館)に連載している漫画「新ゴーマニズム宣言」には、東中野修道や藤岡信勝の否定説を受け売りして「南京大虐殺は嘘」と好きなように描いて人気を博し、さらに単行本にまとめた『戦争論』(幻冬舎、一九九八年)は六五万部のベストセラーになったという。あまりにも際だった相違が、日本の言論出版界、ひいては日本の民主主義社会の現実をあぶりだしているといえる。

「百人斬り」名誉毀損裁判

二〇〇三年四月、弁護士・高池勝彦、稲田朋美らが原告訴訟代理人となって、本多勝一『中国の旅』の「百人斬り競争」の記事（本書一一六頁）のため、二人の将校の遺族が名誉を毀損され、精神的苦痛を強いられたとして、著者の本多勝一、新聞報道をした毎日新聞社（戦時中は東京日日新聞社）、朝日新聞社、出版社の柏書房を被告として提訴した（「百人斬り」訴訟という）。『中国の旅』が公刊されてから、すでに三〇年以上経過しているにもかかわらず、このような裁判を起こしたのはなぜか。弁護士・高池勝彦は、東史郎裁判の原告訴訟代理人であり、「つくる会」の理事をつとめ、二〇〇六年五月には、「つくる会」副会長にまで就任している。既述のように一九九七年以降活発化した、自民党政府と「つくる会」「日本会議」など右翼・保守勢力が一体となって、南京事件に関する言論抑圧活動を展開したその一環であることがわかる。

ドイツやフランスでは「ナチガス室の嘘」「ホロコーストの嘘」を出版することが法律で禁止されているのに、日本では逆に、南京事件の事実を報道したジャーナリストが「南京大虐殺の嘘」を主張する人たちから裁判で訴えられるという、あべこべ現象が起こった。

「百人斬り」訴訟は、「百人斬り競争」はあったかどうか、をめぐって、もう一つの「南京事件論争」の感があった。本書の第三章で詳述したように、そもそも「南京事件論争」そのものが本田勝一『中国の旅』の「百人斬り競争」の記述をめぐって一九七〇年代に開始されたものであった。今回は、南京大虐殺否定派がもてる力を総動員して、裁判にのぞんだことは、原告側が裁判所に提出した証拠文書が「甲第一五一号証」すなわち総数で一五一点に達し、書類の山を築いたことにも示される。『「南京事件」の探究』（文春新書、二〇〇一年）の著者・北村稔立命館大学教授が、原告側すなわち否定派の立場から「陳述書」（甲第九〇号証）を提出したことも、総動員の一例であろう。

「百人斬り」訴訟は、二〇〇六年一二月の最高裁の決定によって、原告側の敗訴が確定した。一九七〇年代におこなわれた「百人斬り」論争について、司法の場においても結着がつけられたのである。「百人斬り」の実態は、戦闘中の白兵戦によるものではなく、投降兵、敗残兵、捕虜あるいは農民を座らせて斬首したのが実態であった。この訴訟に関連して、被告側が相継いで新史料を発掘し、また原告側が提出した史料にも「百人斬り」の実態を明らかにするものがあったので、「百人斬り競争」の事実の解明は進展した。筆者は、これらの新史料をもとに『「百人斬り競争」と南京事件』（大月書店、二〇〇八年）を出版した。

3　南京大虐殺否定本のトリック

南京大虐殺事件の歴史像については、その歴史的遠因ならびに近因の分析もふくめてほぼ明らかになり、現時点での到達点をまとめたものとして、藤原彰『南京の日本軍』と拙著『南京事件』がある。この二書を読めば、歴史事実としての南京事件の全体像がほぼ理解できるはずである。もちろん、今後の史料発掘によって、たとえば「百人斬り競争」の実態が明らかになったように、南京事件の周辺の問題もふくめて、より歴史像が総合的になり、また犠牲者数についてもより実態に迫る推定が可能になることもあると思われるが、基本的な歴史像は前掲の二書に叙述されたとおりであると思われる。その意味で、歴史事実をめぐる南京事件論争はすでに「結着」がついている。

ところが、巻末の年表に明らかなように、昨今でも、南京大虐殺否定説の本が史実派の本とほぼ同じように出版されており、一般の人には「どっちもどっちの論争」が相変わらず続いているという印象を与えるようになっている。

このような現象が起きるのは、現在の日本では「侵略戦争反省・謝罪決議」阻止勢力が政府の中枢を占めており、日中戦争が侵略・加害の戦争であったことを否定するためには、どうしても南京大虐殺は「なかった」ことにしなければならないからである。今後とも、文科省の教科書検定によって、現行の歴史教科書に記述されている南京大虐殺の記述を少しずつ弱め、将来的には削除させていくことがめざされるであろう。そのためには、否定論者、それも学者、研究者と見なされている大学教授に否定本を執筆してもらい、それを大手出版メディア、マスメディアを通して流布、宣伝させておくことが必要となる。現に、二〇〇六年版の中学校歴史教科書の南京事件の記述は軒並み後退させられ（本書二一六頁）、二〇〇六年度の高校日本史教科書の検定では、南京事件をめぐり否定論もあることを書き、論争がつづいていることを記述せよという検定意見がつけられた。

このような時代状況のなかで、出版不況ということもあって、南京大虐殺否定本の出版に、老舗の文藝春秋、産経新聞社、新潮社に加えて、小学館、PHP、草思社、幻冬舎なども参入するようになり、出版メディアにおける否定派の巨大メガホンは増加傾向にある。

「南京事件論争史」と題した本書では、最近出版された主要な否定説本を取り上げて、論評すべきなのであるが、そうすることが学問的にはあまり生産的でないのは、否定説本の目的と方法（手段）がすでにわかっているからである。目的はこれまでの「南京大虐殺派」の研究成果に疑問をもたせ否定すること、方法は読者を惑わすために、トリックをつかうことである。

出版の種類と部数では「史実派」を凌駕している否定派の主要な本は年表にリストアップしたので、ここでは、二人の大学教授の本を取り上げて、否定のためのトリックを解説してみたい。なお、この間に多く出版された否定説の原形は、東京裁判ですでに主張され、批判・否定されたものである（本書八五頁）。昨今の否定説については、ほぼ類型が決まっているので、それらを一三の類型にまとめて、嘘のトリックを批判したのが、南京事件調査研究会編『南京大虐殺否定論13のウソ』（柏書房、一九九九年）である。同書は新装版が二〇一二年にKASHIWA CLASSICSとして出版された。興味のある方は同書を参照していただくことにして、ここで取り上げて批判することは煩雑になるので、省略する。

東中野修道『「南京虐殺」の徹底検証』（展転社、一九九八年）

同書にたいしては、拙稿「南京虐殺否定派の〝新旗手〟」（同『南京事件と日本人』柏書房、二〇〇二年所収）において、東中野の専門である思想史研究の方法が、そもそも歴史学的なルールを無視した非学問的なものであることの批判から始まって、彼が、筆者たちが一九九〇年代半ばまでに築きあげた南京事件研究の成果を否定するためにつかっている手法が、「中国とアメリカの情報戦による謀略」という彼の「妄想的」な大前提にたって、史料や文献を提示することなく、思いつきだけでこう疑える、こう否定できるとしていくものであることを批判した。

東中野の方法は、「大虐殺派」が根拠にしている史料に「一点でも不明瞭さ、不合理さ」が発見できれば、「大虐殺派」のつかっているのが四等史料、五等史料にすぎないことが「検証」できるというのが「徹底検証」の論理なのである。そこで「南京大虐殺派」の歴史書に使われた史料や証言を「一つ一つしらみつぶしに調べ」それが「一点の不明瞭さも不合理さもないと確認されないかぎり、〔南京虐殺があった〕と言えなくなる」、つまり「〔南京虐殺はなかった〕という間接的ながらも唯一の証明方法になる」としているのである。

史料の一つ一つには不明瞭、不合理なものがあっても、他の史料と照合しながら史料批判をおこない、総合的に見てこの史料からこのことは証明できる、とするのが歴史学の方法であるのが東中野にはわかっていない。というより、「南京大虐殺派」の研究を正面から批判できないので、膨大な引用史料の一つでも批判できれば全体の信憑性が批判できるという否定のための否定の方法をつかっているのである。

この東中野の論法は、被害者の証言にたいしてもつかわれる。南京事件当時、八歳の少女だった夏淑琴さんが一家九人のうち七人も殺害され、四歳だった妹とともに孤児として生きなければならなかったことを証言したのにたいし、東中野は「夏淑琴が事実をありのままに語っていれば、証言に食い違いのおこるはずもなかった」、証言内容に「一点の食い違いがあってもならない」と、証言記録（これも本人ではなく聞いた者が記録したもの）によって年齢や家族数が一致していない、として夏淑琴さんを「ニセ被害者」と書いたのである。この論法は、東中野が聞き取り調査資料の扱いの基本も知らないことを意味している。聞き取り調査の場合、証言者の数や年、月日に関する記憶の誤りはさほど問題にならない。大切なのは基本的な体験記憶である。夏淑琴さんの証言ではこの体験記憶は一致している。

さらに、ドイツ外交官ローゼンの外交文書にあった夏淑琴さんの家族の惨劇の場面の報告で、夏さんを bayoneted とあるのを「銃剣で突き殺した」と訳して（「銃剣で突き刺した」と訳すべきところ）、夏さんが死んだことにし、その後に the 8-year old girl が負傷して生き残ったと記されているのを、the（その）とある意味が理解できずに、生き残ったのは夏さんでなく、別の少女である、つまり夏淑琴さんは死んだはずなので、負傷して生存したと証言している夏淑琴さんは「ニセ被害者」であるというのである。英文の初歩的な誤訳にもとづいて、夏淑琴さんを「ニセ被害者」と断定してはばからないのである。

日本人の研究者に「ニセ被害者」と書かれた夏淑琴さんは心に大きな衝撃と傷を受け、憤りと無念さで精神不安定な状態に陥った。その怒りと悲しみから東中野の本を名誉毀損で提訴したのである（二〇〇六年六月）。夏淑琴さんが来日、東京地裁の法廷に立って、「東中野に直接申し上げたい」と証言したが、東中野は法廷にあらわれることなく、準備書面で自分は「学問的な見解を述べたまで」と繰りかえし、自分の言論が被害者の夏淑琴さんの心を傷つけた「第二の罪」を犯しているという自覚はまったくない。

同裁判の東京地裁の判決が二〇〇七年一一月二日に出され、夏淑琴さんの名誉毀損を認定し、慰謝料など四〇〇万円の支払いを命じた。判決文は「被告東中野の原資料の解釈はおよそ妥当なものとは言い難く、学問研究の成果というに値しないと言って過言ではない」と言い切った。東中野の研究者としての資格を否定する厳しいものである。東中野は「非常に心外だ。控訴する方針だ」とのコメントを出したという（『朝日新聞』二〇〇七年一一月三日）。

戦後生まれの東中野が「支那」「支那人」「支那兵」という差別語をことさらつかい、さらに「支那兵の反日攪乱工作隊」が市民や難民にたいして略奪、強姦、放火をおこない、それに欺かれた南京安全区国際委員会のメンバーが日本軍の暴行の記録として世界に発信し、南京虐殺説がつくられた云々と、裏付け史料もなく論を展開している。日本軍の残虐行為を根拠史料もなく中国人の仕業にすりかえる論法は東京裁判でも見られたが、被害者の中国人を二重、三重に傷つけ、冒瀆するものであるという自覚は彼にはない。

東中野の、中国軍捕虜の処刑は戦時国際法で合法であったとする論法にたいしては、吉田裕「南京事件論争と国際法」(笠原十九司・吉田裕編『現代歴史学と南京事件』柏書房、二〇〇六年)に、東中野の国際法理解の誤りが明確に指摘されている。たとえば、東中野は、「ハーグ陸戦法規」の民兵や義勇兵が同法規の適用を受けるためには必要だとされた指揮官の存在、兵士としての特殊徽章の明示の規定を、「支那軍正規兵」の規定にあてはめて、南京の敗残兵、投降兵は指揮官もなく、軍服も脱ぎ棄てていたので、同法規適用の資格がなかったので、処刑してかまわなかった、と捕虜処刑は合法であるというのである。

戦時国際法をめぐって「吉田・東中野論争」がおこなわれたが、東中野が論破され、以後東中野はこの問題についてあまり言及しなくなった。東中野ら否定論者は、批判され、論破され、反論できなくなると論点をずらせ、新たな側面を見つけて否定論を展開し、それで南京事件がなかったように思わせるのを常套手段にしている。後述する南京事件の写真や国民党国際宣伝処の話がその事例であるが、南京事件の有無をめぐる本質的な問題ではないにもかかわらず、その新たな論点を批判しないと史実派も認めたと彼らは宣伝する。そして南京事件の事実そのものが否定されたように主張するので、私たちもやむなく新たな否定論を批判する。まさにゲームのモグラ叩きと同じである。否定派はすでに破綻した否定論の繰りかえしと、新たな否定論の「創作」という二つの方法で、否定本を多量に発行しつづけているので、世間一般は「南京事件論争」は結着がつかずにまだつづいていると錯覚することになる。それが否定派の狙いでもある。

藤岡信勝・東中野修道『「ザ・レイプ・オブ・南京」の研究――中国における「情報戦」の手口と戦略』（祥伝社、一九九九年）

アイリス・チャンの前掲 *The Rape of Nanking* については、日本語の翻訳書の注記に同書の誤りを指摘・是正することを彼女が認めなかったため、日本での翻訳出版は実現しなかった（その後、アイリス・チャン著、巫召鴻《フシヨウコウ》訳『ザ・レイプ・オブ・南京』同時代社、二〇〇七年として出版された）。アイリス・チャンは歴史家でもなく、日本語はもちろん中国語の史料も十分に読みこなせないため、記述に誤りもあり、写真にも誤りがあった。筆者自身も二度ほど彼女に会う機会があったので、彼女の主張する「三〇万人虐殺説」を批判したことがあった。アメリカの中国研究者からも彼女の本を批判する本が出版され、その翻訳書が、ジョシュア・A・フォーゲル編、岡田良之助訳『歴史学のなかの南京大虐殺』（柏書房、二〇〇〇年）として出版されている。

藤岡と東中野がアイリス・チャンの本を「反日偽書」として糾弾する講演会を全国で開催したことはすでに記したとおりである。彼らのトリックは、アイリス・チャンの本と日本の「大虐殺派」とが同じ「南京大虐殺派」であると意図的に宣伝しているところにある。

東中野や藤岡らの南京大虐殺否定派がことさら強調しているのが、南京大虐殺は中国や欧米社会が「犯罪民族日本人」というレッテルをはって日本人を貶《おとし》めるための情報戦による謀略である、ということである。この国際的な情報戦の手口と戦略に、日本の「大虐殺派」が「敵〔中国〕に通じた裏切り者」「反日売国学者」「反日左翼」として加担しているとまで主張するのである。

このような戦時中の「ABCD対日包囲網」意識の亡霊のような被害者意識、強迫観念意識は、南京大虐殺否定派のかなりな部分に共通するものであるが、東中野のように情報戦による謀略という意識の持ち主には、南京事件の歴史事実を認識することは不可能である。南京事件の事実を証明する資料、東中野の場合は南京安全区国際委員会のアメリカ人宣教師たちの証言・記録がすべて謀略に思えてくるのである。前掲書の「支那兵の反日攪乱工作隊」の発想も同じである。こうなると、学問とはまったく無縁な「妄想の世界」になってしまう。

東中野修道・小林進・福永慎次郎『南京事件「証拠写真」を検証する』(草思社、二〇〇五年)

同書の「エピローグ」には、「一九七二年に出版された本多勝一『中国の日本軍』中の掲載写真も、国民党のプロパガンダ写真に、改竄された説明を付したものをふくんでいた。これを皮切りにして、日本中に、否、世界中に「南京大虐殺」が広まり、いまやしっかりと定着しつつある」とある。本の帯には、「「証拠写真」一四三枚の初の総括的検証、本書の検証によれば南京大虐殺の「証拠写真」として通用する写真は一枚もなかった」とある。本書のトリックは、南京大虐殺の「ニセ写真」をもとに南京大虐殺が形成されていったように思わせるところにある。

本多勝一『中国の日本軍』（創樹社、一九七二年）は『中国の旅』の写真版であるが、南京大虐殺は同書が七部から構成されているなかの一部であるにすぎず、写真も本多が現地撮影した取材中のものがずっと多い。しかも写真版の本は、『中国の旅』にくらべ、その影響力はまったくかぎられていた。したがって本多の写真版で南京大虐殺が広まり、定着しつつあるなどということはない。

南京大虐殺の歴史事実は、写真資料ではなく、膨大な文献資料、証言資料によって明らかにされてきたのであって、写真を証拠資料にして南京大虐殺が明らかにされたのではない。南京大虐殺の写真として流布されているものに、南京ではない写真が多い、それらは「ニセ写真」で、だから「南京大虐殺も嘘」という論理はトリックである。

拙稿「南京大虐殺はニセ写真の宝庫ではない」（前掲『南京大虐殺否定論13のウソ』）、同「『南京事件「証拠写真」を検証する』（草思社）のウソを検証する」（『週刊金曜日』二〇〇五年五月二〇日号）、同「否定説のウソを解説する」（『未來』二〇〇五年五月号、未來社）に書いたように、南京事件には、誰が、いつ、南京のどこで、どのようにして写真を撮ったか、が明瞭な貴重な虐殺現場の写真がある。その一つが軍の検閲を受けずに自分の写真機で撮影できた『村瀬守保写真集　私の従軍中国戦線』（日本機関紙出版センター、一九八七年）であり、さらに日本軍の目を避けて自分の一六ミリフィルムカメラで密かに撮影したジョン・マギー牧師のフィルムと写真がある。

同書で東中野は、村瀬が「揚子江岸には、おびただしい死体が埋められていました。虐殺した後、河岸へ運んだのでしょうか、それとも河岸へ連行してから虐殺したのでしょうか」とキャプションを付けた写真を虐殺の写真ではないと否定する。否定の方法は、村瀬は日本軍が虐殺する瞬間を見たわけではないから、写真の死体は中国軍が中国人を殺した可能性もあり、長江を渡るとき溺死した中国兵の可能性もあり、市民の死体といっているのも「便衣兵」の可能性がある、という論理である。東中野は例によって、資料の根拠、裏付けなしに自分の推測だけで否定するのである。彼は否定を前提として、もっともらしく読者を欺く理由を考えるのである。

東中野の写真否定論は、「支那兵の反日攪乱工作隊」が中国人を集団殺害したという資料は存在せず、溺死説は死体が針金かロープで縛られているから成立しない。「便衣兵」説はこれも本書ですでに述べてきたとおりで実態は敗残兵の虐殺である。同書のトリックは、村瀬写真集のなかから「虐殺された後薪を積んで、油をかけられた死体」の二枚の写真を「検証」からはずしていることである。この写真は集団虐殺をした日本兵が悪臭のためマスクをして、煙がまだ残っている死体の現場に立っているもので、否定できなかったのであろう。否定できない写真は「検証」からはずし、「「証拠写真」として通用する写真は一枚もなかった」と結論するのはまさにトリックである。

警戒を要するのは、この種のトリックがメディアには通用することで、『読売新聞』（二〇〇七年五月六日）の社説「南京事件70年　事実に基づいた議論が必要だ」では、アイリス・チャンの本に言及し、「「南京虐殺」を証明するもの〔写真〕は一枚もないことが、日本の研究者の検証で明らかになった」と書いている。アイリス・チャンは東中野が否定した村瀬写真を掲載しているが、東中野の「検証」の方が誤っているのである。

つぎはマギー牧師の写真の否定の論理であるが、マギーが東京裁判で証人として証言台に立ち、殺人現場を目撃したことを証言したにもかかわらず、そのときフィルムを傍証として提出しなかったのは「虐殺の目撃と確信がなかったことを物語っているようだ。それとも、フィルムを提出することで、虐殺の主張がかえって打ち消されてしまうと恐れたのであろうか」というものである。筆者のゼミ生がこのようなことをいえば「資料の裏付けもなく、根拠もなく自分の推量だけで判断してはいけない」と注意するであろう。

東京裁判ではすでに国際検察局がマギーの写真を入手していたので、証言だけでよかった可能性もあり、法廷では写真よりも本人の証言が何より重要であった。マギーも写真証拠の提出を求められれば提出したであろうし、とにかくマギーが法廷に提出しなかった理由はさまざま考えられるが、それを推測でいっていたらきりがない。東中野は東京裁判においてマギーのフィルムがどう扱われたかなどについてはまったく調べることもなく、推論だけで否定のための「検証」をおこなっている。

なお、同書で「検証」したとする写真の問題について、まともに論じたものが、渡辺久志「カメラが目撃した日中戦争――真贋《しんがん》論争の焦点①〜④」（『中帰連』第三八号〜四一号、本書三三九頁）があるので参照されたい。

東中野修道『南京事件――国民党極秘文書から読み解く』（草思社、二〇〇六年）

同書は、これまで、いわゆる「南京大虐殺派」が調査、収集してきた中国やアメリカ関係の資料を、中国国民政府の「虚構宣伝の謀略」であるとして否定する論理である。拙著『南京難民区の百日』で紹介した、アメリカ人記者のダーディンやスティールも、国民政府中央宣伝部の宣伝戦に加担、南京安全区国際委員会メンバーもベイツは中華民国国民政府の顧問、フィッチは国民党と密接な関係があり、アメリカ人宣教師たちは国民政府の宣伝工作に使われ、あるいは協力して、南京事件を「世界に発信」したというのである。

東中野にとっては、日本軍占領下に生命の危険をかえりみずに市民、難民、とくに女性を日本軍の暴力から守るために奔走したアメリカ人宣教師、教授たちも、国民政府中央宣伝部の「対外宣伝工作」の協力者でしかなかったのである。同書で東中野が意図したことは、南京事件当時、世界に伝えられ、国際的批判を巻き起こした南京大虐殺の情報は、国民政府中央宣伝部国際宣伝処の工作による謀略であったと読者に印象づけることである。

同書は「南京大虐殺の根拠を突き崩す画期的な研究成果！」と帯に書かれている。それは、南京事件を世界に知らしめたH. J. Timperley, *What War Means*, Victor Gollancz, 1938（中国語版は『外人目睹中之日軍暴行』、日本語版はティンバーリィ原著、訳者不詳『外国人の見た日本軍の暴行』評伝社、一九八二年、洞前掲資料集第2巻に『戦争とは何か』として収録）について、国民政府中央宣伝部の極秘文書「国民党中央宣伝部国際宣伝処工作概要」に「本処〔国際宣伝処〕が編集印刷した対敵宣伝書籍」と書かれていたのを発見したからだというのである。

それは、中央宣伝部がティンパリー記者に「お金を使って頼んで、書いてもらい、それを印刷して出版した」という曾虚白・国際宣伝処長の回想とも符合するという。つまり、南京事件当時、国民政府中央宣伝部の「顧問」であったティンパリーが国民政府から資金提供を受けて、「虚構宣伝の謀略」のために書いたのが『戦争とは何か』であり、この「虚報とプロパガンダ本」が「南京大虐殺の源流」となり、東京裁判へと引き継がれ、歴史的事実として語られることになった、というのである。

同書の二つのトリック

同書の第一のトリックは、国民政府中央宣伝部顧問であったティンパリーが書いた『戦争とは何か』が南京大虐殺説の源流を作り、それが東京裁判で歴史事実とされた、という話にある。しかし、本書第一、二章に見たように、南京事件を世界に発信したのは、アメリカ、ドイツ、イギリスなどの外交官であり、東京裁判で国際検察局が証拠として重視したのもこれらの外交文書であった。

同書の第二のトリックは、『戦争とは何か』を書いたときティンパリーはまだ国民政府中央宣伝部顧問ではなかったのに、そうであったとしたことである。したがって東中野が強調するティンパリー編著『戦争とは何か』は中国国民党中央宣伝部が製作した宣伝本という説は成立しない。

渡辺久志が「もとめているのは「実像」か「虚像」か？」（『中帰連』第二一号）で、ティンパリー関係の原資料を調査して確認したように、ティンパリーは一九三九年に『マンチェスター・ガーディアン』の特派員を辞めて、国民政府の中央宣伝部顧問に就任したのである。ティンパリーが『戦争とは何か』を書いたときに宣伝部顧問であったという「嘘」の起源は、北村稔『「南京事件」の探究』（文春新書、二〇〇一年）にある（後述）。北村は、『近代来華外国人名辞典』（中国社会科学出版社、一九八一年）にティンパリーについて「一九三七年盧溝橋事件後、国民党政府に派遣されて英米に行き宣伝工作に従事、つづいて国民党中央宣伝部顧問に就任した」とあるのを「ティンパーリーが日中戦争開始直後から国民党と対外宣伝工作に従事したと明言」していると理解したうえで、『曾虚白自伝（上）』（聯経出版、一九八八年）という当時国際宣伝処処長であった曾虚白の戦後の回想録に、彼がティンパリーに金を使って南京大虐殺の本を書いてもらった、とあるのと合わせて宣伝部顧問説を書いたのである。

しかし、井上久士「南京大虐殺と中国国民党国際宣伝処」（前掲『現代歴史学と南京事件』）が指摘するように、曾虚白の自伝は、自画自賛的で信憑性がない。南京の第二歴史档案《とうあん》館に「国民党中央宣伝部国際宣伝処が英国記者ティンパリー著『外国人の見た日本軍の暴行』を推薦するために、各部門と往復した書簡」という公文書綴りがあり、前掲の張憲文主編『南京大屠殺史料集　第12巻』に収録されている。東中野が好んで使う「極秘文書」でも「秘密報告」でもない。

「国際宣伝処長宛の報告書」（一九三八年六月一八日付）に、ティンパリー編著『外人目睹中之日軍暴行』は作者が外国人の記録を収集して、中国各地とくに南京における日本軍の残虐暴行を忠実、詳細、系統的に叙述した内容の充実した本である、と説明したうえで、七月七日の抗戦一周年に間に合うように、ロンドンにおける英語版との同時出版に向けて中国語版一〇万冊の翻訳出版を進めている、としてその印刷、製本費用が報告されている。

中国語版の「訳者言」には、ティンパリーの本の企画を知った訳者が翻訳権を買いとり、翻訳を急いだこと、原書の出版と同時に発行できた中国語版には、原書にはない写真を訳者が各方面から収集して挿入したこと、中国語版は出版を急いだので英語版を参考とする暇がなかったことなどが書いてある（前掲日本語版『外国人の見た日本軍の暴行』）。

国際宣伝処のほとんどの書簡には、「本処が翻訳した」とあることからわかるように、国際宣伝処がティンパリーが編集していた『戦争とは何か』に着目して翻訳権を買いとり、国際宣伝処から資金を出して中国語版一〇万部を印刷・出版して、抗戦意識を高めるために各機関に寄贈、さらに抗日戦争支援金を募るために海外の華僑団体に送付したのである。当時の国際宣伝処長・曾虚白の回想は、ティンパリーから翻訳権を買いとり、さらに中国語版一〇万部を翻訳・印刷・出版するために大金を出資したことを、自分がティンパリーに書かせたかのように誇張したものと理解できる。

上記の公文書のなかに、一つだけ「本処が編印した」という軍事委員会宛の書簡があるが、これは、中国語版の「訳者言」にあるように、中国語版の写真を各方面から収集したことを「編印」したと記したと理解しても不自然ではない。ちなみに中国語の「編印」は「編集印刷する、出版する」の意味なので、「本処が中国語版を編集印刷した」あるいは「本処が中国語版を出版した」となる。

東中野はこの「本処編印」を「本の編集、作成、印刷、翻訳、写真などの資金を出して宣伝本を企画したのはほかでもない国民党中央宣伝部であった」（東中野修道「南京「大虐殺」を覆す決定的証拠を発掘した」『正論』二〇〇三年四月号）と拡大解釈したのである。

「ティンパリーとベイツの『戦争とは何か』の出版をめぐる往復書簡」（前掲『南京事件資料集①アメリカ関係資料編』）からわかるように、そしてティンパリーが松本重治に「これは、よき日本人に対しては、まことに済まぬことながら、広く戦争が人間というものを変えてしまうという、悲しむべく、また憎むべきことを世界に周知せしめたいのです」（同『上海時代〔下〕』中公新書、一九七五年）といったように、ティンパリーが主体的に編集した本であって、それを国際宣伝処が利用したのである。

拙稿「国民政府軍の構造と作戦――上海・南京戦を事例に」（中央大学人文科学研究所編『民国後期中国国民党政権の研究』中央大学出版部、二〇〇五年）に書いたように、蔣介石は中国単独では日本に勝利できないので、日中戦争を世界戦争に発展させ、アメリカ・イギリスと日本を戦争させることが勝利につながると考えて、国際条約・国際法に違反する日本の行為を世界に宣伝することに力を入れた。軍事強国の日本に侵略戦争をしかけられた中国が国家滅亡を逃れるためには、当然の戦略であった。南京事件は格好な宣伝材料を国民政府に与え、国民政府もそれを最大限利用した。その宣伝材料としてティンパリーが執筆中の『戦争とは何か』を全面的に利用したというのが事実である。

東中野には日中戦争は日本が国際条約（九カ国条約、パリ不戦条約）に違反した侵略戦争であるという認識がないから、侵略された国民政府が国際的支援を得るためにおこなったことも「謀略」「陰謀」としかみなさないのである。ベトナム戦争におけるアメリカ軍の残虐行為を世界に報道し、アメリカのベトナム侵略批判、抗米ベトナム支援の国際世論を喚起した本多勝一らジャーナリストと同じ役割をティンパリーが担ったのである。そのティンパリーを「国民政府のスパイ」「国民党の工作員」というレッテルをはって、ティンパリーが『戦争とは何か』で世界に伝えようとした南京事件の実相までも「謀略」による「虚構宣伝」と思わせようとするのが同書の狙いである。

同書は、南京事件に関する記録、資料類をすべて中国国民政府の「虚構宣伝」であるかのようにみなす東中野の「謀略史観」「陰謀史観」にもとづくものであるが、それは戦時中の日本人が、日本の戦争を批判し、不利な戦況を伝える海外情報を「敵の謀略」「敵の情報戦略」とシャットアウトし、戦争の真実を知ろうとしなかった意識に共通する。

北村稔『「南京事件」の探究——その実像をもとめて』（文春新書、二〇〇一年）

中国現代史を専門とする北村稔立命館大学教授による同書は、北村稔・櫻井よしこ「発掘！「新史料」が証かす「南京虐殺」の虚構」（『諸君！』二〇〇二年一月号）のサブタイトルが「「虐殺」を世界で初めて報じた英字紙記者ティンパーリーは国民党の宣伝工作員だった！」となっているように、『戦争とは何か』を書き、南京事件を世界に知らせる大きなきっかけを作ったティンパリーは、当時国民党中央宣伝部国際宣伝処の工作員であり「新聞記者の身分を隠れ蓑に国民党外交戦略の一翼を担った」人物であり、同書はその「ティンパーリーの正体を突き止める」「新発見」をしたものというのである。その「新史料」というのは前掲東中野の書で取り上げた『近代来華外国人名辞典』と『曾虚白自伝』であるが、それが根拠にならない誤りであることはすでに述べた。

北村本の一番のトリックは、ティンパリーが「国民党の宣伝工作員」でないときに書いた『戦争とは何か』を彼が「国民党の情報工作者＝スパイ」として書いたかのように思わせようとしたところにある。

北村本のつぎのトリックは、東京裁判における南京事件の審理において、『戦争とは何か』の内容が、裁判開始の前提となり裁判を維持する基本的枠組みとして機能した」「ティンパーリーの著作が訴訟指揮の基本方針を形成させた」といい、さらに東京裁判の判決文までティンパリーの本からの引用があり、裁判官がティンパリーの著作を読んでいたことを示す、と述べて、東京裁判もつまりは国民党工作員ティンパリーの情報工作（諜報＝スパイ工作）にもとづいて裁かれた、というところにある。

ティンパリー＝国民党スパイ説をたてた北村は、ティンパリーの名前が *The Dictionary of National Biography* にもなく、東京裁判の法廷に出廷しなかったのは、「情報工作者が身元を隠すのは「世界の常識」であり、姿を晦《くら》ましていたのである」と書いているが、渡辺久志前掲論文にあるようにきちんと調べれば、ティンパリーは三九年から四二年まで国民党中央宣伝部の顧問をつとめたあと、四三年には顧問を辞めて連合国の情報関係の仕事をし、戦後はアンラ（UNRRA、連合国救済復興機関）の仕事に従事し、最後はインドネシア外務省の顧問となったが、熱帯病に冒され、五四年に五六歳で亡くなったことがわかる。

本書の第二章に詳述したように東京裁判において国際検察局が南京事件をどう立証したかを見れば、北村説はまったく成り立たないことがわかる。北村は、裁判における「起訴状」と「判決書」の区別もできず、裁判官が法廷に証拠として提出されなかったティンパリーの本から引用した判決文を書いたとするなど、裁判のイロハがわかっていない。
北村本にたいする批判は、拙稿「南京虐殺「虚構説」のトリックの見分け方――北村稔『「南京事件」の探究』を事例に」(『週刊金曜日』二〇〇二年八月二日号)があるが、より詳細な批判は、渡辺久志「もとめているのは「実像」か「虚像」か?――北村稔著『「南京事件」の探究――その実像をもとめて』を批判する①〜④」(『中帰連』第二一〜二四号)があるので参照されたい(本書三三九頁)。

東中野修道『南京「百人斬り競争」の真実』(ワック、二〇〇七年)

「百人斬り」訴訟において、南京事件否定派の原告側の敗訴が最高裁判決によって確定したことは前述した(本書一四一頁)。東京地裁判決(二〇〇五年八月二三日)は原告側、被告側から提出された証拠書類、原告側の証人陳述などを厳密に審理した結果、「百人斬り競争」の新聞報道はなんらかの事実にもとづいたものであり、その実態が無抵抗な捕虜や農民の斬首であった事実も否定できない、と判断したのである。さらに東京高裁判決(二〇〇六年五月二四日)は、「百人斬り競争」が『東京日日新聞』の記事のような戦闘中の白兵戦による「「百人斬り」の戦闘戦果は甚だ疑わしいと考えるのが合理的」であるが、内実は「「百人斬り競争」として新聞報道されることに違和感をもたない競争をした事実自体を否定することはできず」、つまり無抵抗な捕虜、敗残兵、農民の斬首競争をした事実は否定できない、と判定したのである。

同書も稲田朋美『百人斬り裁判から南京へ』（文春新書、二〇〇七年）も、上記の司法判定を否定してみせるために書いたものであるが、両書とも何も否定できていない。どのような内容であろうとも、「百人斬り競争」を否定していると世間に見せかける本を出版しておくことに否定派の狙いがある。

同書は、「百人斬り」訴訟で、投降兵、捕虜、敗残兵、農民の据えもの斬りの事実を証明した決定的な史料、たとえば、野田少尉が百人斬りを焦り、農民を連れてこさせて斬首した事実を回想した望月五三郎『私の支那事変』（私家版）や、野田少尉が母校の小学校に来て、敗残兵の斬首をしたことを語った記憶を書いた志々目彰「日中戦争の追憶〝百人斬り競争〟」（『中国』一九七一年一二月号）、野田少尉と同期であった陸軍士官学校四九期生会編『鎮魂』に書かれた同期の将校の六車政次郎が野田少尉の「百人斬り競争」を肯定した回想等については為《す》す術《べ》もなく、黙《だん》り《ま》を決めている。

つまり「勝負」を回避して、二人の将校はそこで『東京日日新聞』記者に会見できなかったはず、戦闘状況、進軍状況からして百人斬り競争などできなかったはずという〝はず〟論に終わり（この推定も野砲連隊の砲兵と歩兵砲兵とを混同して誤っているが）、そのくせ、「「百人斬り競争」に終止符を打つ」と題して「両少尉が「俘虜および非戦闘員の連続屠殺」や「据えもの斬り」をしなかったという明らかな証拠はなかった。両少尉が「俘虜および非戦闘員の連続屠殺」や「据えもの斬り」をしたという明らかな証拠もなかった。しかし、「百人斬り競争」の記事は記者たちの創作であったという明らかな証拠は、あったのである」と書いている。

しかし、東中野としては歯切れの悪い結論は、「俘虜および非戦闘員の連続屠殺」や「据えもの斬り」の事実を否定してみせる方法がなかったからである。東中野の「謀略史観」「陰謀史観」には、日本軍人の証言史料を「敵の情報戦」による「謀略」「陰謀」とこじつけて否定することができない弱点がある。

4 南京事件被害者からの聞き取り

拙著『体験者27人が語る南京事件——虐殺の「その時」とその後の人生』（高文研、二〇〇六年）は、日本人の戦争認識のあり方として大切なのは、南京虐殺の悲劇、犠牲になった家族、民衆、兵士たちの苦しみや悲しみを誠実に想起すること、犠牲になった人たち一人一人の悲しみと不幸を心に思いおこすことである、という筆者の思いから、南京事件被害体験者からライフ・ヒストリーの聞き取りをおこなったものである。南京事件が被害者の生涯にどのような影響をもたらしたのか、被害者それぞれのかけがえのない家族と生活と人生が日本軍の暴力によって踏みにじられ、犠牲にされたことが、いかに残酷で悲劇的であったか、その一端を「民衆の戦争記憶」と向き合うことによって明らかにした。

同書においては、日本兵に強姦された後のショックと苦悩から自殺してしまった少女や女性、夫を殺害され、自分も強姦されて妊娠させられてしまい、女の子を出産（一ヵ月後に病死したという）、あまりの衝撃から精神異常者となって生涯を送った女性、強姦された身を村民から同情されるどころか、日本兵と関係をもったとして、逆に蔑まれ、嘲笑される運命にあった女性、七歳、九歳の子どもだったのに無理矢理強姦されて下腹部を傷つけられ、その後遺症に生涯悩まされた女性等々、日本軍の性暴力は、被害女性の後々までも、肉体的、精神的にさまざまな被害を与えたという残酷さを明らかにした。

また、夫と息子を日本軍に殺されたため、そのトラウマから何も食べられなくなり、衰弱死同然に亡くなっていった母親、長男を日本軍に殺され、悲嘆のあまり病死してしまった父親、夫が幼児だった息子を避難の足手まといにならないよう池に捨てて溺死させ、その夫も日本軍に殺害されたために、精神障害を起こし、異常行動をとるようになった妻、等々、日本軍の農民殺害が農民の家族を破壊してしまったことを明らかにした。

さらにまた、農村においては、農業労働力の中心であった成年男子を殺害され、家畜・役畜も掠奪殺害され、家も貯蔵穀物も放火焼却された農家は、日本軍によって生活を破壊されてしまったことを明らかにした。そしてまた、夫を殺害された寡婦が、中華人民共和国成立前後の土地革命によって、小作人を雇っていたことから地主、富農と評定されて土地を没収されたうえに革命に敵対する黒五類（地主、富農、反革命分子、悪質分子、右派分子）として迫害まで受けたという悲劇も明らかにした。

同書は、南京事件が「その時」だけでなく、また虐殺された人たちだけでなく、生き残った多数の民衆の家族と生活を破壊し、民衆一人一人の生涯に深刻なトラウマ、傷跡を残したことにおいても残酷であった事実に目を向ける必要があることを明らかにした。

しかし、南京事件の被害者が、このように戦争被害の記憶をそのまま率直に語ってくれるようになったのは、今のような中国の政治状況、社会状況になったからでもあった（詳細は拙稿「中国民衆の被害体験の記憶——南京戦場を事例に」『歴史評論』二〇〇七年二月号）。被害者が個人の生涯の記憶を革命性や思想性と関係なく自由に語れるようになった現在と、被害体験者が八〇歳から九〇歳という高齢でありながらまだ記憶が語れた最後の時期という条件が重なって聞き取りができたといえる。

そして現在が時間的にギリギリの最後のチャンスであるが、南京防衛戦のために全国から強制的に徴兵動員され、戦場に投入され、日本軍との戦闘で戦死、あるいは投降兵、捕虜、敗残兵として虐殺された総計一〇万人を超える中国国民政府軍の兵士たちの家族がどのような悲惨な被害と苦しみを体験させられたのか、これまで中国ではまったくといってよいほど考慮されてこなかった中国軍兵士と家族の戦争体験の記憶をぜひ聞き取っておかねばと思うこと切である。これは中国の研究者にも協力してほしいことである。

侵略戦争、あるいはその他の戦争の戦場にされた民衆の被害体験は、南京事件にかぎらず、沖縄戦でもそうであったし、ベトナム戦争、アフガン戦争、イラク戦争でも共通する民衆の悲劇である。そのような視点から南京事件における民衆の被害体験とその記憶を発掘、収集していく作業は、日本人とか中国人とかの国籍・民族を超えて普遍的な人権・平和意識にもとづいた「民衆の戦争記憶」の歴史の叙述につなげていけるのではないかと思う。

5　中国における南京事件研究の環境と進展

中国における南京事件研究の環境と条件の進展は著しいものがある。一九八〇年代から九〇年代にかけては、日本の教科書問題や日本における南京大虐殺否定論の横行にたいする警戒、反発、対抗として、政府当局主導による愛国主義教育を強化、徹底し、歴史教科書などを通して「南京大虐殺三〇万人」を「国民の記憶」として定着させるにいたった。

一九九〇年代になって中国の改革開放政策も定着、安定し、二〇〇〇年以降、高度経済成長をなしとげて社会的富も蓄積され、大学進学率の拡大にともなって大学研究機関への国家資本投下も増大するようになった。一九九八年には南京師範大学に南京大虐殺研究センターが設立され、二〇〇六年には江蘇省と南京市と南京大学の共同施設として、南京大学中華民国史研究センターに侵華日軍南京大虐殺研究所が設置された。これよりさき、九五年に南京市に組織された侵華日軍南京大虐殺史研究会は、南京市および江蘇省内の大学ならびに研究所の若手研究者を広く結集、会員が対等な資格で共同研究にあたっており、日本でいう学会の役割をはたしている。中国では先駆的な民間的な性格をもった組織である。

こうした大学を中心にした南京事件研究機関の設置と若手研究者の育成が進み、南京、江蘇省を中心にして、南京事件を学術的に研究する条件が整いつつある。その成果の一つが、中国における中華民国史研究の第一人者である張憲文南京大学教授を主編者として編集・翻訳出版した全二八巻からなる『南京大屠殺史料集』（江蘇人民出版社・鳳凰出版社、二〇〇六年）である。中国国内だけでなく、アメリカ、ドイツ、イギリス、日本、台湾へも研究者が出張して史料調査と収集をおこなって集大成した史料集である。二〇〇七年一一月にはその後収集した史料を編集・翻訳して、二七巻の史料集を発行し、合わせて五五巻におよぶ大史料集の刊行となった。さらにその後も増巻されて全七二巻となった史料集の概容については、拙稿「南京大虐殺の世界記憶遺産登録について」（『歴史評論』二〇一六年九月号）で紹介した。この史料集の編集・刊行により、南京軍事裁判関係史料などこれまで中国が公開してこなかった膨大な史料の公刊が一挙に進展したことになる。今後はこの膨大な史料集をもとにして、柔軟な思考をもった若手研究者による歴史学的な南京事件研究が進展することになろう。

二〇〇五年一二月に前述の全二八巻の史料集刊行を記念する「南京大虐殺史料国際学術討論会」（南京大学中華民国史研究センター・南京師範大学南京大虐殺研究センター・江蘇人民出版社主催）

が南京で開催された。筆者も参加して、前掲『体験者27人が語る南京事件』の聞き取りについて、前述の趣旨の報告をおこなったが、中国側の報告者のほとんどが史料集の編集・翻訳にかかわった研究者であったことから、報告内容も学術的であり、日本の歴史学会の大会のような雰囲気があった。報告内容も多岐にわたったが、「三〇万人虐殺」など誰も言及することもなく、報告の関心はなぜ日本軍が南京事件を引き起こしたか、必然的要因と偶然的要因を総合して分析することに集まった。

さらにドイツ、アメリカ、日本などで史料収集にあたった研究者たちは、その国の視点から見た南京大虐殺の特質について報告した。日本軍兵士の日記類を読んで、日本兵の心理から南京事件の要因を報告した研究者にたいして、会場からあまりにも日本兵に同情的でないかというコメントが寄せられたこともあった。南京防衛戦と南京陥落後の中国軍（国民政府軍）の戦闘の実態についても現地の聞き取り調査もふまえた実証的な報告がなされ、かなり詳細がわかる日本軍部隊の作戦行動と照合すれば、南京攻防戦の実態やその後の中国軍の撤退、避難の実相がかなり明確になると思われた。また、日本からの報告者、参加者がいたことへの配慮もあったと思うが、中華ナショナリズムを誘発、扇動するような南京事件研究は学問的ではない、という批判も出された。

若手研究者には革命史観や中華民族史観から離れて自由な発想をもった人たちが多く、南京事件をめぐる国際シンポジウムにおける討論も活発で、筆者自身多くの学問的な刺激を受けた。

日本においても、南京事件をテーマにしたこのような研究大会が開催できるようになればと思ったしだいである。日本の歴史学界に受け皿ができれば、日中の歴史研究者による南京事件をめぐる国際シンポジウムの開催が可能であり、それこそ学問的な論争も期待できるように思う。それにつけても、中国側の変化、発展と比較した場合、日本側との落差には嘆息せざるをえない。

第七章　二〇〇七年——「論争」の構図の転換

二〇〇七年は本書旧版の『南京事件論争史』が年末に出版された年であるが、南京事件七〇周年にあたったこの年は、事実派と否定派の双方が活発な活動を展開し、激しい攻防が繰り広げられた年となった。いっぽうでこの年は南京事件論争の性質が大きく変質していく転換点となった。それは、本書巻末の［年表］南京事件関係の書籍の出版を見ていただけば明らかだが、否定派プロパガンダの旗手であった東中野修道の著書が姿を消したことに象徴されるように、学問的レベルの南京事件論争は、否定派の破綻でほぼ結着がついたのである。しかし、南京事件論争がそれまで予想もしなかった形で展開するようになったのは、自民党政府内の歴史修正主義者たちが否定派として公然と活動を開始するようになったからである。つまり、ジャーナリズムをとおして民間で繰り広げられてきた南京事件論争が、否定派の立場に立つ自民党政府にたいして、筆者のように事実派が市民の側から批判を展開するという構図に変質をとげたのである。それは年ごとに顕著になって現在にいたっている。

一九九四年五月、非自民党の羽田孜内閣の永野茂門法相が「南京大虐殺事件はでっち上げだと思う」と発言して法務大臣を更迭された事実（本書二一九頁）を想起すると、政府の変質には隔世の感がある。本書では、その転換点となった二〇〇七年に一章をあて、二〇〇八年、二〇〇九年にも言及しながら変質の実態を分析し、その理由を考察しておきたい。

なお本書旧版は、笠原十九司著、羅萃萃・陳慶発・張連紅訳『南京事件論争史――日本人是怎様認知史実的』（社会科学文献出版社、二〇一一年）として中国で翻訳出版された。

1 「教科書議連」による南京事件否定のための活動の開始

「日本の前途と歴史教育を考える議員の会」（教科書議連、約九〇名、本書二三一頁）は二〇〇七年二月、中山成彬会長、西川京子事務局長のもとに「南京問題小委員会」（委員長戸井田とおる）を発足させ、アメリカを中心に世界で南京事件や「日本軍慰安婦」の事実を明らかにしようとする動きに対抗する活動を開始した。同年六月一九日に憲政記念館に国内外の記者を集めて「南京問題小委員会の調査検証の総括」を発表した。その時配布された「南京問題記者会見資料」の中の「日本の前途と歴史教育を考える議員の会の総括」が、以後「政府見解」とみなされるようになるので（本書三〇八頁）、やや長くなるが紹介したい。

「南京大虐殺」の政治宣伝は、一九三八年の国際連盟理事会において、顧維鈞中国代表が「二万人の虐殺と数千の女性に対する暴行」があったとする政治宣伝が原点であると判断した。南京問題小委員会は、顧中国代表が国際連盟の「行動を要求」したにもかかわらず国際連盟は、決議案に「日本非難決議」として採択しなかった事を最重要と判断する。

また、東京裁判において、南京攻略戦総司令官松井石根大将の判決で、「平和に対する罪」

「人道に対する罪」の訴因すべてが無罪だった事を重視するものである。

以上、人道に反する「南京大虐殺」は、国際連盟、東京裁判においても否定されていたものと判断する。

尚、南京攻略戦での犠牲者数に関しては、当時、世界最大の取材班を送り込んでいた朝日新聞約八十名、毎日新聞約七十名の両社とも、二〇〇七年二月「南京大虐殺」の犠牲者数は「特定しておりません」と公式見解を出している。南京攻略戦を一番詳細に取材していた両新聞社ですら、特定できない犠牲者数を国会議員が特定する事など不可能である。

〔中略〕

同小委員会は、一次資料を中心にした検証の結果、南京攻略戦が通常の戦場以上でも以下でもないと判断をするに至った。(傍点引用者)

2 南京事件映画の上映阻止キャンペーン

二〇〇七年六月一九日に「南京問題小委員会の調査検証の総括」なるものを発表した教科書議連は、日本における南京事件否定説をなぞったうえで、最後に「中国への要望」として、中国の「南京大屠殺紀念館」ならびに各戦争記念館の日本軍の虐殺に関する写真展示を撤去するように求めた。国会議員による同委員会の活動は、雑な推論で虐殺写真を「ニセ写真」と断定し、したがって「南京大虐殺も嘘」とする南京事件否定派の論理に基づいたものである。

また民主党右派も同年三月に議員連盟「民主党慰安婦問題と南京事件の真相を検証する会」（会長渡辺周、鷲尾英一郎ら二〇名が呼びかけ人）を結成して、「東京裁判史観」ならびに「南京事件をはじめとする反日プロパガンダ映画」に対抗する活動を開始した。同年六月にはさらに超党派の「中国の抗日記念館から不当な写真の撤去を求める国会議員の会」（会長平沼赳夫、副会長渡辺周、事務局長稲田朋美、衆参四十余名参加）まで組織した。事務局長となった稲田朋美は、「百人斬り」名誉毀損裁判（本書二四〇頁）で原告訴訟代理人となった弁護士であるが、彼女が自民党政府の中枢に入ったことが、南京事件論争の構図を大きく変質させる契機になったと思われるので、改めて後述する。

二〇〇七年は南京事件七〇周年にあたり、中国やアメリカなどで南京事件をテーマにした映画が何本か制作される動きがあった。これにたいして保守メディアが「特集『南京大虐殺』――反日映画7本は「日本の危機！」」（『週刊新潮』二〇〇七年二月八日号）などと特集を組んで警戒を呼びかけた。雑誌『ＷｉＬＬ』も、西村幸祐「反日映画『南京』の上映を許すな！」（二月号）、茂木弘道「南京「大虐殺」反日映画に反撃を！」（三月号）を掲載。つづいて『正論』も「今年は十本以上の南京大虐殺映画が製作される予定」「国際企業の国際反日ネットワーク網の構築を目指している」と述べる水島総「映画『南京の真実』制作で見えてきた情報戦の真実」（九月号）を掲載した。さらに宝島社まで『別冊宝島　中国プロパガンダの正体「南京大虐殺」という陰謀』（一二月一五日発行）を出版、映画『南京の真実』監督・水島総へのインタビュー「米中の利害が結びついた「南京大虐殺」映画の隠れた意図」を掲載した。二〇〇七年の一年間にわたって、南京大虐殺否定説に立つ保守メディアが、南京事件テーマの外国映画を「反日映画」とレッテルを貼って、日本で上映させないための大キャンペーンを展開したのである。

無視できないのは、これらに連動して、国会議員まで南京事件外国映画の上映を阻止する動きを示したことである。「つくる会」の機関誌『史』（二〇〇七年三月号）に、中山成彬・自民党「教科書議連」会長への藤岡信勝・「つくる会」副会長のインタビューが掲載されている（取材は二〇〇六年一二月二〇日）。藤岡が「アイリス・チャンの『ザ・レイプ・オブ・南京』という反日プロパガンダの偽書の内容を真実のものとした上で、それに依拠した南京の映画が、二〇〇七年中にアメリカ、中国、カナダなどで実に七種類も公開される流れになっています。日本にとって、実に由々しい事態です。それで、議連はどうなりましたか」と聞いたのにたいし、中山は「これについても、やはり日本政府として何らかの抗議というか、声明等を出す必要があるんじゃないかと私は思います。〔中略〕今度は、世界中の人々が信じてしまう。日本は本当に悪い国というイメージが広まってしまいます」と述べ、「議連としては、①河野談話の検証、②『南京』反日映画の問題、③北京オリンピックに向けた反日記念館の問題の三つを当面てがけたいと思っています」と答えている。

中山会長の意向どおり先の「南京問題小委員会の調査検証の総括」には冒頭に、「二〇〇六年から二〇〇七年にかけて、米国を巻き込んで「南京大虐殺」の宣伝映画が複数制作される事が明らかになった。これは、過去の日本人の名誉を貶めるだけでなく、現在、未来にわたって、日本人が世界で最も残虐な民族と認識される危機的状況にあると判断せざるを得ない」と記し、反日の「政治宣伝映画」に対抗する必要性を提起したのである。

世界における南京大虐殺映画制作の動きに対抗して、「日本の保守陣営が大同団結し（中略）中国と米国の政治謀略「南京大虐殺」の嘘を暴くドキュメンタリー映画『南京の真実』」（日本文化チャンネル桜代表水島総の『南京の真実』映画制作発表記者会見における発言、二〇〇七年一月二四日、於ホテルニューオータニ）が制作された。水島総「なぜ映画『南京の真実』をつくるのか／この映画で教科書から南京に関する記述が消えたら制作者冥利に尽きる！」（つくる会機関誌『史』二〇〇七年五月号）には、記者会見の会場に、「国会議員の方々も松原仁先生や稲田朋美先生、戸井田とおる先生など一二名の先生方が超党派の「南京の真実を考える国会議員の会」として参加し、それとほぼ同数の地方議員の方々も駆けつけていただきました」と記されている。

水島総が脚本・編集・監督した『南京の真実』は第一部『七人の「死刑囚」』が制作され、二〇〇八年上映された。第二部は「検証編」（ドキュメンタリー）、第三部は「アメリカ編」（劇映画）を引き続き制作する予定とのこと。『南京の真実』を制作するために、自民党、民主党の国会議員と大学教授ら一〇〇名が制作企画賛同者に名前を連ね、二億円の制作費を集めたという。

こうして日本では、南京事件を否定する映画が、自民党・民主党の国会議員が堂々と企画賛同者になって制作され、妨害されることなく上映された。

これにたいして、二〇〇六年にアメリカで制作された、ビル・グッテンターグ監督のドキュメンタリー映画『南京』は、同年一二月米サンダンス映画祭でドキュメンタリー編集賞を受賞したりして話題になったが、日本では上映されなかった。

3 世界における南京事件映画の反響

南京事件七〇周年の二〇〇七年に企画したドイツ人のフローリアン・ガレンベルガー監督、ドイツ、フランス、中国の共同制作による映画『ジョン・ラーベ――南京のシンドラー』が二〇〇九年二月のベルリン映画祭で上映されて話題になった。同映画は、南京事件の最中、南京に留まって南京安全区国際委員会の委員長となって中国市民の救済に奔走したドイツ人のジョン・ラーベを主人公にした映画である。中国では四月末から全国で上映が始まり、たちまち人気の上位につけた。日本人の俳優も、香川照之が朝香宮上海派遣軍司令官役、柄本明が松井石根中支那方面軍司令官役で登場する。

ドイツとフランスではかなり評判となったので、テレビもこの映画に関する特集番組を制作することになり、筆者も二〇〇九年の二月、ドイツテレビ局からのインタビューを受けた。南京攻略戦における朝香宮の役割、南京事件にたいする彼の責任、松井石根と朝香宮の責任の比較、東京裁判ではなぜ松井だけが裁かれ、朝香宮は裁かれなかったのか、等々、同映画を見た人を対象にその理解を深めるための番組を制作するとのことで、相当専門的な内容のインタビューだった。

また、中国を代表する若手の陸川《りくせん》監督による『南京！　南京！』も二〇〇九年四月下旬に中国で封切られた。「日中戦争の映画は反日一色」というイメージとは異なり、日本兵らの人間模様にも光を当てた。日本兵「角川」が陰の主役として節目ごとに登場、虐殺命令への反感、迷い、戦争への嫌悪が強調され、最後に角川は子どもを逃がして自殺する。陸川監督が「戦争とは何かを客観的に描きたかった。南京事件という、中国人の多くが記憶しているが一面的にしか知らない題材を通じ、反戦を訴えたかった」と語る映画にたいして、中国国内のネットやメディアから「親日的」「日本を美化するな」「芸術観は一流、歴史観は三流」などという猛批判が寄せられたが、配給側の予想の倍以上の観客動員があったという。陸川監督は「日本人の俳優の何人かには出演を断られた。身の安全を考えたのだろう。ぜひ日本の方々にも見て欲しい。これまでの中国映画とは違う。普通の日本人を描いたつもりだ」と語っている（『朝日新聞』

二〇〇九年五月一五日付)。

中国や世界で話題になっている『ジョン・ラーベ』や『南京! 南京!』の日本国内での一般上映は実現しなかった。日本の映画配給会社や一般映画館が、右翼勢力の実力行動による妨害や政界・財界中の南京事件否定派勢力の圧力を怖れた結果である。前述のように国会議員まで動き、保守メディアを通じて大々的に繰り広げられた、南京事件映画上映反対運動の影響も考えられる。国際社会、とりわけ、すでに映画が上映され、高い評価を与えている中国、ドイツ、フランス、アメリカなどからすれば、日本は報道の自由が保障された民主主義社会にはとうてい見えないであろう。

ドイツにおいては、ナチスによるユダヤ人大量虐殺をテーマにしたアメリカのテレビ映画『ホロコースト』(一九七八年制作)が一九七九年に西ドイツで放映され、西ドイツ国民の過半が視聴して大きな衝撃をうけ、ドイツ人がユダヤ人虐殺を認識する大きな契機となり、同映画のタイトルがそのままユダヤ人大量虐殺の呼称として歴史用語に定着するようになった。そのことを考えると、社会と国民の歴史意識状況の日本とドイツとの相違は歴然としている。

『ホロコースト』の事例からもわかるように、映像メディアの影響力は大きい。もしも映画『ジョン・ラーベ』や『南京! 南京!』が日本の映画館で広く一般公開され、さらにテレビでも放映され、多くの日本人がそれを見ることになれば、南京事件についてイメージをもって認識することができ、否定説に固執する人はずっと少なくなるであろう。また、南京事件は事実上、中国国民の間では、日中戦争における日本軍の侵略・残虐行為を象徴する事件であるという認識が共有され、国民の記憶として定着している。将来、多くの日本国民が、映画やテレビなど映像メディアをとおして、南京事件を歴史事実として理解、認識するようになれば、日中両国民の日中戦争をめぐる歴史対話は一挙に進展し、歴史和解の展望も拓けてくるであろうが、現実の日本の政治と社会はそれに逆行する状況にある。

日本における自主上映の実施

世界で上映されて有名になった『ジョン・ラーベ』や『南京！　南京！』であったが、国会議員が動いた上映阻止キャンペーンによって、映画館では上映できず、テレビでも放送できない日本社会において、数年間にわたる奮闘を経て、市民団体の「南京の史実を守る会」が中心になって、「南京・史実を守る映画祭」実行委員会を立ち上げて自主上映会を実施した。二〇一一年八月に、中国から陸川監督を招いて『南京！　南京！』の上映会を実施、二〇一四年五月には『ジョン・ラーベ』の上映会を成功させた。『ジョン・ラーベ』はその後何回かにわたって、日本各地で自主上映会が組織された。

4 南京事件70年国際連続シンポジウム――国際社会との連帯

二〇〇七年には、民間と右翼の国会議員が結合した南京事件否定派の攻勢が強まったのに対抗して、市民の側でも南京事件の史実を守る運動が展開され、同年は否定派と事実派との攻防が激しく展開された年となった。

この年には、日本の民間で組織した「南京事件70周年国際シンポジウム実行委員会」の企画により、日本も含めて世界の一〇カ国で南京事件問題を中心にした国際シンポジウムが開催された。同実行委員会は、家永三郎教科書裁判の弁護団長を務めた尾山宏の呼びかけで、弁護士、学者、ジャーナリスト、教師や一般市民などさまざまな人びとが参加して二〇〇六年一二月に結成された。

「日本人は南京事件を忘れても、世界は忘れない。日本人がなかったことにしようとしても、世界はなかったとは認めない。世界各国は、忘れてはならないし、なかったことにしてはいけないと考えているからである。なぜかと言えば、このような非人道的行為が二度と繰り返されてはならないからでもある」という発起人の尾山宏の思いに多くの人たちが賛同したのである。

筆者は南京事件の研究者として、それまでの国際会議参加の経験を生かして、国際シンポジウムの企画の中心となった。国際シンポジウムは以下のような国、テーマ、日程で開催された。

第1回　アメリカ　「過去に向き合い、東アジアにおける正義と和解を促進する」三月三〇日

第2回　カナダ　「70周年にあたって、日本の活動家は南京大虐殺をどう見るか」六月一一日

第3回　イタリア　「記憶と抑圧——日本とイタリアの戦争犯罪」九月二四、二五日

第4回　フランス　「第二次大戦中の日本軍の残虐行為を考える」一〇月一日

第5回　ドイツ　「戦争犯罪と一九四五年以降の世論——日独の視点から」一〇月八日

第6回　マレーシア　「戦時下における日本軍による虐待行為などの検証と戦後責任の総括」一〇月二七日

第7回　韓国　「戦争と民間人虐殺」一一月三日

第8回　中国　「南京大虐殺史研究史料の検討」一一月二三、二四日

第9回　日本　「過去と向き合い、東アジアの和解と平和を！」一二月一五、一六日

第10回　フィリピン　「第二次世界大戦の真実と記憶——南京大虐殺とマニラ戦」二〇〇八年三月一八、一九日

一連の国際シンポジウムのハイライトは第9回の東京で二日間にわたって開催された国際シンポジウム（以下東京シンポ）で、延べ七百余名が参加して盛大におこなわれた。東京シンポは、

マーク・セルデン（アメリカ・コーネル大学教授）の基調講演「日米の戦争残虐行為、歴史記憶と和解──第二次世界大戦から現在まで」で始まり、以下のパネルにしたがって、展開された。
パネル1「「戦後補償裁判」が未来に果たす役割とは何か」
パネル2「南京事件──発生の背景／沈黙の構造」
パネル3「東アジアにおける戦争の裁きの再検討」
パネル4「ヨーロッパでは戦争責任をどう議論しているか」
総括討論「東アジアの和解と平和のために」
東京シンポで最後に採択した「南京事件70年東京国際シンポジウム宣言」において、日本政府に、以下三点の実行を要望することを決めた。
①南京事件を含む戦争被害者に対し、閣議決定及び国会決議を行って公式に謝罪し、これに反するいかなる言動に対しても毅然とした態度で反駁し、被害者の尊厳を守ること。
②謝罪が真摯なものであることを表すため、戦争被害者に個人補償を行うこと。
③アジア・太平洋戦争の真実を国民とりわけ次の世代の子どもたちに誠実に伝えること。
東京シンポ実行委員会では、同宣言の実行を提言するために共同代表名（石田勇治、尾山宏、笠原十九司、高嶋伸欣、俵義文、西野瑠美子、松村高夫）の要望書を作成して、内閣府、外務省、文部科学省、衆議院議長、参議院議長、各政党宛に送付した。さらに二〇〇八年二月六、七日の

両日、共同代表らが面会に応じてくれた新党日本、共産党、社民党の代表を訪れ、直接要請をおこなった。

南京事件70周年国際シンポジウム実行委員会がおこなった一連の国際シンポジウムは、人権、平和、正義を目指す世界の人々との対話と連帯を進める機会となった。

一〇回、一〇カ国におよんだ国際シンポジウムの報告と討論の膨大な記録は、筆者も参加した編集委員会によって『南京事件70周年国際シンポジウムの記録』（日本評論社、二〇〇九年）にまとめられ出版されたので、一読していただくと当時の市民運動の盛り上がりを知ることができる。

二〇〇七年には前述のように右派・右翼系の雑誌が否定論の特集を派手に組んだのに対抗して、筆者も理論的な反論や批判を展開した。

拙稿「南京事件70年の日本と世界」（『歴史学研究』第八三五号、二〇〇七年一二月）は、南京事件を否定する自民党・民主党の一部国会議員の活動が、七〇年前に南京事件が発生したときに、その事実が国民に知られないように言論統制と言論弾圧を強権的におこなった戦時中の日本社会の状況を彷彿させ、国際的には批判の眼をもって注目されていることを指摘した。これにたいして、市民の側からおこなった前述の一連の国際シンポジウムは、戦争認識、歴史認識をめぐる日本社会の閉塞状況ならびに民主主義の危機状況を打開するための動きを国内外に引き起こすことを企図したものであったことを紹介した。

本多勝一『南京大虐殺と日本の現在』(金曜日、二〇〇七年一二月)は、南京事件の歴史的事実を丹念な取材によって掘り起こし、真の国際的道義と民族間の友愛を追求しつづけてきた本多勝一が、「日本の現在は、極論すれば南京大虐殺のあった時代に、まさかと思いたいけれど、少しずつ近くなっているようです」(「あとがき」)という危惧を抱いて、南京大虐殺に関して書いてきた諸論稿をまとめて刊行したものである。

5 日本政府の中枢になぜ南京事件否定派が存在するのか

拙稿「日本政府はなぜ南京事件否定論に立とうとするのか」(『季刊 戦争責任研究』第五八号、二〇〇七年一二月)は、戦後の日本の歴史において初めての政治現象と思われるが、自民党政府の中枢から南京事件を否定する言説が公然と主張されるようになったのはなぜか、その要因を以下のように歴史的に分析した。

最大の理由は、日本の政界・財界・報道界・出版界において、日本の侵略戦争や植民地支配の歴史を否定する歴史修正主義者が優勢であるからである。たとえば、現在にいたるまでの戦後の自民党政権は、日本の侵略戦争を指導・推進した政治家・官僚・軍人の息子、孫、曾孫がその中枢を占めている。これは、ドイツでは考えられない政治現象である。彼らはつぎのような侵略戦争指導・推進者たちの「政治的DNA」を継承している政治家たちである。「政治的DNA」といったのは、彼らのほとんどが父や祖父・曾祖父たちの戦争政策を肯定・美化し、誇りに思っていると公然と発言し、そうした戦争肯定の思想と言動によって選挙民の支持を獲得し、国会議員としての選挙基盤を築いているからである。

なかには、一般論として日本の侵略戦争や植民地支配に批判的な言説をとなえている政治家もいるが、具体的に自分の父や祖父・曾祖父の行為を取りあげて戦争責任を批判してはいない（なお、以下の政治家のポストは二〇〇七年一〇月現在）。

安倍晋三（前首相）：岸信介（A級戦犯容疑者、満州国産業部次長、東条内閣の商工相、戦後公職追放）の孫

平沼赳夫（元経済産業相）：平沼騏一郎（A級戦犯として終身禁錮刑　天皇機関説事件の黒幕、首相）の養子

麻生太郎（前幹事長、元外相）：吉田茂の孫、母が吉田茂の長女、麻生太吉（筑豊で炭鉱経営「石炭王」石炭鉱業連合会会長）の曾孫

町村信孝（官房長官、元文科相）：町村金五（鈴木貫太郎内閣の警視総監として治安対策）の息子

高村正彦（外相）：高村坂彦（特高官僚、大阪府警察局長、戦後公職追放）の息子

福田康夫（首相）：福田赳夫（大蔵官僚、中国占領地の経済侵略担当）の息子

鳩山邦夫（法相）：鳩山一郎（ロンドン海軍軍縮条約調印に「統帥権干犯」と反対、文相の時滝川幸辰京大教授を「赤化教授」として休職処分〈滝川事件〉、戦後公職追放）の孫

鳩山由紀夫（民主党幹事長）：鳩山一郎の孫

中曽根弘文（元文相）：中曽根康弘（内務官僚、「短現」といわれた短期現役海軍主計科士官、ボルネオで軍慰安所を設営、戦後首相として初めて靖国神社公式参拝）の息子

柳河瀬精『告発　戦後の特高官僚――反動潮流の源泉』（日本機関紙出版センター、二〇〇五年）によれば、戦時中、国民を侵略戦争に動員するために思想統一と弾圧に強権をふるった内務省の特別高等警察（特高）出身の官僚が、戦後日本の警視庁、公安調査庁、防衛庁その他の中央の官僚になり、さらに四十余名が国会議員になった。同じような調査・分析を旧軍人や官僚、財界人などについておこなえば、戦後日本の自民党政権がこのような戦前の戦争責任を負った権力政治の人脈を相当部分継承したものであることが判明するであろう。

彼らは、日本政府と社会、国民が日本の侵略戦争を反省・謝罪し、侵略・加害の被害者にたいして戦後補償を実施するようになることをもっとも警戒し恐れている。もしも国民が侵略戦争責任を厳しく問うようになれば、政治家は政治生命、官僚はポストが危うくなり、何よりも財界・企業が強制連行・強制労働、物資略奪の賠償と補償の負担を問われることになるからである。ただし、ドイツの財界・企業が第二次世界大戦時の戦争責任を認め、ドイツ・ナチ政権

による国内や占領地の強制労働の被害者への補償金支払いの半分を負担し、二〇〇七年六月には「過去の清算」を基本的に達成したとドイツ政府が内外に宣言したことは想起すべきである。

終戦五〇周年に村山内閣が「侵略戦争反省・謝罪の国会決議」を採択するのを阻止するために自民党は猛烈な反対運動を展開したが、その司令塔が自民党「歴史・検討委員会」で（本書二二二頁）、奥野誠亮が顧問、事務局長が板垣正であった。奥野は戦時中の内務官僚で、特高課長をつとめた。板垣正は、東京裁判でA級戦犯として処刑された板垣征四郎の次男で、自分も陸軍将校であった。戦後、日本遺族会会長となり、「遺族会議員」として国会議員に当選、首相・閣僚の靖国神社公式参拝の推進者となった。奥野や板垣らに育てられ、その後継者になったのが安倍晋三や麻生太郎らであった。

南京事件は日中戦争が侵略・加害の戦争であったことを如実に証明する事件であったがゆえに、日本の戦争を肯定、美化しないと自己の「政治的DNA」が危うくなる勢力にとっては、南京事件は「なかった」ことにして国民の記憶から「忘却」させてしまいたい政治的衝動が強烈である。日本の侵略戦争を指導・推進した政治家・官僚・軍人・財閥・メディアの「政治的DNA」を継承している勢力が政界・財界・報道界の中枢を占めている日本の社会を変革しないかぎり、南京大虐殺否定論は今後とも彼らが権力を握っているマスメディアという巨大メガホンによって流されつづけるであろう。

稲田朋美『百人斬り裁判から南京へ』（文春新書、二〇〇七年）

「百人斬り」名誉毀損裁判（本書二四〇頁）について原告側と被告側から三冊の本が前後して出版された。

二〇〇七年　稲田朋美『百人斬り裁判から南京へ』（文春新書）

二〇〇八年　笠原十九司『「百人斬り競争」と南京事件――史実の解明から歴史対話へ』（大月書店）

二〇〇九年　本多勝一・星徹・渡辺春己『南京大虐殺と「百人斬り競争」の全貌』（金曜日）

拙著は、「百人斬り」名誉毀損裁判で被告側が発掘収集した新史料をもとに、「百人斬り競争」を生み出した戦争社会の分析からはじめて、「百人斬り競争」が実際はどのようなものであったのか、歴史学的に証明したものである。

本多勝一ほか著は、名誉毀損裁判の被告にされた本多勝一と被告代理人となった渡辺春己弁護士と原告代理人となった稲田朋美弁護士との法廷における論争や訴訟・判決文などの裁判資料を収録したものである。同書はさらに、南京事件被害者の夏淑琴さんが東中野修道を名誉毀損で訴えて勝訴した裁判（本書二四七頁）の記録も掲載している。

稲田朋美『百人斬り裁判から南京へ』を読んでいただければわかるように、稲田は国会議員になる前、筋金入りの南京事件否定派の弁護士として、元朝日新聞記者でジャーナリストの本多勝一を被告とする名誉棄損裁判（「百人斬り訴訟」）を組織した人である。本多勝一は戦後の日本人記者として初めて、南京事件の被害者から直接取材して『中国の旅』（朝日文庫）を著した（本書一一三頁）。さらに多数の南京事件の論稿を書いて『本多勝一集23　南京大虐殺』（朝日新聞社）にまとめたように、南京事件の史実を広く国民に認識させるのに大きな役割を果たしてきた。稲田は本多の影響力に打撃を与えるために、日本国内の否定派勢力を総結集して名誉毀損裁判に挑んだのである。

しかし、歴史の事実を歪曲することはできず、稲田らは敗訴となったのである。その稲田に目をつけた当時自民党幹事長代理だった安倍晋三が、二〇〇五年八月一五日に靖国神社でおこなわれた国民集会に参加していた稲田を首相官邸に呼び、翌月おこなわれた小泉純一郎首相の仕掛けた「郵政選挙」に、いわゆる「刺客」として福井一区の落下傘候補にスカウトしたのである。稲田は三七三票の僅差で衆議院議員に当選、国会議員となって、靖国神社に参拝をつづけ、東京裁判の不当性を訴える「伝統と創造の会」を新人議員で結成して会長に就いた。

稲田朋美は前掲書で、「百人斬り訴訟」の判決を「不条理な判決」として「七〇年たった今、この虚報がまた「南京大虐殺」の象徴として利用されることだけは阻止しなければならない。それができるのは残念ながら裁判所ではなく政治の場なのである〔中略〕国家の名誉を守る。私はそのことのために永田町にきた。闘いは今、始まった」と決意を書いている（同書、一九八頁）。二〇〇七年三月の段階である。

歴史を先取りすると、彼女は「安倍チルドレン」となって当選三回にして自民党政調会長に抜擢され、安倍首相に近い議員が「安倍は稲田を後継者に育てようとしているのは間違いない」というまでになった（「自民60年　時代で移ろう姿」『朝日新聞』二〇一五年一一月一五日）。

安倍首相と稲田政調会長は、東京裁判を不当とみなし、「南京事件は日本を悪者にするために連合国によってでっち上げられた」とみなす南京事件否定論において、さらに右翼として思想的に肝胆相照らす間柄にあると思われる。次章で詳述するように、安倍政権は、南京事件否定論を政策にも織り込むようになるが、その転機のきっかけとして、「安倍チルドレン」となった稲田朋美の政権中枢入りが決定的な意味をもったといえよう。

安倍晋三も、前述のように、教科書議連を組織し、中学校歴史教科書から「従軍慰安婦」の記述を削除させるための教科書攻撃をおこなってきたのである。歴史修正主義を国民に浸透させようとする安倍—稲田ラインの形成によって、日本政府は、南京大虐殺問題では中国政府・国民と、日本軍「慰安婦」問題では韓国政府・国民と歴史認識をめぐる対立をさらに深刻化させていくことになった。

第八章　二〇一〇年代前半——「論争」の政治化

1　安倍政権による「日中歴史共同研究」とその成果の否定

『日中歴史共同研究・第一期報告書』（以下、『報告書』）が二〇一〇年一月三一日に、戦後史の部分をのぞき公表された。同プロジェクトは、二〇〇六年一〇月に訪中した安倍晋三首相側と胡錦濤国家主席との合意によって提起され、翌一一月にハノイで開催されたAPEC閣僚会議の際におこなわれた麻生太郎外相と李肇星外交部長との会談により実施枠組みが決定された。同年一二月に日中両国各一〇名の委員の初会合が北京でもたれ、共同研究が開始された。委員会は古代・中近世史分科会と近現代史分科会とに分かれて、共通の研究テーマを設定、年二回の割合で全体会、分科会を開催して相互の報告に基づく討論をおこない、それぞれの報告を検討、修正することをくり返した。最後にそれまでの論議を踏まえたうえで、両国委員が個人名による論文を執筆した。

『報告書』は〈古代・中近世史〉と〈近現代史〉とに分かれ、各部の各章ごとに日本側と中国側の論文が執筆者名を記してそれぞれ日本文・中文で収められている。

報告書の〈近現代史〉の部分は、「第1部　近代日中関係の発端と変遷」「第2部　戦争の時代」「第3部　戦後日中関係の再建と発展」の三部からなっているが、戦後史の第3部は今回公表されなかった。同部の「第3章　日中における歴史認識、歴史教育」は日中歴史共同研究の目的にかかわると同時に、報告書の「まとめ」にも相当する重要なテーマであるので、どのような討論がなされ、どのような論文が日中双方で執筆されたか、注目されるが、残念ながら今回は未公表となってしまった。

共同研究の近現代史分科会の報告には「第2部　戦争の時代　第2章　日中戦争――日本軍の侵略と中国の抗戦」という章タイトルから明らかなように、日中戦争を日本による侵略戦争と断定、南京大虐殺事件（南京事件）については、日中双方の報告ともそれぞれ二頁にわたって歴史事実として詳述した。日本側の委員は南京事件がなぜ発生したかに重点をおき、中国側の委員は南京においてどのような虐殺がおこなわれたのかに重点をおいて記述している。

報告書に見る南京虐殺事件の実相

報告書〈近現代史〉の「第2部　戦争の時代」は、「第1章　満州事変から盧溝橋事件まで」「第2章　日中戦争――日本軍の侵略と中国の抗戦」「第3章　日中戦争と太平洋戦争」の三章からなり、各章に日中双方から一編ずつ論文が執筆されている。その第2章において日中双方は以下のように南京事件を記述した。

【日本側】（「南京攻略と南京虐殺事件」と小項目を立てて、報告書の二頁にわたり、南京事件がなぜ発生したのかを南京攻略戦の経緯に即して比較的詳細に記述、中国軍側にも犠牲拡大の副次的要因があったとして、南京防衛軍作戦の誤りや指揮系統の放棄・民衆保護対策の欠如などについても言及されている。以下に南京事件の内容と規模と原因について叙述した箇所のみを紹介する)

日本軍による捕虜、敗残兵、便衣兵、及び一部の市民に対して集団的、個別的な虐殺事件が発生し、強姦、略奪や放火も頻発した。日本軍による虐殺行為の犠牲者数は、極東国際軍事裁判における判決では二〇万人以上(松井司令官に対する判決文では一〇万人以上)、一九四七年の南京戦犯裁判軍事法廷では三〇万人以上とされ、中国の見解は後者に依拠している。一方、日本側の研究では二〇万人を上限として、四万人、二万人などさまざまな推計がなされている。このような犠牲者数に諸説がある背景には、「虐殺」(不法殺害)の定義、対象とする地域・期間、埋葬記録、人口統計など資料に対する検証の相違が存在している。

日本軍による暴行は、外国のメディアによって報道されるとともに、南京安全区国際委員会の日本大使館に対する抗議を通して外務省にもたらされ、さらに陸軍中央部にも伝えられていた。その結果、三八年一月四日には、閑院宮参謀総長名で、松井司令官宛に「軍紀・風紀ノ振作ニ関シテ切ニ要望ス」との異例の要望が発せられたのであった。

虐殺などが生起した原因について、宣戦布告がなされず「事変」にとどまっていたため、日本側に、俘虜(捕虜)の取り扱いに関する指針や占領後の住民保護を含む軍政計画が欠けており、また軍紀を取り締まる憲兵の数が少なかった点、食糧や物資補給を無視して南京攻略を敢行した結果、略奪行為が生起し、それが軍紀弛緩をもたらし不法行為を誘発した点などが指摘されている。

【中国側】（「南京大屠殺」という小項目をたてて、報告書の二頁にわたり、南京大虐殺の内容と規模、当時の国際社会における反響などについて詳述している）

犠牲者数や被害の規模については、南京攻略戦に参加した日本軍の第一六師団長の『中島今朝吾日記』や第一三師団山田支隊長の『山田栴二日記』を引用したり、事件当時南京にいた、金陵大学のスマイス教授の被害調査史料や同じく金陵大学のベイツ教授の記録を引用しながら、史料に依拠した叙述を試みている。レイプ事件の多発と被害者数についても言及、金陵女子文理学院のヴォートリンの『日記』、南京安全区国際委員会委員長のドイツ人のジョン・ラーベの『日記』を引用しながら、日本軍が南京に慰安所を設立して、強制的に多くの中国人女性を日本軍の性奴隷にしたことも記述している。

さらに、南京事件は事件発生当時に南京にいた『ニューヨーク・タイムズ』のダーディン記者や『シカゴ・デイリーニューズ』のスティール記者、『タイムズ』のマクダニエル記者などによってアメリカやイギリスで報道され、さらに南京に駐在していたドイツやアメリカ、イギリスの外交官によっても本国に報告され、南京における日本軍の暴行は国際社会の批判を浴びていたことを記述、いっぽう当時の日本国民には一切が知らされず、東京では四十余万人が南京陥落を祝賀する提灯行列に参加、日本国民は戦後になって東京裁判によって初めて南京事件を知らされたと記している。最後に犠牲者数について、以下のように記して南京事件の記述を結んでいる。

日本軍が南京においておこなった放火、殺戮、強姦、略奪行為は、厳格に国際法に違反した。第二次大戦終了後、連合国は東京、中国は南京において軍事法廷を組織し、南京大虐殺事件にたいする裁判をおこなった。極東国際軍事法廷は判決書において、「占領後の最初の一ヵ月の間に、約二万の強姦事件が市内に発生した」「日本軍が占領してから最初の六週間に、南京とその周辺で殺害された一般人と捕虜の総数は、二〇万以上であったことが示されている」と認定した。南京国防部軍事法廷は、南京大虐殺の中で、集団で殺害された人数は一九万人、個別で殺害されたのは一五万人余り、被害者総数は三〇万人以上、と認定した。

国際的常識に反する安倍政権の日中歴史共同研究の否定

上記のように日中両国政府の初めての試みであった「日中歴史共同研究」が、両国の政府が選出した研究者により三年間をかけておこなわれ、その報告書が公表された。しかし、国際的常識では信じられないことであるが、安倍政権はこの共同研究の成果を等閑に付してしまった。安倍政権にとっては意図に反した結果になったのであろうが、国費を使って進めた「日中歴史共同研究」の成果を政府が「なかったこと」「やらなかったこと」であるかのように処理したことについては、本来ならば国民に説明すべきであろう。このような無責任な安倍政権に代わって、なんと筆者が編者になって『戦争を知らない国民のための日中歴史認識――「日中歴史共同研究〈近現代史〉」を読む』（勉誠出版、二〇一〇年）を発行して共同研究の成果を紹介し、北岡伸一・歩平編『「日中歴史共同研究」報告書第1巻　古代・中近世史篇』、『同第2巻　近現代史篇』（勉誠出版、二〇一四年）を発行するよう出版社にはたらきかけ、実現させたのである。

安倍首相は、二〇一三年五月一五日の参議院予算委員会で、侵略、植民地支配の認識問題など「歴史については、これはまさに歴史家に任せるもの」と発言、同七月三日、日本記者クラブでの党首討論会でも「歴史認識自体については歴史家に任せるべきだ」と発言したが、安倍首相が「歴史家に任せる」というのが詭弁で、嘘であることは、自らが提起した日中歴史共同研究の結果を全く無視するとともに、それを否定する言説を公然と主張していることから証明される。

後述するように、安倍首相は二〇一五年四月二三日の参議院予算委員会において、「侵略という定義については、これは学界的にも国際的にも定まっていないと言ってもいいんだろうと思うわけでございますし、それは国と国の関係において、どちらの側から見るかということにおいて違うわけでございます」と発言したが（本書三一四頁）、これは、日中歴史共同研究の報告書の日本側委員の論文にも、日中戦争は侵略戦争であったことを断定し、また日本側委員会の座長であった北岡伸一教授（東京大学大学院法学政治学研究科・法学部教授）も、日中戦争は侵略戦争であったと論稿で断定していることを無視して否定した発言である。

詭弁、弁明にたけた安倍首相は、もし問われれば、「歴史家に任せる」といった「歴史家」

とは、自分と歴史観を同じくする日本軍「慰安婦」否定論者や南京事件否定論者、大東亜戦争肯定論者の「歴史家」のことを言っているのであって、自分と歴史観・歴史認識の異なる「歴史家」のことではない、と弁明して居直る可能性はある。

2 国会で公然と主張されるようになった南京事件否定論

二〇一三年四月一〇日衆議院予算委員会で自民党教科書議連事務局長で自民党の「教育再生実行本部」副部長だった西川京子が「中国や韓国の歴史認識に影響されている教科書と入試問題」と書いたパネルをかざして、山川出版社の日本史教科書の「従軍慰安婦」と南京事件の記述を「自虐史観」「反日思想」にもとづく憂慮すべき記述であると批判。さらに「有名女子中学校の入試問題」と題して、南京事件の関連問題を入試問題に出題した私立学校名を列挙して自虐問題を出したと非難した。

また、南京事件について、『アサヒグラフ』(一九三八年一月二六日号)の掲載写真を提示して、南京虐殺があったとされる一九三八年一月一日に南京に中国人自治会ができ、中国人が日の丸を振って日本軍を歓迎しており、これは虐殺などなかった証拠である。日本に厳しかった『ロンドン・タイムズ』『ニューヨーク・タイムズ』も当時一行も南京虐殺について報道していない。国際連盟議事録を調べた結果、一九三八年一月の国際連盟理事会で中国代表の顧維鈞が「南京で二万人の虐殺と数千の女性への暴行があった」と演説して、国際連盟の行動を要求したが、採択されなかった。顧維鈞代表が訴えても無視されたのは、国際連盟が南京虐殺を認めなかった証拠である。したがって、南京でおこなわれたのは、通常の戦闘行為の以上でも以下でもなかったというのが結論である、と述べた。

さらに、西川議員は、「教科書議連」が南京大虐殺を否定する『The Truth of Nanjing／南京の実相』（日新報道、二〇〇八年）を発行して、アメリカの上院・下院議員全員の五百余名に送ったが反応はなかったことも紹介した。

西川京子に続いて、小泉純一郎内閣の文部科学大臣をつとめた中山成彬（この時は自民党離党）が南京大虐殺事件を否定する発言をおこなった。南京虐殺については、国会議員の自分たちが史料を収集して研究した。配布した史料のとおり、当時の南京の人口は二〇万人で、日本軍の占領後に二五万人に増えているので、三〇万人虐殺はあり得ない。南京虐殺があったというウソが世界に広まっている。日本は宣伝戦に負けている。「自虐教科書」の記述は左翼思想の学者の歴史書に依拠している。教科書採択には日教組が影響している等々、中山氏はデマゴーグといえる否定論を連発した。

西川議員と中山議員の質問というより主張にたいして、安倍首相は、教科書検定の基準について、日本の伝統、文化の尊重や愛国心、郷土愛について書き込んだ改正教育基本法（二〇〇六年一二月）の精神が生かされていない、検定官にその認識がなかったのではないかと批判し、検定制度見直しの必要性を強調した。

下村博文文科相は、二〇一四年度用高校教科書検定の結果について、新しい学習指導要領にのっとった教科書記述になっていない部分があると問題にし、すばらしい伝統文化を誇る日本に生まれてよかったと思えるような歴史認識を教科書の中にきちんと書き込むことが大変重要だと強調し、教科書検定制度の見直しを示唆した。

安倍首相、下村文科相、西川議員、中山議員ともに、「日本の前途と歴史教育を考える議員の会」（教科書議連、一九九七年結成、本書二三一頁）の主導メンバーで、南京事件などの侵略・加害の記述を教科書から削除させるために、教科書攻撃を展開してきた歴史歪曲主義の仲間であった。安倍首相や下村文科相は、立場上公言できない南京大虐殺否定説を西川議員・中山議員に代弁させたとも理解できる。

南京事件の政府見解を教科書に書かせるように検定基準を改定

安倍晋三政権の文部科学省（衆議院予算員会で南京事件否定論を公言した西川京子議員は、この年の九月より文部科学副大臣となっていた）は、二〇一三年一一月一五日、「教科書改革実行プラン」を発表し、それにもとづく検定基準と検定審査要項の改定案が、一二月二〇日の教科書検定審議会で了承された。

これにより、二〇一四年度の中学校教科書の検定から、「犠牲者数など諸説ある南京事件」については、政府見解も記述させる可能性が強くなった。政府見解とは、二〇〇七年六月に「教科書議連」の「南京問題小委員会」が発表した「南京問題小委員会の調査検証の総括」の結論である（本書二七三頁）。

「政府見解」なるものを先取りした教科書

一九九七年一月に結成された「新しい歴史教科書をつくる会」（つくる会、本書二三二頁）は、「教科書議連」とタイアップして、日本の現行教科書の批判攻撃をするとともに、日本の侵略戦争を肯定・美化する中学校歴史教科書を発行したが、その後「つくる会」から分裂して「日本教育再生機構」（理事長は八木秀次高崎経済大学教授で、安倍首相のブレーンの一人といわれ、第二次安倍内閣の「教育再生実行会議」の委員の一人、その後麗澤大学教授）が新たに組織された。同会は、『新しい日本の歴史』（育鵬社、二〇一二年度使用開始）を発行、自民党幹事長だった安倍晋三を先頭に自民党が中央・地方組織をあげて採択運動を展開したのは、よく知られている。

同教科書は、「日本軍が〔一九三七年〕一二月に首都・南京を占領しました」に脚注をつけ、「このとき、日本軍によって、多数の死傷者が出た〔南京事件〕。この事件の犠牲者数などの実態については、さまざまな見解があり、今日でも論争が続いている」と記述しているだけである。前述の「政府見解」なるものと同じように、日本軍の南京占領にともなって戦争における戦闘につきものの、軍民に死傷者が出ただけで、それを中国側では誇張して南京大虐殺と宣伝しているに過ぎないとして、南京事件を否定している。さらに、犠牲者数だけでなく実態（歴史事実）についても論争が続いていて、「不明で断定できない」という巧妙な否定論になっている。

3　強化された南京事件の記述への教科書検定

教科書の南京事件の記述にたいして教科書検定を強化すると表明した先の衆議院予算委員会における下村文科相の言明どおり、文科省は二〇一四年一月に教科用図書検定基準の改定、同年四月に教科用図書検定審査要項の一部改定をおこない、検定基準を次のように大きく変えた。

①近現代の歴史事象のうち、通説的な見解がない数字などの事項について記述する場合には、通説的見解がないことが明示されているとともに、児童又は生徒が誤読するおそれのある表現がないこと。②閣議決定その他の方法により示された政府の統一見解又は最高裁判所の判例が存在する場合には、それらに基づいた記述がされていること。

①の検定基準の改定は、南京事件の記述にたいする検定強化のためになされたことは、以下に紹介する二〇一五年度におこなわれた教科書検定で明らかになった。②の改定で政府見解を

教科書に記述させることにしたのは、本書で具体的に指摘してきたとおり、南京事件否定の立場にたつ自民党政権の見解を記述させることを可能としたことにおいて、日本国憲法に保障された学問と教育の自由を逸脱するものである。

二〇一五年度におこなわれた高校教科書検定において実教出版『高校日本史』の南京事件の記述にたいして、犠牲者数の問題を中心に文科省から厳しい修正要求が繰りかえされ、「検定意見の通知後、指摘事由に沿って、修正文をいくつも作成し文科省と折衝したが、了解がなかなか得られず、不合格を覚悟せざるを得ないほどの厳しさであった」と教科書執筆者が書いているほどであった（小松克己「2015年度の教科書検定と南京事件——実教出版『高校日本史A』の場合」『季刊　戦争責任研究』第八七号、二〇一六年一二月）。

教科書会社が文科省に検定をうけるために提出した「白表紙本」では「どれほどの数の人が被害者になったのでしょうか」という問いにたいして「資料Bは極東国際軍事裁判（東京裁判）の判決で示された南京大虐殺事件の事実認定です。極東国際軍事裁判では、証人の陳述《ちんじゅつ》や生存者の被害体験の証言などをもとに審議《しんぎ》がおこなわれました。日本は一九五一年のサンフランシスコ平和条約でこの判決を受諾《じゅだく》して主権を回復し、国際社会に復帰したのです」と解説したうえで、次の文章を掲載した。

【資料B】日本軍が占領してから最初の六週間に、南京とその周辺で殺害された一般人と捕虜の総数は、二十万以上であったことが示されている。これらの見積《みつ》り《も》が誇張《こちょう》でないことは、埋葬隊《まいそうたい》とその他の団体が埋葬した死骸《しがい》が、十五万五千に及んだ事実によって証明されている。

ところが、この記述は文科省の「東京裁判の判決は適切と思えない〔中略〕判決文そのものは資料性が高くない」という強い修正意見がつけられ、没になった。文科省というよりは安倍政権が「南京大虐殺は東京裁判ででっち上げられた」という南京事件否定論の立場にあることの反映である。サンフランシスコ平和条約の条項も、国際社会には異議申し立てをすることなく、日本国内向けには「適切と思えない」と平然と否定している。さらに、先の教科書検定基準の改定で「最高裁判所の判例」がある場合は、それも記述せよとしておきながら、東京裁判の判決文は「資料性が高くない」と平然と否定して恥じない国際感覚なのである。

南京事件の犠牲者数の記述について、改定された検定基準の①の「通説的な見解がないことが明示されておらず、生徒が誤解するおそれのある表現である」が適用され、検定を合格した記述では「捕虜や民間人をあわせ殺害された総数は、約二十万人、十数万人、数万人などの見解があります」とさせられたのである。南京事件の歴史事実をめぐる論争では、圧倒的な史料の発掘により事実であることを否定できなくなった否定派が、最後の手段として、犠牲者数の問題を取り上げて、さまざまな説を主張し、南京事件論争は結着がついていない、したがって南京事件の事実もまだ不明であるというかのごとく否定論を展開しているが、文科省の検定の論理は、否定派と軌を一にする。

文科省の見解・要求をうけて【資料B】東京裁判判決を削除した執筆者は、替わって前述した「日中歴史共同研究報告書」で日本側委員が南京事件に言及している一文に差し替え、さらに同共同研究の日本側座長・北岡伸一の「〔虐殺があったという〕不快な事実を直視する知的勇気こそが、日本の誇りなのであって、過去の非行を認めないのは、恥ずかしいことだと思う」という総括文を資料として掲載した。

しかし、おどろくべきことに、文科省は、「日中歴史共同研究報告書」は資料に相当しないし、北岡の総括は「個人の感想」であると反対したのである。検定基準の改定②で政府見解を教科書に記述させるようにしておきながら、日本政府側が提起して委員を選出しておこなった日中政府間の「歴史共同研究」の成果をいとも簡単に否定したのが文科省の教科書検定であった。

「今回、検定通知後、六度に及んだ修正を重ねる中で、編集・執筆者側は、これまでの研究とその成果に沿って「南京事件は日本軍の組織的な暴行・略奪」という前提で記述し、それを示す中国側各団体の埋葬数、日本軍の戦闘詳報など各資料を修正指示後も、掲載しようとし続けた〔中略〕それに対し文科省は、掲載しようとした各種資料はいずれも〔中略〕「不都合な真実」であるとして、できるかぎり教科書に掲載させないようにしている、と判断せざるを得なかった」というのが、実教出版『高校日本史A』の執筆者の結論的感想である（前掲小松克己論文）。

以上紹介した二〇一五年度の教科書検定の実態からは、二〇〇七年六月の教科書議連の「南京問題小委員会の調査検証の総括」（本書二七三頁）ならびに前述の衆議院予算委員会で西山京子が自民党教科書議連を代表して発言した「南京でおこなわれたのは、通常の戦闘行為の以上でも以下でもなかったというのが結論である」（本書三〇一頁）という南京事件否定論に沿って、教科書検定がそれまでより格段に強化されたことがうかがえる。

第九章　二〇一〇年代後半——「論争」の終焉へ

1 「戦後七〇周年」、ドイツと日本の差

ドイツと日本の「過去の克服」は、二〇〇〇年代に入ってからその差異が大きくなり、ドイツでは、ホロコーストの記念碑やナチスに迫害され犠牲になったジプシーのシンティ・ロマの記念碑を建立するなど、加害者としての記憶をさらに鮮明にしようとしているのにたいし、日本では小泉純一郎首相や安倍晋三首相の靖国神社参拝など、戦争責任を曖昧にする行動や言説が政治家の間で増えるようになった。

現在では「過去の克服」を基本的に達成してEUの中心になっているドイツと、領土問題、歴史問題で中国と衝突、韓国とも対立して、すでに経済的、客観的条件は整っていながら東アジア共同体形成への展望を開けないでいる日本との差は拡大するばかりである。その差異を見せつけられたのが、日本とドイツの「戦後七〇周年」の記念行事であった。

ドイツにおける「戦後七〇周年」

ドイツでは第二次世界大戦の終結七〇周年を記念する行事は、二〇一五年一月二七日に始まった。一月二七日は一九四五年にソ連軍によってアウシュヴィッツ収容所が解放された日で、

国連でも「国際ホロコースト記念日（ホロコースト犠牲者を想起する日）」とする決議が採択され（二〇〇五年）、加盟各国は「大量殺戮が二度と繰り返されないよう、次の世代に悲劇の記憶を伝えるための教育プログラムを構築する」ことが奨励されていた。この日、ドイツ連邦議会でアウシュヴィッツ解放七〇周年の記念式典がおこなわれ、ヨアヒム・ガウク大統領が演説をおこなった。

大統領は、ホロコーストの記憶が戦後ドイツの歴史の欠かせない一部分であると述べ、「アウシュヴィッツに思いを馳せることなしにドイツ人としてのアイデンティティはあり得ない」と断言した。そして「戦争直後、多くのドイツ人が、責任があったのはほんのわずかの狂信的なナチスだけだと思っていた」と指摘しながら、「今はドイツに住む私たちすべてに、この国が進むべき道について責任があるのだ」と述べた。

さらに式典では戦時中、兵士としてレニングラードの包囲戦を生きのびたロシア人の作家、ダニール・グラーニンが来賓として招かれて演説した。一九四一年九月から四四年一月まで、二年以上続いたドイツ軍の包囲戦で、一〇〇万人を超える人々が命を落としたが、そのほとんどが食糧の供給を断たれたための餓死だった、と目撃した悲惨な状況を語った。レニングラード包囲戦とホロコーストと直接の関連はないが、ドイツ連邦議会は、この記念すべき日にこそ、ドイツの加害責任を明らかにしたいと強く望んだのである。

ドイツを含めて、すべてのヨーロッパ諸国にとって、第二次世界大戦終結に関する最も重要な行事は五月のドイツ降伏記念日である。五月八日にドイツ連邦議会でおこなわれた記念式典では、政治家ではなく歴史学者であるハインリヒ・アウグスト・ヴィンクラーがメインスピーチをおこなった。記念式典の演説は、一九六四年以降、大統領か首相がおこなってきたので、歴史学者の登壇は、第二次世界大戦記念に関するドイツの大きな方針転換を象徴するものだった。政治家たちはついに、歴史学者に委ねようと決断したのである。これは戦争に関する歴史認識について国民の間に大まかなコンセンサスができたという自信のあらわれであり、第二次世界大戦の歴史の核心とドイツの近代史について、政界、学界、一般社会の垣根を越えた幅広い共通認識が存在することを示している。

記念式典ではヴィンクラーの前にランメル連邦議会議長が演説し「ドイツ政府が犯罪的意図をもって始めた、そして五〇〇〇万人以上の人が亡くなった戦争が、この日終わった」と述べ、ドイツ降伏を「大陸全体にとっての解放」として位置づけ、ドイツの戦争責任については、一九八五年のヴァイツゼッカー大統領の演説と同様、現政府もまったく疑問を持っていないことを再確認した（サーラ・スヴェン「東アジアとヨーロッパにおける「戦後70周年」」『季刊　戦争責任研究』第八七号、二〇一六年一二月）。

戦後七〇周年のドイツの記念行事から明らかなのは、政治家が歴史学者を尊重して歴史学のコンセンサスから逸脱した発言を控えることからわかるように、政治と歴史学との関係が構築されていることである。日中歴史共同研究の日本側の座長であった北岡伸一・東京大学教授が、南京事件について「虐殺がなかったという説は受け入れられない。日本の近現代史の研究者の中で、南京で相当数の不法な殺人・暴行があったということを認めない人はほとんどいない」「こうした（南京事件のような）不快な事実を直視する知的勇気こそが、日本の誇りなのであって、過去の非行を認めないのは、恥ずかしいことだと思う」と述べているように（拙編『戦争を知らない国民のための日中歴史認識――「日中歴史共同研究〈近現代史〉」を読む』勉誠出版）、日本の歴史学では定説となっている南京事件の事実を、政治家が公然と否定し、南京事件が日本国民の共通認識とならないように、政治権力を利用してさまざまな策動をおこなっている日本の現実は、本書で詳述してきたとおりである。

日本政府の「戦後七〇周年」

安倍晋三首相は二〇一五年冒頭の一月二五日のNHK討論番組で、戦後七〇年の今年出す安倍談話について、「今まで重ねてきた文言を使うかどうかではなく、安倍政権としてこの七〇年をどう考えているかという観点から出したい」と述べ、「村山首相戦後五〇年談話」（本書三四八頁）のキーワードである「植民地支配と侵略」「痛切な反省」「心からのお詫び」などをそのまま継承することに否定的な考えを示した。さらに安倍首相は四月二〇日のBSフジの報道番組でも「（村山談話と）同じことなら談話を出す必要がない。基本的に引き継ぐと言っている以上、これをもう一度書く必要はない」と述べていた。

安倍首相はさらに、同年四月二三日の参議院予算委員会において、「侵略という定義については、これは学界的にも国際的にも定まっていないと言ってもいいんだろうと思うわけでございますし、それは国と国の関係において、どちらの側から見るかということにおいて違うわけでございます」と発言した。

この日本の戦争は侵略戦争ではなかったという認識が安倍首相の戦争認識、歴史認識の根幹である。国際条約として、「侵略の定義に関する条約」（一九三三年七月三日、ロンドンにて署名され、同年一〇月効力発生）があり、さらに国際的定義として「侵略の定義に関する決議」（国連総会決議三三一四、一九七四年一二月一四日国連第二九回総会において採択）が存在することを無視して「国際的にも定まっていない」と公言したのである。

しかも、侵略戦争であるかどうかは「国と国の関係において、どちらの側から見るかということにおいて違う」というのであるから、「日中戦争は中国側から見て侵略戦争と言っているが、日本側から見ればそうではない」と認識していることを吐露したのである。これが、安倍首相が中国からの侵略戦争批判を「中国が日本に対して常に歴史問題を振りかざす」「外圧」「内政干渉」と捉えて反発する思想的原点になっている。

二〇一五年五月二〇日、衆議院の党首討論会において、日本共産党の志位和夫委員長が安倍首相の歴史認識を問題にし、「過去の日本の戦争は「間違った戦争」との認識があるか」と質問し、安倍首相が答弁しなかったので、志位委員長は日本が受諾して無条件降伏した「ポツダム宣言」があり、日本の戦争について「世界征服」のための戦争だったと明確に判定し、同宣言には「三大同盟国〔米英中〕は日本国の侵略を制止し、罰するため、今次の戦争を行っている」という「カイロ宣言」（一九四三年）の条項を履行するということも述べられている、「ポツダム宣言」は日本の戦争について、「間違った戦争」という認識を明確にしていますが、総理は「ポツダム宣言」のこの認識をお認めにならないのですか」と質問した。これにたいして安倍首相は「私はまだ、その部分をつまびらかに読んでおりませんので、承知しておりませんから、いまここで直ちにそれに対して論評することは差し控えたいと思います」と答弁、「ポツダム宣言」が認定している「間違った戦争」という認識を認めなかった。

二〇一五年の初頭、村山談話を否定する「戦後七〇年の安倍談話」（安倍談話）を発表することに意欲をみせた安倍首相も、内外からの強い反発と批判が予想される状況に直面し、中途からやや意欲を減退させ、閣議決定を経ない私的談話とするとまで言うようになった。さらに安倍首相が「戦後七〇年の安倍談話」に向けて「英知を結集する」として設置した私的諮問機関の「21世紀構想懇談会」（西室泰三座長、北岡伸一座長代理）が八月六日に首相に提出した報告書も「満州事変以後、大陸への侵略を拡大し、世界の大勢を見失い、無謀な戦争でアジアを中心とする諸国に多くの被害を与えた」と断定し、安倍首相と違う戦争認識が盛り込まれていた。そこで、安倍首相は当初の方針を変更したのである。

二〇一五年八月一四日、安倍首相は、閣議決定をおこなったうえで「戦後七〇年の安倍談話」を発表した。文言的には村山談話を踏襲しているように見せかけながら、村山談話を換骨奪胎して否定する欺瞞的なレトリックを使ったのである。それまでの安倍首相の村山談話にたいする否定的な言説から、メディアが注目したのは、村山談話にある「植民地支配と侵略」によって多大な損害と苦痛を与えた事実を認め、「痛切な反省」と「心からのお詫び」をするという文言が安倍談話に入るかどうか、であった。「戦後七〇年の安倍談話」にこれらのキーワードが確かに入れられたので、『朝日新聞』などのメディアでも評価する報道がなされたのである。

しかし、これらのキーワードがどのような文脈で使われたかが重要である。

「侵略」という文言が出てくるのは「二度と戦争の惨禍を繰り返してはならない。事変、侵略、戦争。いかなる武力の威嚇や行使も、国際紛争の手段としては、もう二度と用いてはならない」という一カ所だけである。主語がないので文章として失格である。「事変、侵略、戦争」と、三つの単語を並べただけで、文章の体をなしていない。安倍首相は日本の戦争を侵略戦争であったと認識することを拒否していることがわかる。

つぎに「痛切な反省」と「心からのお詫び」について、「我が国は、先の大戦における行いについて、繰り返し、痛切な反省と心からのお詫びの気持ちを表明してきました」というのが、該当箇所である。この文章も「私は」という安倍首相の主語がない。

さらに、「あの戦争には何ら関わりのない、私たちの子や孫、そしてその先の世代のこどもたちに、謝罪を続ける宿命を背負わせてはなりません」と日本の謝罪には終止符を打つべきだとまで言っているのである。

安倍談話は、村山談話のような「私は」という主語を抜き、もともとは村山談話を見直すことを意図しながらそれが不可能と判断した後で、村山談話を継承しているように見せながら、その反省と謝罪の精神を換骨奪胎しようとしたことにおいて、不誠実なものであり、中国や韓国などから「侵略・謝罪について首相の心が見えない」と批判があったのは、当然である。

安倍談話が発表された翌日、戦後七〇年の敗戦の日の一五日、日本武道館で開かれた全国戦没者追悼式で、安倍首相は、三年連続でアジア諸国への加害責任について触れなかった。追悼式の式辞では、一九九三年に細川護熙首相がアジア諸国への「哀悼の意」を表明、翌九四年に村山富市首相が「深い反省」を加え、二〇〇七年の第一次政権時の安倍首相も含め歴代首相が踏襲した。しかし、第二次政権時から安倍首相は加害責任について触れなくなった。歴代首相が繰り返した「不戦の誓い」も二〇一五年から言及しなくなった。これは、後述するように、追悼式に前後して、日本が戦争するための安全保障関連法案を衆議院と参議院で強行採決したことと連動している。

安倍政権は戦後七〇年の敗戦記念日の八月一五日を挟んで、七月一五日の衆議院特別委員会で安全保障関連法を強行採決し、翌日の衆議院本会議で通過させ、九月一七日夕の参議院特別委員会でも怒号と混乱の虚をついて可決され、九月一九日未明の参議院本会議で成立させた。

安全保障関連法は自衛隊が他国軍を後方支援する「国際平和支援法」という新法と自衛隊が集団的自衛権を行使して米軍や他国軍と共同作戦を展開できるように一括改正した一〇の法律からなる。

戦後七〇年にあたる二〇一五年、安倍政権は、日米軍事同盟のもと、自衛隊の海外での武力行使を可能にし、日本を「戦争できる国」「戦争する国」に大転換させたのである。

本書で縷々述べてきたように、安倍首相が南京事件を否定し、日本の過去の戦争を誤った侵略戦争と見なさず、日本の戦争責任を認めようとしないのは、安倍首相の政治理念と目標が、戦前の軍国日本のように「強い日本を取り戻す」ことにあるからである。

多くの憲法学者に加え、最高裁や内閣法制局の長官経験者も日本国憲法に違反すると激しく批判した安全保障関連法を強行成立させた安倍首相は、その数日後の秋彼岸の九月二二日、日米安保条約を改定した祖父・岸信介元首相の墓参りをし、安全保障関連法の成立を報告した。安倍首相自身は、日本の戦争を侵略戦争とは見ず、尊敬する祖父の岸信介が東京裁判においてA級戦犯容疑で巣鴨プリズンに収監された訴因の一つである満州侵略について、満州事変が侵略戦争で、「満州国」支配が植民地支配であったという歴史事実を認めようとしない。祖父・岸信介は「満州国」の経済発展に貢献したという強い思いこみをしている。

以上のように第二次世界大戦において同じファシズム国家として侵略戦争を開始、拡大して敗戦した日本とドイツの戦後七〇周年の迎えかたは対照的に異なるものになり、「過去の克服」

を達成してフランスやポーランドをはじめ、かつての侵略被害国との信頼関係を回復したドイツと、中国や韓国・北朝鮮をはじめとするかつての植民地・侵略被害国と歴史認識問題の対立を繰りかえし、信頼関係を回復できていない日本との差は、二〇一五年以降拡大するばかりである。

2　南京事件否定の立場を世界に曝け出したユネスコ世界記憶遺産登録への日本政府の対応

国連教育科学文化機関（ユネスコ）は、二〇一五年一〇月一〇日、世界記憶遺産に、中国の申請した Documents of Nanjing Massacre（南京大虐殺の記録）が登録されたと発表した。これにたいして、一〇月一四日、自由民主党・外交部会・文部科学部会・外交・経済連携本部・国際情報検討委員会・日本の名誉と信頼を回復するための特命委員会の連名で、「中国が申請した「南京事件」資料のユネスコ記憶遺産登録に関する決議」を発表した。決議文を抜粋で紹介すると以下のようなものであった。

日本政府は、中国側に対して申請取下げを申し入れるとともに、申請書類の共有や日本人専門家派遣の受け入れを要請してきたが、中国側はこれに全く応じなかったと承知している。一方的な主張に基づいて登録申請を行うという今回の行動は、ユネスコという国際機関の政治利用であり、断じて容認できない。〔中略〕〔政府は〕ユネスコに対しては、本「南京事件」登録を撤回するという新提案を直ちに行うこと〔中略〕関係国間の友好と相互理解を促進する役割を強く求め、記憶遺産制度の改善を働きかけ、ユネスコへの分担金・拠出金の停止、支払い保留等、ユネスコとの関係を早急に見直すべきである。

これを踏まえて馳浩文部科学相は、一一月六日、パリのユネスコ本部を訪れ、ボコバ事務局長と会談し、ユネスコが中国の申請した「南京大虐殺の記憶」を世界記憶遺産に登録したことを受け、審査の際に専門家の意見を聞くなどの登録の過程に透明性が必要だと主張、世界記憶遺産制度の改善を求めた。その際、分担金などの支払いの停止をちらつかせて「圧力」をかけた。

国会閉会中審査の一一月一〇日の衆議院予算委員会で質問に立った自民党の稲田朋美政調会長は、ユネスコの記憶遺産に中国が申請した「南京大虐殺文書」が登録されたことに関し、「非常に遺憾。何が登録されるかいまだに明らかにされていない。〔「南京大虐殺文書」が〕事実がどうかも明らかにされず、ユネスコの在り方にも問題がある」と批判、「中国に働きかけるのみならず、ユネスコのルールの透明化と制度の改善に全力を尽くすべきだ」と政府に対応を求めた。

ユネスコのホームページで検索すると、登録されたのは大まかに以下の資料である。

①一九三七―一九三八年の南京大虐殺当時の資料

②一九四五―一九四七年の戦争直後の被害調査と東京裁判、南京軍事法廷に関する資料

③一九五二―一九五六年の中華人民共和国の撫順、太原戦犯裁判の資料

中国の登録申請書に記された「南京大虐殺の記録」の解説付きのリストを見れば、日本政府は登録された記録資料について、初歩的な検討もせずに過剰な対応をしていることがわかる。中国では、張憲文南京大学歴史学部教授が最高責任者となって、全七二巻におよぶ膨大な『南京大屠殺史料集』をすでに発行しているが、登録された記録のほとんどがこれに収録されている。

申請書は、「Assessment against the selection criteria 記録選択の基準の評価」において、日本政府が批判している、信憑性、重要性、国際性などについて、説明している。

信憑性の実例として、南京安全区に避難していた妊娠中の一九歳の李秀英が、暴行を加えようとした日本兵に抵抗したため、銃剣で三〇カ所も刺されて重傷を負ったことに関する記録を紹介している。李秀英の被害については、治療をした鼓楼病院の外科医ロバート・ウィルソンの日記があり、南京安全区国際委員会委員で牧師のジョン・マギーが撮影したフィルムに記録

されており、一九四六年一〇月に本人が南京軍事法廷に立って証言した記録が存在するのである。フィルムによる映像資料とウィルソンとマギーの記録した文字資料とさらに彼女自身の証言資料の三つがそろっているので、拙著『南京難民区の百日』（岩波現代文庫）に、中国語でいえば「鉄証（鉄のように堅固な証拠）」となると書いたとおりである。

申請書は、南京事件の被害者の総数として、東京裁判の判決の二〇万以上、南京軍事法廷の判決の少なくとも三〇万以上、という数字を資料として並記しているだけで、三〇万人であるという主張はしていない。ましてや日本はサンフランシスコ平和条約を批准し、「第一一条【戦争犯罪】日本国は、極東国際軍事裁判並びに日本国内及び国外の他の連合国戦争犯罪法廷の裁判を受諾（accepts the judgments）」しているのである。この表記のしかたは、筆者の編になる『戦争を知らない国民のための日中歴史認識――「日中歴史共同研究〈近現代史〉」を読む』（勉誠出版）で強調したように、安倍晋三首相自らが中国政府に提起しておこなわれた日中政府間の日中歴史共同研究の近現代史篇の報告書では、日中双方の委員とも南京虐殺事件について二頁にわたって歴史事実として記述し、双方の結論として、東京裁判の判決書と南京軍事法廷の判決書にある被害者数を資料として並記したのと同じである。

本書で明らかにしてきたように、日本においても南京事件研究は相当の蓄積がある。それらの成果を無視して、日本政府が居丈高にユネスコに登録を抗議したことは、政府自らが南京事件否定の立場にあることを国際社会に曝け出したようなものである。

さらに日本政府は高橋史朗・明星大学教授が書いた意見書を「専門家の意見書」としてユネスコへ提出したが、教育学が専門で歴史研究者でもない高橋の意見書を、ただ南京事件否定論者であるという理由だけで書かせたのもお粗末である。筆者は日本政府の対応が国際的にあまりにも恥ずかしいので、拙稿「国際社会に歴史修正主義は通用しない――ユネスコ世界記憶遺産登録の実相」(『世界』二〇一六年一月号)を書いて政府の対応は間違っていることを指摘した。

その後、国際社会からの批判を受けて、日本政府は振り上げたこぶしを密かに降ろしたかたちで、ユネスコの分担金を支払った。

3　自民党歴史認識検証委員会の発足へ

自民党は二〇一五年一一月二九日の結党六〇年記念式典に合わせて、党総裁の安倍晋三首相の直属機関「歴史を学び未来を考える本部」(本部長谷垣禎一幹事長)の設置を決めた。本部では、学識経験者を講師に招き、所属の国会議員が歴史認識を議論する。対象範囲は日清戦争(一八九四年)から第二次世界大戦後まで。第二次世界大戦直後の連合国軍総司令部(GHQ)による占領政策に限らなかったのは、戦勝国である米国などの批判をかわす狙いがあった(『東京新聞』二〇一五年一一月二一日)。

同本部は稲田朋美自民党政調会長を中心に、敗戦後のGHQによる占領政策や東京裁判、日本国憲法の成立過程などを検証する目的で設置されたものである。稲田政調会長は、「東京裁判の判決は受諾したが、判決理由に書かれている歴史認識のすべてに反論が許されていないわけではない」と主張、安倍首相も日本国憲法の原案は「GHQの素人がたった一〇日間そこそこで作り上げた代物」と評して、憲法成立の過程を問題にすることで、憲法改正に向けた国民世論の誘導に意欲をみせてきた。

「新しい歴史教科書をつくる会」（本書二三二頁）を結成した藤岡信勝らが、日本の植民地支配や侵略戦争を批判し、戦争犯罪や戦争責任を問う歴史研究、歴史教育を、（勝者の連合国が敗者の日本を一方的に断罪して、悪者にした東京裁判とその判決に依拠する）「東京裁判史観」に基づくものと批判し、その克服を主張して教科書攻撃をおこない、また彼らの意図する中学校歴史教科書『新しい歴史教科書』を発行するにいたっているが、安倍自民党政権がいわゆる「東京裁判史観」に基づく歴史認識を政権主導で修正していこうというのである。

現在の日本の国会議員のなかで、日本国憲法改正を主張する議員が多数を占め、安倍首相と同じように、東京裁判で敗戦国の日本を極悪非道な悪者にするために南京事件をでっち上げたGHQが、日本国憲法を日本に押し付けたといった程度の認識しかもたない議員が少なくない現実がある。日本国憲法の改憲論と南京事件否定論とがセットになっているのである。こうした右翼・保守派の国会議員が多数派を形成している日本の政界の現状がつづくかぎり、安倍政権以降も、政権側からの南京事件否定論の言説の流布が絶えずおこなわれていく可能性がある。

4　南京事件否定派の通州事件へのシフト

否定派がもくろむ「憎しみの連鎖」の喚起

二〇一七年七月二九日、東京で「寸鉄を帯びぬ無辜の同胞が無慈悲に惨殺された慟哭の「7・29」を忘れるな!!」というスローガンをかかげ、「通州事件80周年　記憶と慰霊の国民集会」が開催された。呼びかけ人代表が加瀬英明、実行委員会事務局が藤岡信勝らの「新しい歴史教科書をつくる会」、挨拶が櫻井よしこ、「通州事件がわれわれに問いかけるものは何か」の登壇者の藤岡信勝、阿羅健一、北村稔などの顔ぶれからも、南京事件否定派が勢ぞろいした企画であることがわかる。

前述のように、二〇一五年一〇月、ユネスコの世界記憶遺産に中国の申請した南京大虐殺の記録が登録されたが、これに対抗するかたちで南京事件否定派が、通州事件のユネスコ記憶遺産登録をめざして、「新しい歴史教科書をつくる会」の藤岡信勝が代表になって、「通州事件アーカイブス設立基金」を立ち上げ（二〇一六年五月）、新たに活動を開始したのである。

ここで、一九三七年七月二九日に発生した通州事件とはどういう事件であったのか、簡単に記しておきたい。

通州は北京城から二〇キロ近く東方にある都市で、現在では北京市通州区となっている。ここに、日本軍が、華北を「第二の満州国」とするための華北分離工作を推進するために設立した冀東防共自治政府（主席殷汝耕）がおかれていた。一九三七年七月七日夜に北京南西郊外で盧溝橋事件が発生すると、これに乗じて華北を軍事占領し、懸案の華北支配を実現しようと陸軍中央の拡大派が策動して、七月一一日に陸軍の華北派兵を決定し、二七日には参謀本部が、「支那駐屯軍司令官は、平津（北京―天津）地方の支那軍を膺懲して、同地方主要各地の安定に任ずるべし」と命令を下して「北支事変」を開始した。

七月二八日、通州付近で日本軍と中国軍第二九軍との戦闘が展開されたさい、中国軍兵営を爆撃していた日本軍機が、通州の冀東防共自治政府保安隊の幹部訓練所を第二九軍の兵舎と誤認して爆撃し、死傷者を出した。通州の保安隊は日本の傀儡軍であったが、日本軍機に爆撃されたため、日本軍にたいする怒りを一気に爆発させた。保安隊の将兵の間に、日本軍が日本に協力した軍人でも平気で殺害した張作霖爆殺事件の記憶が怒りとともに甦ったとしても不思議ではない。通州の保安隊のなかには、日本の満州侵略によって故郷を追われた東北軍の元兵士も少なくなかったのである。

また、前年一九三六年一二月の西安事件により、国民党と共産党が一致して抗日戦争を戦うことが合意され、全国に抗日気運が盛り上がっていたことを背景に、通州の保安隊にたいする第二九軍側からの秘密工作がおこなわれていたこともその原因としてあった。

二九日未明、通州保安隊約七〇〇〇人が反乱を起こし、まず冀東防共自治政府主席殷汝耕を捕縛してから、日本軍特務機関と守備隊を襲撃した。この時、日本軍の通州守備隊の兵力はわずか一二〇人であった。反乱軍はさらに日本人の料亭や屋敷などを襲撃、略奪し、居留民二二五人（日本人一一四名、朝鮮人一一一名）を殺害した。朝鮮人が多かったのは、日本側が冀東防共自治政府を利用しておこなっていた密貿易、なかでもアヘンなどの麻薬の密売に従事していた者がいたからである。

三〇日、日本軍が出動して反乱軍を鎮圧し、殷汝耕を救出した。通州を脱出した保安隊の主力は、第二九軍との合流を目指して北京へ向かったので、保安隊の反乱と第二九軍との間に密接な関係があったことがわかる。

通州事件における日本軍の通州守備隊の死者は二〇名、保安隊側の死者は一四〇名と推定されている。なお、冀東防共自治政府は通州事件が発生したことの責任を認めて日本政府に正式に謝罪し、日本側犠牲者家族に賠償金を支払い、慰霊塔の建設用地を無償で提供した。

南京事件否定派が取り組んだのは「風化してしまった通州事件での日本人の怒り」を喚起させるために、通州事件の本を出版することであった。その一冊が藤岡信勝・三浦小太郎編著『通州事件――日本人はなぜ虐殺されたのか』（勉誠出版、二〇一七年七月）であるが、「中国人の邦人惨殺、通州事件を学べ」と題する櫻井よしこの「特別寄稿」において、「中国人は長い時間をかけて歴史を書きかえつつあるのだ。彼らは、恐らく人類史上最も残虐な民族である。だから日本人を中国人よりも尚残虐な民族に仕立て上げ、免罪符を得ようとしているのではないか。そのためには、悪魔の所業としか思えない残虐な方法で中国人が日本人を殺害した痕跡の全てを消し去らなければならない。それがいま、通州で起きていることではないか」と述べる。

もう一冊の藤岡信勝編著『通州事件――目撃者の証言』(自由社ブックレット、二〇一六年七月)の帯の櫻井よしこ氏の推薦文は、「中国への反撃はここから始まる! 中国は日本人を残虐な民族として貶める。しかし、本当に残虐なのは彼らである。日本人はいまこそ本書を手に取り通州事件についての真実を知るべきだ」と記す。

インターネット上でも、「中国がもみ消す通州事件、再現をねらった反日教育」と題して中国人の残虐性を強調した「百田尚樹・櫻井よしこの対談」(二〇一七年八月二二日)をはじめとして、「南京大虐殺は捏造、通州事件は事実、加害者が被害者のふりをしている」「日本人二〇〇人超虐殺の通州事件は、中国人の指摘する南京事件に酷似」「通州の虐殺事件を戦後のGHQの情報操作で「真相箱」(本書一〇二頁)ではそのまま日本軍の南京虐殺の〝でっちあげ〟に流用」など南京事件否定に飛躍させた荒唐無稽な言説がさかんに流されている。

本書で明らかにしてきたように、南京事件論争が否定派の破綻でほぼ結着がつき、いっぽうでは、安倍内閣自体が南京事件否定の立場にあることで、彼らの運動が存在意義を失ってしまったために、新たに通州事件問題にシフトして、通州事件の残虐性を強調することによって、南京事件の残虐性が相殺されるかのような錯覚におちいらせるか、日本兵たちの通州事件への復仇や復讐の心理が南京事件を誘発させたという責任転嫁論、さらにはGHQや中国によって、通州事件が南京大虐殺にすり替えられたという陰謀説など、こじつけともいえる論理で南京事件を新たに否定しようと画策しているかのようである。いずれにせよ、南京否定派の通州事件へのシフトは彼らの破綻の証明である。

通州事件を利用して、中国人にたいする「憎しみの連鎖」を喚起することに躍起になっている南京大虐殺否定派さらには歴史修正主義者たちの言説は、かつて日本政府や軍部が、新聞などを利用して、日本人の中国人にたいする「憎しみ」「恨み」「憎悪」を扇動して日中全面戦争を開始した歴史と通底している。それは、尖閣諸島、南沙諸島問題などを利用して「中国脅威論」を増幅させ、中国を仮想敵とする日米軍事同盟を強化、さらなる軍事強国にするための憲法改正をもくろんでいる安倍自民党政権の思惑と合致するものである。

前述の集会では、「通州事件関係者が語る事件の真相！」と題して、被害関係者の「憎しみと怒り、悲しみ」の証言がおこなわれたが、筆者は、そうした憎悪の感情を克服するために努力している通州事件被害者の櫛渕久子・鈴木節子姉妹から聞き取りをする好機に恵まれ、拙稿「憎しみの連鎖を断ち切る――通州事件犠牲者姉妹の証言」（『世界』二〇一九年二月号）にまとめた。通州事件で医者の父と看護婦・薬剤師の母、乳飲み子の妹と胎児の弟を虐殺された姉妹（当時九歳と三歳）が、発生の背景となった日本の中国侵略の歴史を学ぶことによって、「憎しみの連鎖」を断ち切るための葛藤を経て、現在は安倍政権の憲法改正に反対し、日本が再び戦争をしないように平和運動に参加していることを紹介した。

5 中国で開催された南京事件八〇周年国際シンポジウム

中国における南京事件研究の進展

二〇一七年九月七日、中国の南京において「南京大虐殺及び日本戦争犯罪」国際学術シンポジウム（主催団体は南京大虐殺史及び国際平和研究院と南京侵華日軍大虐殺史研究会、以下、国際シンポと略称）が開催された。南京大虐殺事件（南京事件と略称）が日中戦争初期の一九三七年一二月に発生してから八〇年経過したことを記念して開かれたこのシンポジウムには、中国からは四五名の研究者、日本からは筆者をふくめて五名、アメリカとドイツからそれぞれ一名が参加して報告と討論をおこなった。国際シンポのタイトルは「南京大虐殺及び日本戦争犯罪」と日本人にとっては厳しい表記であったが、以下に紹介するように、南京事件を総合的、多面的に検討したきわめて学術的なシンポジウムであり、学ぶところが多かった。中国における南京事件研究の進展は、本書第六章で紹介した（二六七頁）、二〇〇〇年以降の中国における南京事件研究の環境と条件の著しい進展の結果である。

中国とは異なり、日本では安倍政権そのものが南京事件否定の立場にたって、教科書検定やメディア統制などさまざまな圧力をかけて、国民が南京事件の認識を共有化することを妨げ、ひいては国民の記憶から消し去り「南京大虐殺はなかった」ことにしたい衝動をもっている。そのような歴史修正主義の立場にたつ日本政府のもとにあって、歴史学界でも南京事件をテーマにした大会やシンポジウムはタブー視する傾向にあり、今回の国際シンポのような学問的、歴史学的な討論会の開催は望めないのが現実である。

開会式につづいた全体会において、主報告者として筆者が「日本海軍航空隊の南京爆撃とパナイ号事件」を報告し、南カリフォルニア大学ユダヤ大虐殺基金会種族虐殺研究センター主任のウルフ・グルーナー教授が「大虐殺と種族絶滅研究及び南京大虐殺の存在した潜在的要因についての比較」の報告をおこなった。

分科会における報告と活発な討論

国際シンポでは全体会での上記の二つの主報告の後、二つの分科会に分かれて、終日、報告と活発な討論をおこなったが、報告は二つの主報告を除いて、五〇本もあったので、内容は多岐にわたった。シンポジウムの中国語は「学術研討会」すなわち学術研究の討論会であるように、南京事件の史実を国際的視点から多面的に究明したものであった。南京で開催される南京事件八〇周年のシンポジウムと聞けば、日本人の多くは、中国側から「南京大虐殺三〇万人説」の承認を強要され、日本軍の残虐行為や暴力行為を激しく糾弾するような内容の報告のオンパレードであったにちがいないと想像すると思われるが、そのような報告は皆無であり、きわめて学術的で興味深い報告がつづき、多くの学問的刺激を受けた。

五〇本の報告は、対象、視点、問題意識などから大まかに以下の七つに分類できた。

①歴史理論的枠組み、②日本軍の分析、③日本人の戦争観、④南京事件当時、南京に滞在した外国人の活躍、⑤南京事件とアメリカ社会、⑥日本占領下の南京社会、⑦新史料発掘の紹介。

南京を世界に平和を発信する平和都市へ

中国側の報告のなかで注目されたのは、南京大学平和学研究所所長の劉成教授の「平和学の視点において南京を国際的な平和都市に作り上げるための思考」と題する報告であった。

二〇一六年一二月、国際連合総会において平和に生きる権利をすべての人に認める「平和への権利宣言」が採択された。国家が関与する戦争や紛争にたいして、個人が「人権侵害」であると反対できる根拠となる宣言で、日本国憲法の理念が反映されたものであった。中国は賛成したが、日本は米英とともに反対した。

劉成教授の報告は、国連の「平和への権利宣言」に積極的に対応して、南京が中国において最初となる「国際平和都市」宣言をおこない、全世界の一六六の都市が加盟している「国際平和都市協会」の一員となろうという提言であった。それは、スペイン内戦時代にドイツ空軍の爆撃にさらされたゲルニカや第二次世界大戦時にドイツ空軍の爆撃で破壊されたイギリスのコヴェントリー、さらに世界で最初に原爆を投下された日本の広島などの先進的な平和都市建設に学びながら、南京も国際平和都市宣言をおこない、戦争被害遺跡の保存をおこなうとともに、平和教育を重視し、世界へ向けて平和思想と運動を発信していこうという積極的な提言であった。

南京市社会科学院文化研究所副所長の付啓元研究員の「国家公祭、平和文化と平和都市イメージの伝播」と題する報告は、以下のように具体的に国際平和都市南京の建設を提言したものであった。

二〇一四年から中国は一二月一三日を南京大虐殺の犠牲者を追悼するための国家記念日に定めたが、それは南京大虐殺および日本の中国侵略戦争において殺戮された犠牲者を追悼するとともに、中国人民が侵略戦争に反対し、人類の尊厳を守り、世界平和を維持する立場を世界に表明するためであった。二〇〇五年に国際連合で一月二七日を「国際ホロコースト記念日（ホロコーストの犠牲者を追悼する日）」とするという決議を採択し、またドイツでは毎年一月二七日に官庁は半旗を掲げ、ドイツ連邦議会ではナチ・ドイツに殺戮された犠牲者を追悼する行事をおこなっているが、それと同じ趣旨である。日本でも八月六日に広島で八月九日に長崎で、首相や衆参両院議長らが参列して原爆の被害者を追悼し、世界に非核と平和を訴える記念行事をおこなっている。南京も広島や長崎と同じように、戦争犠牲者を追悼するとともに、再び戦争の悲劇を繰りかえさないため世界へ平和の実現を訴えていく必要がある。それには、国際平和都市南京を建設する計画を推進し、南京に平和施設、平和舞台を建設し、平和学研究を深化させ、各国との平和外交を進め、平和文化を世界に広めていくことが必要である、などという積極的な提言をおこなった。

なお、提言どおり、南京は二〇一七年九月、「国際平和都市協会」（本部オランダ）に中国では最初、世界では一六九番目に加盟した。

歴史の「恨み」を人類和解の平和思想へ

報告のなかで最も注目したのは、江蘇省社会科学院の李昕《りきん》副研究員（哲学専門）の「感情と記憶——南京大虐殺の歴史教育における感情誘導」と題する報告であった。それは、南京大虐殺記念館を見学した多くの中国人の感想が、日本軍あるいは日本人にたいして「恨み」の感情を抱いたというものであるが、そうした素朴な「恨み」の記憶と感情を歴史教育においてどう理性的なものに誘導すべきかについて、課題を提起したものである。生物学上、人間の「恨み」の記憶は「怒り」「反抗」の感情を誘発し、抗議行動や抵抗運動の原点になるポジティブな性格があるいっぽう、「報復」「復讐」の感情を誘発し、権力者によって敵対的、排他的なナショナリズムの喚起に利用されるというネガティブな性格をもっている。これからの中国の歴史教育に求められるのは、南京大虐殺の記憶にともなう「恨み」の感情を理性化して、正しい歴史観、世界観を確立し、人類がそのような残虐行為を再び起こさないように、平和を守る目標にむかって努力するような意識に誘導することである、と課題を述べて報告が結ばれた。

日本のメディアは、中国の愛国主義教育、歴史教育においては南京大虐殺の残虐性を強調して教え、中国の若者にことさら「反日感情」「反日意識」を抱かせるように教育し、その結果、「反日デモ」「反日暴動」が惹起されたかのように報道してきたが、現在の中国の歴史教育において、「恨み」の感情記憶を人類史的視点から理性化する課題が提起されているのである。

国際シンポジウムのあと、参観にいった南京大虐殺記念館の展示も数年前からリニューアルされ、上記のような南京の歴史学界の議論を踏まえて変化しており、かつては南京事件の残虐性と愛国主義を強調することに力点が置かれていたが、現在は研究の進展にともなう学問的成果を積極的に取り入れた展示へと変わり、全体として平和研究やヒューマニズムにもとづく柔軟な姿勢になっていると感じた。

日本の否定派の南京攻略八〇周年集会

日本では、南京事件論争から敗退して撤退した東中野修道に代わって、否定派の中心となった阿羅健一が会長の「南京戦の真実を追求する会」が主催して、二〇一七年一二月一三日「外務省目覚めよ！　南京事件はなかった」と掲げて、「南京攻略80周年記念大講演会」を開催した。自民党から稲田朋美衆議院議員、山田宏参議院議員が、希望の党から松原仁衆議院議員が演壇に立って、南京事件は中華民国の戦時宣伝である、なぜ外務省は南京事件を認めるのか、教科書検定の近隣諸国条項（中国や韓国から批判を浴び、国際化した教科書問題にたいして一九八二年一一月、文部省が加えた教科書検定の基準で「近隣のアジア諸国との間の近現代の歴史事象の扱いに、国際理解と国際協調の見地から必要な配慮がなされていること」という一項）も、日中歴史共同研究（本書二九四頁）も外務省が主導した、外務省はホームページから南京事件の項目を消せ、などと演説した。さらに、今後は、外務省にしっかり反論してもらうために、予算も人も場合によっては宣伝のための省庁を作ってでも歴史戦、宣伝戦に挑み、何十年かけてでも、祖先の名誉を回復しなければならないと提案までした。

稲田朋美はこの年の六月の都議会選挙の自民党候補の応援演説で防衛大臣として「防衛省、自衛隊としてもお願いしたい」と発言して謝罪して撤回したが、同党は都議選で惨敗した。さらに七月には、南スーダンPKO活動に派遣した自衛隊部隊の日報問題の不祥事で防衛大臣を辞任させられたばかりであった。この集会において稲田は敗訴した「百人斬り訴訟」（本書二四〇頁）の思い出を涙ながらに語った。

集会にはさらに自民党の原田義昭（衆議院議員）、希望の党から渡辺周（衆議院議員）がビデオメッセージを寄せた。本書で繰り返し言及してきたように、一九九四年五月に永野茂門法相が「南京虐殺事件はでっち上げ」と発言して更迭されたことを想起すると、国会議員しかも稲田朋美のように閣僚経験者が公開の集会において、公然と南京事件を否定してはばからないまでに、日本の政治、社会は保守的に後退してしまったのである。公開の場でホロコーストを否定することが法律で規制されているドイツでは想像できないことである。

翌年の二〇一八年九月一九日も、南京戦の真実を追求する会（会長阿羅健一）主催「外務省目覚めよ！　南京事件はなかった　その2」が開かれ、以下の国会議員がそれぞれの演題で南京事件を否定する発言をおこなった。

杉田水脈《みお》（衆議院議員・自民党）「国際社会は南京事件をどう見ていたか」

原田義昭（衆議院議員・自民党）「カナダはなぜ南京記念日を作ろうとしているか」

中山成彬（衆議院議員・希望の党）「第六師団は軍紀厳正だった」

渡辺周（衆議院議員・国民民主党）「松井大将が建立した興亜観音とは」

新しい歴史教科書をつくる会理事でもある杉田水脈は、雑誌『新潮45』への寄稿文で「LGBT（性的少数者）は生産性がない」「性的嗜好」などと書いて、批判を浴び、国会内では「誤解を招き、心苦しく思っている」などと反省の弁を述べたが、この集会では無反省の居直り発言をして気炎をあげ、聴衆の喝さいを受けていた。

6 『決定版　南京事件の検証』の出版——「論争」の終止符をめざして

『「南京事件」を調査せよ』（文春文庫）の著者である日本テレビのディレクター清水潔が制作した「南京事件——兵士たちの遺言」が二〇一五年一〇月に報道されて大きな反響を呼んだ。小野賢二が収集した南京戦に参加した第一三師団の山田支隊の兵士の陣中日記（本書一八七頁の小野賢二他『南京大虐殺を記録した皇軍兵士たち——第十三師団山田支隊兵士の陣中日記』に収録）にもとづいて、清水潔が直接虐殺現場を訪れて取材、撮影した記録であった。この番組にたいして、「捏造」などと非難する言説がネットにあふれたので、それらの批判に応えるために、清水はNNNドキュメント'18「南京事件Ⅱ——歴史修正を検証せよ」を制作し、二〇一八年五月一三日の深夜に放送された。一九九六年に発見された軍の公式記録、さらに毎日新聞大阪本社で保存されていた検閲で掲載不許可となった写真など、一次史料を丹念にひもときつつ真実を追求した番組で、一九三七年一二月一六、一七日の捕虜虐殺事件に焦点を絞り、兵士の生前の証言や陣中日記など一次史料で、組織的な捕虜集団虐殺の実態を詳細に明らかにし、捕虜集団殺害は「虐殺ではなく自衛発砲である」とする主張に反論した。戦争を語る時、「聖戦」のように言葉を巧みに置き換えて殺戮を肯定する傾向があるが、「自衛発砲説」も戦後の軍幹部の責任回避であることを提示した。

本書で詳述してきたように、南京事件の史実を報道する番組について、南京事件否定派や右翼、さらには国会議員からも暴力まがいの圧力が加えられたために、萎縮、自主規制するテレビ局が多かったなかで、このような番組が制作され放送され、大きな影響を与えたことは、ジャーナリストの良心の健在を証明するものであった。

歴史研究者の渡辺久志は、二〇〇二年から二〇一七年にわたり、中国帰還者連絡会の機関誌『中帰連』（季刊）に、南京事件否定論を学問的に厳密に批判する論稿を掲載してきた。否定論批判は以下のようなテーマに分けて展開された。

①「H・J・ティンパリー陰謀説」の批判

「求めているのは実像か虚像か」というタイトルで『中帰連』の第21号から第24号に連載。H. J. Timperley, *WHAT WAR MEANS, The Japanese Terror in China*, Victor Gollancz, 1938（H・J・ティンパリー『戦争とは何か――中国における日本の暴虐』）は南京事件の詳細を最初に世界に知らせた有名な本である。

これにたいして北村稔『「南京事件」の探究――その実像をもとめて』（文春新書、二〇〇一年）が、ティンパリーは中国国民党中央宣伝部の顧問となり、蔣介石政府から依頼されて『戦争とは何か』を書いたという「ティンパリー陰謀説」を唱えた。北村が中国近現代史が専門の立命館大学教授であったことから、否定派がこれに飛びついたが、渡辺久志はティンパリーの経歴を丁寧に調べ、彼が国民党の顧問になったのは前掲書が発行された後の一九三九年であったことを明らかにするとともに、北村が依拠した原文に丁寧にあたり、北村が随所で英文、中国語文の誤訳をし、誤引用をして、「ティンパリーは日中戦争開始直後から国民党の対外宣伝に従事した」、一九三八年の「ティンパリーの著作の背後には国民党の宣伝戦略が存在した」という誤った記述をしていることを明らかにした（本書二六〇頁も参照のこと）。

②南京事件に関する基礎知識

「南京事件Q&A」のタイトルで、『中帰連』の第34号から第37号に連載。さまざまな否定説を質問の形で提示し、否定説が根拠のない誤りであることを文献を紹介しながら、丁寧に解説している。

③南京事件関連の写真は全部「ニセ写真」という説の批判

「カメラが目撃した日中戦争――真贋論争の焦点」というタイトルで、『中帰連』の第38号から第41号に連載。

東中野修道・小林進・福永慎次郎『南京事件「証拠写真」を検証する』（草思社、二〇〇五年）は、南京大虐殺の証拠に使われている写真について「見てきた写真はざっと見ても延べ三万枚以上になるが、南京大虐殺の「証拠写真」として通用するものは一枚もなかった」と結論し、南京大虐殺の写真として出回っている多くは、中国政府側のプロパガンダ写真であるとした。

渡辺は、「プロパガンダ写真説」では、「やらせ」「ニセ」「捏造」なる写真を撮っていた人たちとは具体的に誰でどのようにおこなっていたのかまで分析せず、想像だけでそう断定していることを問題視し、否定派が「やらせ」「ニセ」「捏造」のプロパガンダ写真だとしている代表的な写真について、東中野らが取り上げた写真に前後の写真があることを指摘したり、撮影者を割り出したり、カメラを持っていた日本兵が撮った写真であることを明らかにしたり、さらに東中野らの「ニセ」と断定する根拠を覆したり、写真が撮られた背景まで分析しながら、どの写真が「真」でどの写真が「贋」なのか丁寧に識別していき、東中野らの否定論の誤りを逐次批判した。そして「『証拠写真』として通用するものは一枚もなかった」という東中野らの結論こそ、否定のためのプロパガンダであることを明らかにした。

④日中戦争当時から中国では「百人斬り競争」が報道され、記憶されていたこと

「『百人斬り』競争は中国でどう報道されたか」というタイトルで第43号に掲載。

「百人斬り」名誉毀損裁判（本書二四〇頁）では、原告側は、戦後の南京軍事裁判において見せしめのために、『大阪毎日新聞』と『東京日日新聞』の報道記事をもとにして野田、向井の二人の将校の「百人斬り競争」がでっち上げられ、無実の罪で処刑されたかのように主張した。これにたいして、渡辺は、「百人斬り競争」は日中戦争当時から英字新聞や中国紙や雑誌で報道され、両将校が日本刀による殺害者の数を競争したことが、中国人に衝撃を与え、深く記憶されていたことを明らかにした。

⑤マギーフィルムの真実性の否定論への批判

「マギーフィルムと南京事件」のタイトルで第45号に掲載。

前掲の東中野修道らの『南京事件「証拠写真」を検証する』の中で、東中野は東京裁判で証言台にたった、ジョン・G・マギー牧師が自ら撮影した南京事件のフィルムを傍証として提出しなかったのは、虐殺の主張が打ち消されることを恐れたからであるとか、さらには南京事件前に作成したフィルムであるなどと、その真実性を否定したが、渡辺はマギー自身が書いたフィルム解説書を紹介するとともに、マギーフィルムがどのように撮影され、いつ、どのように上海へ持ち出され、海外へ運ばれたかなど、丁寧に解明し、「マギーの撮影した映像とフィルム解説書は、南京事件否定論の描く日本軍占領下の南京の虚像を今後とも砕き続けることになろう」とその価値を高く評価した。

⑥南京事件の虐殺者数の解明

「南京事件の虐殺者数を再考する」というタイトルで、第47号から第63号まで（第50号、第53号、第56号、第58号は掲載せず）計一三回にわたり掲載、本連載でもっとも力を入れたテーマとなった。

南京事件における虐殺者数の問題は、第一には、日本側が敗戦直後に南京攻略戦参加部隊の戦闘詳報などを焼却してしまい、さらには将兵も個人の戦陣日記などを焼却処分した者が多かったことなどから、日本軍の資料が不充分なこと。第二には南京が長期にわたり日本軍に占領されたために、中国側機関で犠牲者数を調査することができなかったこと、などから、虐殺者の全体数を統計的に明らかにすることは困難である。そのため、南京事件否定論者たちは、虐殺者総数の数の問題に集中して、否定論を展開、「中国側が主張する三〇万人虐殺はなかったから、南京大虐殺はなかった」という極論まで主張されるにいたっている。渡辺は、この解明困難な虐殺者数の問題に全力で取り組んだのである。

連載ではまず、「虐殺数をめぐる議論と問題」を整理したうえで、「虐殺少数説」をとなえる板倉由明・秦郁彦と「大虐殺派」と称される筆者の三説を取り上げて、どのように虐殺数が導き出され、そこにどのような問題があるのかを検討したうえで、三人の説を総合すると、約五万～八万人余りの中国軍人と一・六万～十数万人の民間人、総計約六・六万～一八万余りの中国軍民が殺害され、そのうち虐殺は軍民合わせて一・三万～二〇万人前後ということになると整理。中国軍の被殺者数について、三人の推定に大きな隔たりはないが、民間人の被殺者数には六倍以上の開きがあり、不法殺の総数となると推定数に一〇倍以上の開きがあることを指摘。そして、南京事件の虐殺者数をめぐる大きな論点は、民間人の被殺者数と、中国軍における通常の戦死者と不法殺害をどう区別するかという問題にあるとした。

そこで、連載では、「国際法をめぐる議論と論点」と題して、中国軍の戦死者数のうち、戦時国際法に反して捕虜、投降兵の状態で不法殺害、すなわち虐殺された兵士が多いことを明らかにし、約八万人の中国軍兵士が虐殺されたという筆者の説の妥当性を裏付けた。

つづいて連載は「市民の虐殺数をめぐる議論と論点」と題して、もっとも難解な、民間人の被殺者数の課題に取り組んだ。最初に死体の埋葬にあたった南京の慈善団体を確認したうえで、それぞれの埋葬団体の城内、城外における埋葬地域、埋葬作業日程などを厳密に調べ、複数の団体によるダブルカウントも明らかにしながら、慈善団体の埋葬資料から被殺者の総数を算定、「中国軍の「遺棄死体」も含めて少なくとも約八万一千体が南京市内で収容・埋葬された」と推定した。

つぎに、一九三八年三月から六月にかけて南京金陵大学（現南京大学）の社会学教授ルイス・S・スマイスが中心となっておこなった統計調査『南京地区における戦争被害　一九三七年一二月―一九三八年三月　都市及び農村部』（洞富雄編『日中戦争　南京大残虐事件資料集　第2巻　英文資料編』青木書店、一九八五年に所収）を使って、スマイスのサンプリング調査の問題点も明らかにしながら、民間人の被殺者数の算定を試みた。そして、筆者がスマイスの調査から「民間人の犠牲者数」は市部三二五〇人と紅卍字会による市民の埋葬数の推定一万二〇〇〇人、農村部調査の二万六八七〇人を導き出し、総数四万二一二〇人を市民の被虐殺者数と推定したことにたいし、「笠原が言うように「犠牲者数はまちがいなくこれ以上であった」と考えるべきであろう」と結論した。

渡辺の連載はさらに「民間人の犠牲者数」について、南京事件の前と後における南京市民の家族構成の変化を統計を利用して算出するというこれまでおこなわれなかった手法を用い、一〇万を超える市民が犠牲になったと推定する最終回を『中帰連』第63号（二〇一八年一一月刊行予定）に掲載する。

以上の渡辺の連載は、さらに厳密な検討を加えて執筆当時は見逃されていた問題を見直して加筆修正し、笠原十九司・渡辺久志『決定版　南京事件の検証』（仮題）と題して、高文研から近刊の予定である。本書の出版によって、南京事件否定説はほぼ完全に批判、否定され、恐らく反論が不可能であることにおいて、「南京事件論争」は事実上、終止符が打たれるのではないかと思われる。

おわりに――日本の首相が南京を訪れることを望む

ポーランドのワルシャワ・ゲットー跡地を訪れたブラント西独首相

一九七〇年一二月、西ドイツのヴィリ・ブラント首相がポーランドを訪れ、ワルシャワ・ゲットー跡地に立つユダヤ人犠牲者追悼碑の前で跪き、頭を垂れてナチの不法と侵略戦争に対する深い反省と謝罪の意を全世界に表した。この行為は、当時の西ドイツにまだナチ時代の影を見ていた近隣諸国、とくにナチ・ドイツの軍靴に蹂躙された東ヨーロッパ諸国の不信感を払拭するのに貢献し、その後のドイツの歴史認識をめぐる議論にはっきりとした方向性を与えた。それは、一九九〇年一〇月に東西ドイツが統一された後も現在につづいている、ナチ不法と侵略戦争の「負の遺産」を清算するためのドイツ政府と国民による「過去の克服」への努力である。

第二次世界大戦終結四〇周年にあたる一九八五年五月八日、西ドイツのリヒャルト・フォン・ヴァイツゼッカー大統領が連邦議会の記念式典で、「われわれ全員が過去を引き受けなければなりません。全員が過去のもたらした帰結に関わっており、その責任を負っています」

「過去は後になって書き換えたり、なかったりすることなどできません。過去に目を閉ざす者は、結局のところ現在にたいしても盲目となります」という演説をおこなった。それは戦後ドイツの「過去の克服」の精神を伝える言葉として世界のメディアの注目を集めた。

このように、ドイツの「過去の克服」には、指導的な政治家が重要な役割を果たした。

日本においては挫折した「過去の克服」の試み

日本においては、アジア太平洋戦争終結五〇周年にあたる一九九五年八月一五日、村山富市首相が閣議決定を経て「村山首相戦後五〇周年談話」(以下、「村山談話」)を発表し、「わが国は、遠くない過去の一時期、国策を誤り、戦争への道を歩んで国民を存亡の危機に陥れ、植民地支配と侵略によって、多くの国々、とりわけアジア諸国の人々に対して多大の損害と苦痛を与えました。私は、未来に誤ち無からしめんとするが故に、疑うべくもないこの歴史の事実を謙虚に受け止め、ここにあらためて痛切な反省の意を表し、心からのお詫びの気持ちを表明いたします」と、日本の首相として、公式に日本の侵略と植民地支配の歴史の反省と謝罪を表明した。しかし、日本においては、「村山談話」がその後の日本政府と国民の「過去の克服」へと発展することなく、結果的には挫折してしまった。

一九九四年六月に成立した村山内閣(社会党と自民党の連立)は当初、戦後五〇周年の一九九五年に、日本の侵略戦争と植民地支配について反省、謝罪する国会決議をおこない、戦争責任や戦後補償の問題をある程度処理して「過去の克服」を達成し、中国をはじめ近隣アジア諸国からの反発、不信、警戒を払拭しようとした。しかし、村山内閣の与党である自民党内のさらなる右翼派が、侵略戦争を反省・謝罪する国会決議を阻止するための多数派工作をおこなって成功し、「戦後五〇年国会決議」(一九九五年六月九日)は、「世界の近代史上における数々の植民地支配や侵略行為に思いをいたし、我が国が過去に行ったこうした行為や他国民とくにアジアの諸国民に与えた苦痛を認識し、深い反省の念を表明する」と侵略戦争と植民地支配に対する日本の反省と謝罪をあいまいにしたものに変質させられた。その結果やむを得ず、村山首相は、前述の「村山談話」を発表したのである。

このとき、自民党内の多数派工作の中心になったのが、自民党靖国関係三協議会歴史検討委員会(顧問奥野誠亮、事務局長板垣正、以下、自民党「歴史・検討委員会」)であった。自民党靖国関係三協議会とは「英霊にこたえる議員協議会」「みんなで靖国に参拝する国会議員の会」「遺家族議員協議会」よりなる。事務局長の板垣正は、板垣征四郎の息子である。板垣征四郎は、日本の関東軍の高級参謀の時、謀略による満州事変を画策実行して「満州国」を樹立、関東軍参謀総長となり、近衛文麿内閣の陸軍大臣になった軍人で、東京裁判でA級戦犯として死刑に処せられた。顧問の奥野誠亮は、戦時中、天皇制ファシズム体制を推進した内務省の特高官僚だった。

自民党「歴史・検討委員会」は、「大東亜戦争」をアジア解放のための正義の戦争であったと美化し、南京大虐殺は戦後の東京裁判ででっち上げられた「虚構」であると否定する『大東亜戦争の総括』（展転社）を一九九五年八月一五日付で発行した。彼らは村山首相が目指した国会決議を阻止するために自民党内に「終戦五〇周年国会議員連盟」（会長奥野誠亮、事務局長板垣正、自民党国会議員の過半を組織）を結成、民間の右翼・保守団体で組織された「終戦五〇周年国民運動実行委員会」と共同して、「南京大虐殺は嘘」の大キャンペーンを展開した（本書二二七頁）。

「過去の克服」を困難にしている安倍政権

一九九三年七月の総選挙で初当選し、国会議員となったばかりの安倍晋三は、翌八月に結成された自民党「歴史・検討委員会」に加入した。東京裁判のA級戦犯容疑者として、巣鴨刑務所に収監された岸信介を祖父にもった安倍晋三は、板垣正や奥村誠亮らの「大東亜戦争肯定」の長老から目をかけられた。安倍晋三が事務局長となって一九九七年に組織したのが自民党「日本の前途と歴史教育を考える若手議員の会」（教科書議連）である（本書二三二頁）。

一九八〇年代からの家永三郎教科書裁判支援運動の広がりと、社会党の村山首相が組閣したことに見られた自民党の退潮、そして戦後五〇年をめどに「過去の克服」を実現しようという政界・財界にもあった動きを背景に、日本の歴史教科書の中の侵略・加害の歴史の記述が少しずつ改善された。その結果、文部省の教科書検定に合格した一九九七年版の中学校歴史教科書は七つの教科書出版社から発行された教科書の全部に南京大虐殺が記述され、また「日本軍慰安婦」のことが記述された。たとえば、清水書院から発行された教科書『新中学校歴史』は、南京大虐殺について、以下のように記述していた。

「日本軍は、占領した地域で税や労働力を徴発し、食料などもその地で確保した。また、中国各地で残虐行為をおこなった。とくに南京占領にさいして、武器をすてた兵士、老人・女性・子どもまでふくめた民衆を無差別に殺害した。死者の数は、兵士をあわせて十数万以上といわれ、中国では三〇万人以上と推計されている。諸外国は、この南京大虐殺事件を強く非難したが、当時の日本人のほとんどはこの事実さえ知らなかった。一九四一年と翌年には、共産党勢力の強い地区に対して、焼きつくし、殺しつくし、奪いつくすという三光作戦をおこなった。こうした日本軍の行為は、中国民衆の日本への抵抗や憎悪をいっそう強めることになった。」

このように日本の歴史教科書に日本の加害・侵略の歴史事実が多く書かれるようになったことに危機感を抱いた安倍晋三らは、教科書議連を中心にして、日本の歴史教科書から「日本軍慰安婦問題」、南京大虐殺などの侵略・加害の記述を削除させるために、教科書攻撃を開始したのである。現在に続く、教科書議連の教科書攻撃を組織的に大きく支えているのが、一九九七年に結成された日本最大の右翼組織の「日本会議」である。日本国憲法を「改正」し、天皇中心の日本、「戦争する国」を目指す「日本会議」の方針を、国政において実現しようと同時に組織されたのが、超党派の「日本会議国会議員懇談会」（会長平沼赳夫、副幹事長安倍晋三、特別顧問麻生太郎、以下、日本会議議連）である。会長の平沼赳夫は、戦前の右翼思想家・政治家で東京裁判でA級戦犯容疑者として起訴され、終身禁錮刑の判決を受けた平沼騏一郎の息子（養子）である。

「日本会議」は、歴史認識の問題でも、「南京虐殺はなかった」「従軍慰安婦はでっち上げ」「東京裁判は誤り」「首相は靖国神社を参拝せよ」「大東亜戦争は祖国防衛・アジア解放の戦争だった」「植民地支配では良いことをした」などと主張している。

二一世紀になってから、日本の政治、社会の保守化、右傾化が進むなかで、「日本会議議連」は大きく勢力を拡大し、二〇一六年一二月現在で二九〇人にも達している。二〇一四年四月の段階では、会長は平沼赳夫、会長代行が中曽根弘文、特別顧問が安倍晋三、麻生太郎、副会長は下村博文、菅義偉、高市早苗、小池百合子らで、稲田朋美は政策審議副会長であった。

二〇一八年一〇月二日に発足した第四次安倍改造内閣の二〇人の閣僚のうち、一五人が「日本会議議連」のメンバーで、首相補佐官三人、官房副長官二人とともに「日本会議議連」のメンバー、副大臣二五人のうち一六人、政務官二七人のうち一四人が同メンバーで、まさに日本の最大右翼組織の「日本会議」の内閣といえる。さらに南スーダンPKOに派遣した自衛隊の日報隠蔽問題で防衛大臣を辞任させられた稲田朋美が、自民党筆頭副幹事長に加え安倍総裁のブレーン役の総裁特別補佐に就任したので、筋金入りの南京事件否定派として再び安倍政権の中枢で策動することが予想される。

安倍晋三が組織した教科書議連を中心とした教科書攻撃も徐々に影響があらわれ、現在使用されている中学校歴史教科書からは「日本軍慰安婦」の記述が消え、南京大虐殺についても、犠牲者は二〇万人、三〇万人という記述はなくなり、ただ「多数の犠牲者がでた」とのみ記述されるだけになり、侵略・加害の記述は大きく後退している。

日本の首相が南京を訪れることに問題はない

安倍晋三内閣は、南京大虐殺の歴史事実を否定しようとする歴史修正主義者が多数を占めているが、日本の外務省ホームページの「外務省歴史問題Q&A」の「問6「南京大虐殺」に対して日本政府はどのように考えていますか」に対して「日本政府としては、日本軍の南京入城（一九三七年）後、〔多くの〕非戦闘員の殺害や略奪行為等があったことは否定できないと考えています」とあるように、「南京大虐殺はあった」というのが日本政府の公式見解である。

前述のように『日中歴史共同研究』の報告書に日中双方の研究員がそれぞれ二頁にわたり、南京大虐殺の歴史事実を記述している（本書二九五頁）。日本国内でも、学問的にはすでに結着がついていた史実か否かをめぐる「南京事件論争」に対して、日中政府間でも結着がつけられたといえる。

南京大虐殺が歴史事実であることは、日本の歴史学界においては定説であり、多くの歴史書に南京大虐殺の叙述がなされている。一九九〇年代以降は、ほとんどの歴史辞典・百科事典類に記述されるようになり、その記述も史実に基づいたしっかりした内容になっている。また、家永三郎教科書裁判においても、家永三郎『新日本史』（三省堂）の高校日本史教科書の「南京大虐殺」の記述について検定不合格にした文部省の教科書検定意見が違法であると判定した東京高等裁判所の川上判決（一九九三年一〇月二〇日）が下され、最高裁判所の大野判決（一九九七年八月二九日）により、文部省の敗訴が確定した（本書二六頁）。そして、家永教科書裁判に前後して、教科書出版社全社の中学校歴史教科書、高校日本史教科書、高校世界史教科書に南京大虐殺が記述されるようになった。

以上のような日本の状況を考えれば、日本の首相が南京を訪れ、日本政府が公式見解としている「村山談話」に基づいて日本の侵略戦争の反省と謝罪を表明することは、なんら問題はないはずである。これまで、海部俊樹、村山富市、福田康夫、鳩山由紀夫らの首相経験者が南京を訪れ、南京大虐殺記念館を参観しているが、日本の「過去の克服」のためには、日本の現役の首相が南京を訪れ、かつての西ドイツのブラント首相のような役割を果たすことに意味がある。そのような勇気ある日本の首相の出現を望みたい。

そのような勇気ある日本の首相による南京訪問が実現されれば、本書で記述してきたような、すでに学問的、歴史学的さらには国際的にも結着がついた問題でありながら、異常ともいえる長期にわたり、現在でも継続しているかのように思われている「南京事件論争」にようやく終止符を打つ大きな契機となるだろう。

あとがき

筆者が一九八四年三月に発足した南京事件調査研究会（本書一五〇頁）に参加し、いわゆる南京事件論争にかかわるようになってから、すでに三四年になる。まさか、このように筆者の研究者生涯の大半をかけて論争にかかわることになるとは思ってもみなかった。

筆者は一九八〇年代半ば、数年間にわたり、京都大学人文科学研究所の狭間直樹教授らのグループと中国五四運動史の評価をめぐって、中国史研究者の間では知られる「五・四運動論争」を展開したことがあった。論争は京都大学人文科学研究所共同研究報告『五四運動の研究』第1函（同朋舎、一九八二年）と中央大学人文科学研究所編『五・四運動史像の再検討』（中央大学出版部、一九八六年）の執筆者のグループとの間で展開され、筆者は後者のグループの中心メンバーとなって論争を繰り広げた。論争は、中国五四運動が中国共産党の指導する中国新民主主義革命の画期となったという狭間教授らの規定に対して、筆者らが異議を唱え、同運動は、主要な性格として第一次世界大戦期の日本の中国侵略政策に反対する官民一体的な反日民族運動と中国の辛亥革命後の国民国家建設と第一次世界大戦参戦を契機に欧米化が進んだことに触発された思想文化面における国民文化運動との複合的性格を持ったものであり、狭間教授らの主張するロシア革命の影響をうけた革命運動ではなかったと反論したのである。筆者の主張と研究は後に、東京大学大学院総合文化研究科から博士（学術）の学位を授与された論文にまとめ、『第一次世界大戦期の中国民族運動――東アジア国際関係に位置づけて』（汲古書院、二〇一四年）として出版された。「五・四運動論争」は筆者のグループの「優勢」で結着がついたかたちになり、その後論争を蒸し返す中国研究者はいない。

ところが、筆者がかかわったもう一つの論争である南京事件論争は、本書で明らかにしたように、学問的にはすでに結着がついていながら、事態は、筆者が南京事件論争にかかわってきた歴史経過の中で、現在、最悪の状態にある。

新版の本書で詳述したように、安倍晋三内閣は日本の戦後の内閣で初めて、南京事件否定論を公然と主張するようになった政権である。しかもその南京事件否定論を教科書検定や教育統制をとおして教育現場で教えさせ、いっぽうではメディア統制をとおして国民の歴史認識にまで浸透させようとしている、きわめて右翼イデオロギーの強い政権である。

本書で明らかにしてきたように、家永教科書裁判などいくつかの裁判で南京事件の事実が認定され、ほとんどの歴史辞典に南京事件が記述され、外務省ホームページに「南京大虐殺は事実」という政府見解があり、さらには日中政府間の日中歴史共同研究の報告書に南京事件が詳述されているにもかかわらず、それらの「歴史事実」を公然と否定しようとする安倍政権は、民主主義の根幹である「事実」「Fact」をないがしろにして「嘘」「Fake」がまかり通る社会に近づけていることにおいて、まさに日本の民主主義を危機に陥れつつあるといっても過言でない。

しかも、安倍首相自身は巧妙、狡猾で、自らは「南京事件はなかった」とは発言しないように注意している。すべて側近や周囲の者に「南京事件はなかった」と放言を含めて公言させておいて、「自分は一度も南京事件を否定したことはない」と内外に言い逃れができるようにしている。本書でなんどか言及してきたように、一九九四年に「南京虐殺事件はでっち上げ」と発言した永野茂門法相更迭のことが念頭にあるのと、首相として「南京事件がなかった」と発言すれば、当然中国政府からの抗議を呼ぶことと、国際社会からも批判が集中することを計算しているからであろう。しかし、本書の後半の章で詳述してきたことから、安倍首相本人が南京事件否定論者であることの傍証は十分であろう。

権力側が意図的に流布する嘘やデマが国民に影響を与えるような社会は、戦前の日本社会を想起するまでもなく、民主主義社会として危機的な状況にあるといえる。二〇一三年四月一〇日の衆議院予算委員会で、教科書議連の西川京子議員が公然と南京事件否定論を展開したことにたいして（本書三〇〇頁）、筆者は新聞やテレビが取り上げて批判するかと思ったが、何事もなかった。

安倍政権側から繰り返し南京事件否定論が発言されるにしたがい、メディア側も慣れてしまい、反応しなくなってしまったのである。こうして、後日、西川議員が「国会における私の発言にたいして何も反論、批判がなかったことは、国民に認められた証拠」と発言していたように、南京事件否定論の嘘が国民にいつの間にか定着してしまうことは、恐ろしいことである。国民が政治家の発言に本気で向き合わない状態になってしまっている日本の民主主義の危機の反映である。

安倍晋三『美しい国へ』（文春新書、二〇〇六年）において、「アメリカの日本にたいする姿勢が色濃くあらわれているのが、憲法九条の「戦争放棄」の条項だ。アメリカは、自らと連合国側の国益を守るために、代表して、日本が二度と欧米中心の秩序に挑戦することのないよう、強い意志をもって憲法草案の作成にあたらせた」（一二一頁）、日本国憲法草案は「ニューディーラーと呼ばれた進歩的な若手のＧＨＱ（連合国軍総司令部）スタッフによって、十日間そこそこという短期間で書き上げられたものだった」（一二三頁）と書いているように、安倍首相は「憲法九条はＧＨＱが押し付けた」ということを繰り返して主張し、極端な場合日本国憲法は「みっともない憲法だ。日本人が作ったんじゃない」とまで発言している（ＴＢＳ放道特集「戦争と憲法――平和憲法の原点に迫る」二〇一七年八月五日放送の映像より）。だから、日本の自主的な憲法を取り戻すために改憲しなければならないというのが安倍首相らの論理である。

ところが、安倍首相ら改憲派がいう「憲法９条はＧＨＱが押し付けた」というのも嘘であることは、拙稿「憲法九条は誰が発案したのか――幣原喜重郎と「平野文書」」（『世界』No.909、二〇一八年六月号）で明らかにしたとおりである。ここでは詳述できないが、日本国憲法草案を審議、作成した時の首相の幣原喜重郎がマッカーサー連合国軍最高司令官に直訴の形で憲法九条を発案し、それにマッカーサーが共感したことが「事実」であることは、以下の三つの史料から十分に証明することができる。いずれも国会図書館の憲政資料室に所蔵されている史料である。

①「平野文書」幣原喜重郎の議員秘書の平野三郎が「戦争放棄条項が生まれた事情」について幣原喜重郎から聞き取りをした記録。②「羽室メモ」幣原喜重郎と生涯親友だった大平駒槌の三女の羽室ミチ子が、幣原喜重郎と大平駒槌から直接聞いた憲法草案作成に関連した話を詳細に大学ノートに記録。③マッカーサーの演説、証言、回想録など数種類の記録資料に、幣原喜重郎がマッカーサーに「直訴」の形で憲法九条を発案した経緯が記録されている。

また、安倍首相ら改憲派が「GHQから押し付けられた」日本国憲法を「自主憲法」に取り戻すために改憲が必要というのも嘘である。NHK総合テレビ「憲法と日本人―1949~64 知られざる攻防」（二〇一八年五月三日放送）が明らかにしたように、朝鮮戦争勃発後、アメリカは対日政策を大転換し、日本政府に日本国憲法の改正の圧力をかけてきたのである。一九五三年一〇月に自由党政務調査会長池田勇人と米国務次官補ロバートソンとの間でもたれた池田・ロバートソン会談において、アメリカから日本の軍隊設立が要求され、一八万人の陸上部隊創設で合意がなされた際に、日本が再軍備するために憲法の改正要求が出されたのである。それを受けて、同年一二月一五日に安倍晋三の祖父の岸信介を会長とする「自由党憲法調査会」が発足し、翌五四年一一月に日本国憲法改正要綱を発表したのである。

以上の経緯から憲法改正論は、日米安保条約とセットにした、岸信介から安倍晋三に受け継がれた対米従属路線に位置付けられるものであり、「自主憲法」というのは嘘である。

二〇一五年一一月に稲田朋美自民党政調会長が中心になって発足させた安倍自民党総裁の直属の「歴史を学び未来を考える本部」は、東京裁判と日本国憲法の成立過程を検証することを目的にした（本書三二三頁）。既述のように、日本国憲法は「ＧＨＱに押し付けられた」という改憲論と、「東京裁判ででっち上げられた」という南京事件否定論はセットになっている。このため安倍政権のように改憲をめざす政権がつづくかぎり、政権側から言い古された南京事件否定論が流布されつづけることになろう。

しかし、そのような政権がつづけば、日本は中国や韓国・北朝鮮など東アジア諸国との歴史和解の道を遠のけ、協調と平和共存に向かう東アジアの歴史の流れから、日本だけが取り残されることになろう。

本書『増補　南京事件論争史』を平凡社ライブラリーとして出版することができたのは、平凡社編集部次長の松井純さんのお世話の賜物である。二〇〇七年に出版した旧書を現在にいたるまでの南京事件論争史にまとめなおし、筆者なりに論争の終焉を予告することができたことに満足している。このような機会を与えてくださった松井さん、および旧版をご担当いただいた土居秀夫さんに改めて感謝申し上げたい。

筆者が南京事件研究を開始するきっかけになった南京事件調査研究会は、一九八四年三月に発足して以後かなりして、沖縄戦研究会と合併して南京事件・沖縄戦合同研究会となり、その後は日本現代史研究会（旧「南京研」「沖縄研」合同研究会）と名称変更して現在もつづけられている。筆者はいつの間にか最長老となって、院生・若手研究者が大半をしめる研究会に参加している。本書は、同研究会の皆さんから教示をうけたことに多くを負うている。記して謝意を表したい。

二〇一八年一〇月

笠原十九司

［年表］南京事件関係の書籍の出版

太字＝史実派およびそれに準ずる資料　細字＝否定派　ゴチック＝虐殺少数派。
各年は出版順に並べてある

年	著者・書名・出版社
一九六三	田中正明『パール博士の日本無罪論』慧文社
一九六七	**洞富雄『近代戦史の謎』人物往来社**
一九七二	**本多勝一『中国の旅』朝日新聞社（朝日文庫、一九八一年）**
	洞富雄『南京事件』新人物往来社
	本多勝一『中国の日本軍』創樹社
	本多勝一『殺す側の論理』すずさわ書店
	イザヤ・ベンダサン著、山本七平訳『日本教について——あるユダヤ人への手紙』文藝春秋
一九七三	**ディヴィッド・バーガミニ著、いいだ・もも訳『天皇の陰謀〈前篇〉』れおぽーる書房**
	ディヴィッド・バーガミニ著、いいだ・もも訳『天皇の陰謀〈後篇〉』れおぽーる書房
	鈴木明『「南京大虐殺」のまぼろし』文藝春秋（文春文庫、一九八三年）
	佐々木元勝『野戦郵便旗——日中戦争に従軍した郵便長の記録（正・続）』現代史資料センター出版会

一九七四　**洞富雄編『日中戦争史資料8　南京事件Ⅰ』河出書房新社**
洞富雄編『日中戦争史資料9　南京事件Ⅱ』河出書房新社
城山三郎『落日燃ゆ』新潮社（新潮文庫、一九八六年）
一九七五　**松本重治『上海時代――ジャーナリストの回想（下）』中公新書**
洞富雄『南京大虐殺――「まぼろし」化工作批判』現代史出版会
森山康平・太平洋戦争研究会編『証言記録　三光作戦――南京虐殺から満州国崩壊まで』新人物往来社（河出文庫『証言　南京事件と三光作戦』二〇〇七年）
山本七平『私の中の日本軍（上・下）』文藝春秋（文春文庫、一九八三年）
一九七七　**松浦総三編『「文藝春秋」の研究――タカ派ジャーナリズムの思想と論理』晩聲社**
本多勝一編『ペンの陰謀――あるいはペテンの論理を分析する』潮出版社
一九八二　**前田雄二『戦争の流れの中に――中支から仏印へ』善本社**
ティンバーリィ原著、訳者不詳『外国人の見た日本軍の暴行――実録・南京大虐殺』評伝社
洞富雄『決定版　南京大虐殺』徳間書店、発行現代史出版会
一九八三　**浅見定雄『にせユダヤ人と日本人』朝日新聞社**
曽根一夫『私記南京虐殺――戦史にのらない戦争の話』彩流社
一九八四　田中正明『〝南京虐殺〟の虚構――松井大将の日記をめぐって』日本教文社
中国・南京市文史資料研究会編、加々美光行・姫田光義訳・解説『証言・南京大虐殺――戦争とはなにか』青木書店
谷口巌『南京大虐殺の研究』office PANO

一九八五
玉井清美『侵略の告発——暴虐の上海戦線日記』教育出版センター
曽根一夫『続私記南京虐殺——戦史にのらない戦争の話』彩流社
田中正明編『松井石根大将の陣中日誌』芙蓉書房
藤原彰『南京大虐殺』岩波ブックレット
洞富雄編『日中戦争　南京大残虐事件資料集　第1巻　極東国際軍事裁判関係資料編』青木書店
［一九七三年の河出書房新社版に同じ］
洞富雄編『日中戦争　南京大残虐事件資料集　第2巻　英文資料編』青木書店［一九七三年の河出書房新社版に同じ］

一九八六
吉田裕『天皇の軍隊と南京事件——もうひとつの日中戦争史』青木書店
秦郁彦『南京事件——「虐殺」の構造』中公新書
洞富雄『南京大虐殺の証明』朝日新聞社
高興祖著、牧野篤訳『南京大虐殺——日本軍の中国侵略と暴行』日本教職員組合国民教育研究所

一九八七
本多勝一『南京への道』朝日新聞社（朝日文庫、一九八九年）
田中正明『南京事件の総括——虐殺否定十五の論拠』謙光社
洞富雄・藤原彰・本多勝一編『南京事件を考える』大月書店
阿羅健一『聞き書　南京事件——日本人の見た南京虐殺事件』図書出版社（小学館文庫『「南京事件」日本人48人の証言』二〇〇二年）
東史郎『わが南京プラトーン——一召集兵の体験した南京大虐殺』青木書店
下里正樹『隠された聯隊史——「20・i」下級兵士の見た南京事件の実相』青木書店

一九八八
村瀬守保『私の従軍中国戦線——兵士が写した戦場の記録』日本機関紙出版センター
曽根一夫『南京虐殺と戦争』泰流社
下里正樹『続・隠された聯隊史——MG中隊員らの見た南京事件の実相』青木書店
藤原彰『新版　南京大虐殺』岩波ブックレット
洞富雄・藤原彰・本多勝一編『南京大虐殺の現場へ』朝日新聞社

一九八九
本多勝一編『裁かれた南京大虐殺』晩聲社
時野谷滋『家永教科書裁判と南京事件——文部省担当者は証言する』日本教文社
猪瀬直樹監修・高梨正樹編集『目撃者が語る昭和史5　日中戦争』新人物往来社
南京戦史編集委員会『南京戦史』偕行社
南京戦史編集委員会『南京戦史資料集』偕行社
藤原彰・今井清一他編『日本近代史の虚像と実像3』大月書店
阿部輝郎『南京の氷雨——虐殺の構造を追って』教育書籍
井口和起・木坂順一郎・下里正樹編集『南京事件　京都師団関係資料集』青木書店

一九九一
教科書検定訴訟を支援する全国連絡会編『家永・教科書裁判　第三次訴訟地裁編第4巻　南京大虐殺・七三一部隊』ロング出版

一九九二
洞富雄・藤原彰・本多勝一編『南京大虐殺の研究』晩聲社
南京大虐殺の真相を明らかにする全国連絡会編『南京大虐殺——日本人への告発』東方出版
南京事件調査研究会編訳『南京事件資料集①アメリカ関係資料編』青木書店
南京事件調査研究会編訳『南京事件資料集②中国関係資料編』青木書店

一九九三　**滝谷二郎『目撃者の南京事件——発見されたマギー牧師の日記』三交社**
ねず・まさし『現代史の断面・中国侵略』校倉書房
中央大学人文科学研究所編『日中戦争——日本・中国・アメリカ』中央大学出版部
南京戦史編集委員会『南京戦史資料集Ⅱ』偕行社
前川三郎『真説・南京攻防戦——彼我両軍の御魂に捧ぐ鎮魂譜——南京事件論争に終止符を！』日本図書刊行会

一九九四　**笠原十九司『アジアの中の日本軍——戦争責任と歴史学・歴史教育』大月書店**
阿壠著、関根謙訳『南京慟哭』五月書房

一九九五　**「写真集・南京大虐殺」を刊行するキリスト者の会編『写真集・南京大虐殺』エルピス**
冨士信夫『「南京大虐殺」はこうして作られた——東京裁判の欺瞞』展転社
津田道夫『南京大虐殺と日本人の精神構造』社会評論社
笠原十九司『南京難民区の百日——虐殺を見た外国人』岩波書店（岩波現代文庫、二〇〇五年）
戦争犠牲者を心に刻む会「アジア・太平洋の戦争犠牲者に思いを馳せ、心に刻む集会」実行委員会編『南京大虐殺と原爆』東方出版
（自民党）歴史・検討委員会編『大東亜戦争の総括』展転社
大井満『仕組まれた〝南京大虐殺〟——攻略作戦の全貌とマスコミ報道の怖さ』展転社

一九九六　**小野賢二・藤原彰・本多勝一編『南京大虐殺を記録した皇軍兵士たち——第十三師団山田支隊兵士の陣中日記』大月書店**
藤岡信勝『近現代教育史の改革——善玉・悪玉史観を超えて』明治図書出版

一九九七
教科書検定訴訟を支援する全国連絡会編『家永・教科書裁判第三次訴訟高裁編第2巻　南京大虐殺・朝鮮人民の抵抗・七三一部隊』民衆社
本多勝一『本多勝一集21　愛国者と売国者』朝日新聞社
渡辺寛『南京虐殺と日本軍――幕府山の中国人捕虜殺害事件の真相』明石書店
笠原十九司『日中全面戦争と海軍――パナイ号事件の真相』青木書店
奥宮正武『私の見た南京事件――日本人としていかに考えるべきか』ＰＨＰ研究所
ジョン・ラーベ著、エルヴィン・ヴィッケルト編、平野卿子訳『南京の真実』講談社
笠原十九司・松村高夫他『歴史の事実をどう認定しどう教えるか――検証七三一部隊・南京虐殺事件・「従軍慰安婦」』教育史料出版会
笠原十九司『南京事件』岩波新書
本多勝一『本多勝一集23　南京大虐殺』朝日新聞社
藤原彰『南京の日本軍――南京大虐殺とその背景』大月書店
藤原彰編『南京事件をどうみるか――日・中・米研究者による検証』青木書店
小林よしのり『新ゴーマニズム宣言 special 戦争論』幻冬舎
東中野修道『「南京虐殺」の徹底検証』展転社
クリストファ・バーナード著、加地永都子訳『南京虐殺は「おこった」のか――高校歴史教科書への言語学的批判』筑摩書房

一九九八
畝本正己『真相・南京事件――ラーベ日記を検証して』文京出版
松村俊夫『「南京虐殺」への大疑問――大虐殺外国資料を徹底分析する』展転社

一九九九

鈴木明『新「南京大虐殺」のまぼろし』飛鳥新社

笠原十九司『南京事件と三光作戦——未来に生かす戦争の記憶』大月書店

藤岡信勝・東中野修道『「ザ・レイプ・オブ・南京」の研究——中国における「情報戦」の手口と戦略』祥伝社

南京事件調査研究会編『南京大虐殺否定論13のウソ』柏書房

ミニー・ヴォートリン著、岡田良之助・伊原陽子訳、笠原十九司解説『南京事件の日々——ミニー・ヴォートリンの日記』大月書店

二〇〇〇

板倉由明『本当はこうだった南京事件』日本図書刊行会

早乙女勝元編『母と子でみる49　ふたたび南京へ』草の根出版会

ジョシュア・A・フォーゲル編、岡田良之助訳『歴史学のなかの南京大虐殺』柏書房

五十嵐善之亟『決定版　南京事件の真実』文芸社

竹本忠雄・大原康男『日英バイリンガル・再審「南京大虐殺」——世界に訴える日本の冤罪』明成社

石田勇治編訳、笠原十九司・吉田裕編集協力『資料　ドイツ外交官の見た南京事件』大月書店

東史郎『東史郎日記』熊本出版文化会館

二〇〇一

吉本榮『南京大虐殺の大嘘——何故いつまで罷り通るか』東京図書出版会

北村稔『「南京事件」の探究——その実像をもとめて』文春新書

田中正明『南京事件の総括——虐殺否定の論拠』（再刊）展転社

小林よしのり『新ゴーマニズム宣言SPECIAL 戦争論二』幻冬舎

二〇〇二
田中正明『パール判事の日本無罪論』（再刊）小学館文庫
笠原十九司『南京事件と日本人――戦争の記憶をめぐるナショナリズムとグローバリズム』柏書房
松岡環編著『南京戦・閉ざされた記憶を尋ねて――元兵士一〇二人の証言』社会評論社
東中野修道編著『日本「南京」学会年報　南京「虐殺」研究の最前線　平成十四年版』展転社

二〇〇三
本多勝一・渡辺春己・星徹『南京大虐殺　歴史改竄派の敗北――李秀英名誉毀損裁判から未来へ』教育史料出版会
冨澤繁信『南京事件の核心――データベースによる事件の解明』展転社
松岡環編著『南京戦　切りさかれた受難者の魂――被害者一二〇人の証言』社会評論社
東中野修道編者『1937南京攻略戦の真実――新資料発掘』小学館文庫
東中野修道編著『日本「南京」学会年報　南京「虐殺」研究の最前線　平成十五年版』展転社

二〇〇四
松尾一郎『プロパガンダ戦「南京事件」――秘録写真で見る「南京大虐殺」の真実』光人社
冨澤繁信『「南京安全地帯の記録」完訳と研究』展転社
東中野修道編著『日本「南京」学会年報　南京「虐殺」研究の最前線　平成十六年版』展転社

二〇〇五
東中野修道・小林進・福永慎次郎『南京事件「証拠写真」を検証する』草思社
笠原十九司『体験者27人が語る南京事件――虐殺の「その時」とその後の人生』高文研
笠原十九司・吉田裕編『現代歴史学と南京事件』柏書房
稲垣大紀『25歳が読む「南京事件」――事件の究明と論争史』東京財団

二〇〇六
東中野修道『南京事件――国民党極秘文書から読み解く』草思社
鈴木明『「南京大虐殺」のまぼろし』（再刊）ワック

二〇〇七
冨澤繁信『「南京事件」発展史』展転社
田中利幸編『戦争犯罪の構造――日本軍はなぜ民間人を殺したのか』大月書店
東中野修道編著『日本「南京」学会年報 南京「事件」研究の最前線 平成十九年版』展転社
東中野修道『南京「百人斬り競争」の真実』ワック
稲田朋美『百人斬り裁判から南京へ』文春新書
東中野修道『再現 南京戦』草思社
阿羅健一『「再検証」南京で本当は何が起こったのか』徳間書店
アイリス・チャン著、巫召鴻訳『ザ・レイプ・オブ・南京――第二次世界大戦の忘れられたホロコースト』同時代社
巫召鴻著、山田正行解説『「ザ・レイプ・オブ・南京」を読む』同時代社

二〇〇八
笠原十九司『南京事件論争史――日本人は史実をどう認識してきたか』平凡社
笠原十九司『「百人斬り競争」と南京事件――史実の解明から歴史対話へ』大月書店
日本の前途と歴史教育を考える議員の会(中山成彬・西川京子・戸井田とおる)監修・水間政憲編集『南京の実相――国際連盟は「南京2万人虐殺」すら認めなかった The Truth of Nanjing』日新報道

二〇〇九
本多勝一・星徹・渡辺春己『南京大虐殺と「百人斬り競争」の全貌』金曜日
記録集編集委員会『南京事件70周年――国際シンポジウムの記録』日本評論社
平沼赳夫監修『反日記念館――不当な写真の撤去を求める!』展転社

二〇一〇
笠原十九司編『戦争を知らない国民のための日中歴史認識――「日中歴史共同研究〈近現代史〉」

	を読む』勉誠出版
二〇一一	早坂隆『松井石根と南京事件の真実』文春新書
二〇一六	**清水潔『「南京事件」を調査せよ』文藝春秋**
	松岡環『南京　引き裂かれた記憶──元兵士と被害者の証言』社会評論社
二〇一七	水間政憲『完結「南京事件」──日米中歴史戦に終止符を打つ』ビジネス社

[著者]
笠原十九司（かさはら・とくし）
1944年群馬県生まれ。東京教育大学大学院修士課程中退。学術博士（東京大学）。都留文科大学名誉教授。専門は、中国近現代史、東アジア近現代史。著書に、南京事件に関して『アジアの中の日本軍』（大月書店）、『日中全面戦争と海軍』（青木書店）、『南京事件』（岩波新書）、『南京難民区の百日』（岩波現代文庫）、『南京事件と日本人』（柏書房）、『体験者27人が語る南京事件』（高文研）、『「百人斬り競争」と南京事件』（大月書店）、『海軍の日中戦争』（平凡社）、『日中戦争全史』（上・下、高文研）などがある。歌人として『笠原十九司歌集 同時代』（本阿弥書店）があり、俳人として『句集 立葵』（本阿弥書店）がある。

平凡社ライブラリー 876

増補《ぞうほ》 南京事件論争史《なんきんじけんろんそうし》
日本人は史実をどう認識してきたか

発行日…………2018年12月10日 初版第1刷
2022年3月18日 初版第4刷

著者……………笠原十九司
発行者…………下中美都
発行所…………株式会社平凡社
〒101-0051 東京都千代田区神田神保町3-29
電話 (03)3230-6579［編集］
(03)3230-6573［営業］
振替 00180-0-29639

印刷・製本……株式会社東京印書館
DTP…………大連拓思科技有限公司＋平凡社制作
装幀……………中垣信夫

ISBN978-4-582-76876-3
NDC分類番号210.74 B6変型判(16.0cm) 総ページ374

平凡社ホームページ https://www.heibonsha.co.jp/

落丁・乱丁本のお取り替えは小社読者サービス係まで
直接お送りください（送料、小社負担）。

平凡社ライブラリー　既刊より

半藤一利……………………………………昭和史　1926-1945
半藤一利……………………………………昭和史　戦後篇　1945-1989
半藤一利……………………………………日露戦争史　全3巻
半藤一利……………………………………其角と楽しむ江戸俳句
ジョナサン・スウィフト　………………召使心得　他四篇——スウィフト諷刺論集
カレル・チャペック　……………………園芸家の一年
ヨゼフ・チャペック　……………………ヨゼフ・チャペック　エッセイ集
佐伯順子……………………………………美少年尽くし——江戸男色談義
天野正子＋石谷二郎＋木村涼子…………モノと子どもの昭和史
金石範＋金時鐘……………………………［増補］なぜ書きつづけてきたか　なぜ沈黙してきたか
——済州島四・三事件の記憶と文学
ラシルド＋森　茉莉　ほか………………古典BL小説集
佐藤春夫／東　雅夫　編　………………たそがれの人間——佐藤春夫怪異小品集
ヴァージニア・ウルフ　…………………自分ひとりの部屋
ヴァージニア・ウルフ　…………………三ギニー——戦争を阻止するために
D・H・ロレンス…………………………D・H・ロレンス幻視譚集

高階秀爾……ルネッサンス夜話――近代の黎明に生きた人びと
ロマン・ヤコブソン……ヤコブソン・セレクション
加藤典洋……〔増補改訂〕日本の無思想
H・ベルクソン＋S・フロイト……笑い／不気味なもの――付：ジリボン「不気味な笑い」
氏家幹人……〔増補〕大江戸死体考――人斬り浅右衛門の時代
石鍋真澄 編訳……カラヴァッジョ伝記集
沢村貞子……私の浅草
江戸川乱歩……怪談入門――乱歩怪異小品集
A・C・ドイル＋H・メルヴィル ほか……クィア短編小説集――名づけえぬ欲望の物語
星野道夫……〔新装版〕グリズリー――アラスカの王者
E・ヘミングウェイ＋W・S・モーム ほか……病短編小説集
青柳いづみこ……水の音楽――オンディーヌとメリザンド
白川 静……文字講話 全4巻
白川 静……文字講話 甲骨文・金文篇
廣松渉＋加藤尚武 編訳……ヘーゲル・セレクション
水原紫苑……〔改訂〕桜は本当に美しいのか――欲望が生んだ文化装置
リチャード・ブローティガン……ブローティガン 東京日記

山路愛山＋丸山眞男ほか　市村弘正編……論集　福沢諭吉
寺山修司……［新装版］寺山修司幻想劇集
夢野久作／東　雅夫編……夢Ｑ夢魔物語──夢野久作怪異小品集
❖……［現代語訳］賤のおだまき──薩摩の若衆平田三五郎の物語
鹿島　茂……［新版］吉本隆明１９６８
澁澤龍彥……貝殼と頭蓋骨
林　淑美編……戸坂潤セレクション
レーモン・ルーセル……額の星／無数の太陽
青木やよひ……ベートーヴェンの生涯
イザベラ・バード……イザベラ・バードのハワイ紀行
谷崎潤一郎／東　雅夫編……変身綺譚集成──谷崎潤一郎怪異小品集
渡辺京二……幻影の明治
前田　勉……江戸の読書会──会読の思想史
ヤロスラフ・オルシャ・Jr.編……チェコＳＦ短編小説集
奥　武則……［増補］論壇の戦後史
上智大学中世思想研究所編訳・監修……中世思想原典集成　精選1　ギリシア教父・ビザンティン思想
西川長夫……決定版　パリ五月革命　私論──転換点としての１９６８年